환태평양 연결성의 정치

Trans-Pacific Connectivity Politics

미중 전략적 경쟁과 글로벌 가치사슬

이 저서는 2020년 대한민국 교육부와 한국연구재단의 지원을 받아 수행된 연구임
(NRF-2020S1A5C2A02093112)

환태평양 연구총서 14

환태평양 연결성의 정치

Trans-Pacific Connectivity Politics

미중 전략적 경쟁과 글로벌 가치사슬

백두주 지음

이담북스

연결성은 흐름과 마찰을 조정하는 '다중적 통치술(multi-statecraft)'의 결과로 나타난 속성이다. 일반적으로 연결은 연결자와 연결 대상자의 의도적 합리성에 기반한 전략적 상호작용의 산물이지만 그 결과는 양쪽 모두에 이익을 주기도 하지만, 연결성 내 투영된 권력의 작동으로 일방의 이익이 관철되기도 한다. 연결성은 다중적 질서를 조직하는 핵심 원리이며 제국들은 이 연결의 중심성을 차지하기 위한 정치·경제적 전략을 기획하고 실행한다. 주도자의 권력이 연결성에 어떻게 투영되어 국제질서를 구축하는지, 연결성이 창출한 융합 공간이 어떤 양상으로 구조화되고 변화하는지, 그리고 '연결 제국'들이 연결성을 어떤 방식으로 경쟁 수단으로 활용 또는 무기화하는지 등은 지정학적으로 매우 의미 있는 연구주제들이다. 이와 같은 맥락에서 연결성은 최근 미중 전략적 경쟁과 글로벌 가치사슬의 구조변동을 깊이 있게 독해할 수 있는 통찰력을 제공한다.

중국은 두 가지 측면에서 '하이브리드 초강대국'이다. 하나의 측면은 중국이 선진국과 개발도상국의 특성을 모두 갖는다는 점이며, 다른 하나는 국가와 시장이 융합된 거대한 국가자본주의를 창출한 것이다. 미국은 중국이 WTO 가입과 함께 자유시장주의 '코르셋'을 입을 것이라 기대했으나 예상과 달리 '중국특색 국가자본주의'의 붉은 용으로 부상했다. 바이든정부 국가안보회의 중국 담당이었던 러쉬도시(Rush Doshi)는 중국이 미국을 대체하는 대전략(Grand strategy)을 추진해왔고, 중국 특유의 '당-국가 체제'는 본격적인 개혁·개방 이후 조용히 힘을 기르는 '도광양회(韜光養晦)', 미국 자본주의 체제의 치명적 위험을 노출한 글로벌 금융위기 이후 2009년부터는 미국 대체를 위한 '유소작위(有所作爲)', 2017년 이후 중국주도 세계질서 재편의 선언과 함께 글로벌 확장 전략을 단계적으로 추진해왔다고 분석했다. 중국은 두 개의 100년, 즉 중국공산당 창당 100주년인 2021년 '사오캉사회(小康社會)' 건설, 향후 현대 중국 수립 100주년인 2049년까지 중국특색 사회주의 강국 건설로 중화민족의 위대한 부흥(中國夢)을 전면에 내세우고 있다.

미국은 중국의 미래 비전과 부상을 실존적 위협으로 인식한다. 중국은한 세기 만에 GDP가 미국의 70%를 넘어선 유일한 전략적 경쟁자가 됐고 120개 국가의 최대 무역상대국이다. 제조역량은 말할 것도 없고 일부 첨단기술 분야마저 미국과 서구를 추월했거나 격차를 상당부분 줄였다. 중국의제조대국에서 제조강국으로 부상은 '양은 그 자체로 질을 이룬다'는 의미를 잘 보여줬다. 중국은 규모와 크기를 활용한 효율성과 생산성을 극적으로 높여 경쟁자를 압도하는 국가가 됐다. ChatGPT에 맞선 DeepSeek, 테슬라를 넘어선 세계 최대 전기자동차 제조업체 BYD, 글로벌 스마트폰 브랜드인 애플의 시장점유율을 잠식하고 있는 화웨이를 비롯한 자국 브랜드들, 이러한 상징적 사건들은 중국의 부상과 미국과 서구의 쇠퇴 양상을 보여주는 사례들이다. '붉은 용'은 기존 동아시아 발전을 설명했던 일본주도 '기러기 편대(flying geese) 모형'의 판도를 완전히 바꿔 놓았다.

2017년 미국 트럼프대통령은 집권 이후 대중 고율관세 부과를 통한 무역전쟁, 화웨이와 기술파이프라인 봉쇄와 같은 첨단기술 디커플링(decoupling)

등 전략적 경쟁자인 중국에 대한 파상공세를 취했다. 뒤이은 바이든정부 역시 이전 '공격적 일방주의(aggressive unilateralism)'에서 '미국주도 '동맹국 연합'의 대중국 압박전략으로 방법과 경로의 차이는 있었지만 전방위적인 공세를 계속했다. 2025년 1월 시작된 트럼프정부 2기는 '동맹 없는 관세전쟁'으로 다시 공격적 일방주의로 회귀 중이다. 미중 전략적 경쟁은 본질적으로 장기적이고 구조적인 속성에 기인한 것으로 향후 양국의 경제 및 첨단기술 우위를 위한 충돌은 지속될 것이다. 이러한 미국의 대중국 공세는 중국의 부상에 따른 '중국위협론'에 기초해 있는 반면, 중국은 '평화로운 부상'으로 세계경제 발전 및 시장확대가 모두에게 기회가 된다는 '중국기회론'으로 맞서고 있다. 기존 글로벌 가치사슬(GVC: Global value chain) 재편을 위한 미국과 중국의 전략적 선택, 그에 따른 구조적 갈등양상은 더욱 골이 깊어져 세계정치 · 경제의 불확실성을 높이고 있다.

지난 수십년 동안 선도적 초국적 기업들은 세계화의 흐름 속에서 효율성을 극대화하고 새로운 시장을 개발하며, 특히 거래 및 노동비용을 줄여 이익을 극대화하는 현재의 GVC 구조를 만들어 냈다. 그러나 길고 복잡한 GVC는 비경제적 충격의 수가 증가하면서 반복적인 위험에 노출돼 왔으며 그 정점이 코로나19 팬데믹(이하 팬데믹)이었다. GVC가 점점 더 복잡해지고 촘촘해졌지만 '내장된 취약성'으로 인해 시스템적 교란의 위험성은 더욱 커졌다. GVC 재편압력은 다양한 수준(국가/지역)에서 정치적, 군사적, 경제적 영향력 강화를 위한 경쟁으로 확대되고 있지만, 그 중심에 환태평양 중심국가 간 각축이 있다. GVC 재편 논쟁은 결국 미중간 연결성의 재구성 문제다. 지금은 미국이 첨단기술분야를 중심으로 봉쇄전략을 구사하고 있지만 이 개념은 1990년대 미국 달러와 첨단기술에 대한 과도한 의존을 우려했던 중국 정책입안자들의 주장이 수십년 후 중국 견제를 위한 미국의 전략으로 재탄생한 것이다. 미국의 대중국 GVC 고립·배제전략에 대해 중국 외교부 대변인은 '갈증을 풀기 위해 독주를 마시는 것'처럼 어리석다고 맞섰다.

미국 내부에서도 '중국 표준화' 확산 추세의 우려 속에 베이징의 승리 주장이 나온다. 오바마정부에서 무역대표부 대표를 맡았던 마이클 프로먼(Michael Froman)은 2025년 5월 포린어페어스(Foreign Affairs) 기고문에서 '도로의 규칙'을 정하는 전쟁에서 전투는 끝났고, 현재 중국이 승리했다고 밝혔다. 핵심적 이유는 일종의 '역수렴' 현상이 벌어지고 있기 때문이다. 이제 미국과 서구 다수의 국가들은 중국이 예상치 못한 방식으로 성공했기 때문에 중국을 모방하고 있다. 중국이 개혁·개방으로 자유시장주의 '코르셋'을 입은 게 아니라 미국과 서구가 보호주의, 보조금, 각종 산업정책 등으로 국가자본주의 '코르셋'으로 갈아입고 있다는 평가다. 미국은 다자주의 자유무역 질서의 공격자가 됐고, 반대로 중국은 다자주의 자유무역의 수호자를 표방하고 있다. '차이메리카(Chimerica)'에 기반을 둔 세계화와 신자유주의는 자본주의 심장부에서 공식적으로 파산선고를 받았다. 그 결과 '근육질 국가주의(muscular statism)'로 귀환과 수렴이 이루어지고 있다.

이 책은 환태평양 연결성의 정치를 주제로 미중 전략적 경쟁과 GVC의 구조변동을 탐색하기 위해 총 7장으로 구성됐다. 1장은 연결성의 개념, 영역과 논리, 지정학적 의미, 불평화시대 연결성의 무기화를 다뤘다. '흐름모델'은 정의된 영토를 배타적으로 독점하는 국가기반 모델에서 영토가 흐름의 함수가 되는 노마드적 모델까지 있지만 연결성이 강화될수록 후자 모델에 근접한다. 연결성의 논리와 영역 구분은 차이메리카에서 전략적 경쟁까지의 동학을 탐색하는데 중요한 관점을 제공하며 연결성의 위기는 협력과 경쟁보다 봉쇄와 강압의 지배적일 때 심화된다. 연결성의 지정학은 권력의 문제다. 결국 미중 전략적 경쟁은 연결성의 중심성을 놓고 벌어지는 쟁투이며, 다수의 국가들은 '다중 연결성'을 추구하는 게 이상적이나 국제정치적 조건에 따라 다양한 변형이 발생할 수밖에 없다. 연결성의 무기화는 평화시대 더 넓은 세계를 창조했던 연결성이 '불평화시대' 분열과 갈등을 촉발시킨다는 점에서 현 상황을 이해하는데 중요한 개념적 틀을 제시한다.

2장은 세계화의 엔진이자 초국적 연결성의 인프라인 컨테이너화(containerization)의 역사적 기원과 확산경로를 분석했다. 물류의 컨테이너화는 역사적으로 가장 혁신적인 기술 중 하나다. 컨테이너화는 역사적 변곡점인 베트남전쟁을 거친 이후 자본주의 세계화의 엔진 역할을 성공적으로 수행해 왔으며 그 파급효과는 매우 컸다. 물류의 컨테이너화는 냉전 시기 '열전' 기간 동안 급속한 확산을 경험했으며 베트남전쟁이 결정적인 계기를 제공했다. 물류혁명은 미군 주도 자본주의 세계화의 역사적 경로를 지나왔고, 베트남전쟁은 한국전쟁 당시 만들어졌던 태평양 횡단 물류 공급망을 컨테이너화했다. 또한 동아시아의 냉전과 열전은 미국-베트남-일본/신흥경제국-미국을 잇는 컨테이너 삼각무역과 '역삼각무역' 형성하면서 동아시아 산업화와 경제발전에 크게 기여했다. 이러한 역사적 맥락은 탈냉전 이후 기존 대서양 중심의 무역구조를 환태평양 중심의 무역구조로 전환시키는 토대가 됐다.

3장의 분석내용은 세계화와 협력적 연결성 구축이다. 환태평양 가치사슬은 협력적 연결성의 전제이자 결과다. 가치사슬의 형성과 발전요인은 무역비용을 극적으로 감소시킨 컨테이너화와 ICT 발전 등 기술적 요인, 1990년 전후 냉전종식, 중국의 개혁·개방정책과 세계경제로의 통합, WTO 체제 출범과 중국의 가입으로 대표되는 국제정치·경제적 요인, 선도적 초국적 기업들의 '글로벌 생산과정의 분업화' 전략이 복합적으로 작용한 결과다. 이러한 복합적 요인들을 배경으로 초국적 기업들은 거래 및 노동비용을 절감하기 위해 동아시아 국가로 생산거점을 대거 이동했고, 이 과정에서 GVC 구축의 속도, 범위, 효과가 높아지면서 'GVC 혁명기'로 진입했다. 이 시기 세계화는 GVC를 확장했고, GVC는 다시 세계화를 가속화했다.

4장은 중국의 부상과 연결성을 다뤘다. 중국은 세계화와 협력적 연결성의 최대 수혜자이다. 'GVC 혁명'은 초국적 기업의 '최고 기술'과 중국의 '최저 생산비용'으로 '최대의 부가가치'를 구현하는 '최적의 조합'을 만들어 냈다. 중국의 부상은 가치사슬 업그레이딩의 결과이며 이는 기존 세계화와 GVC 모델의 새로운 재편을 추동하는 핵심적 요인이다. 중국은 이미 아시아에서 일본을 대체해 단순·복잡 GVC의 허브로 부상했으며 공정 및 제품, 기능 및 시장, 부문, 첨단기술 가치사슬로 직접 진출, 고부가가치 서비스로의 업그레이딩을 성공적으로 추진했다. 특히 중국은 '규모중심 전문화'로 생산규모를 거의 무제한으로 확장해 GVC 장악력을 키웠다. 그 결과 중국은 세계 최고 수준의 공정지식으로 산업 및 제조역량을 높여 미국과 선진국의 '추격'을 물론 일부 첨단산업에서는 이들 국가들을 '추월'한 것으로 평가되고 있다.

5장은 미중 전략적 경쟁과 연결성의 위기 양상을 분석했다. 차이메리카 체제의 붕괴와 미중 전략적 경쟁의 심화는 세계적 수준의 연결성 위기를 초래하고 있다. 중국은 GVC 내 부가가치 점유율을 확대하고 가치사슬 '스마일 곡선'에서 부가가치를 업그레이딩하는 신성장모델을 추진하면서 양국간 충돌이 격화되고 있다. 특히 자유시장 자본주의와 국가자본주의 모델의 연결과 마찰은 자본주의 내 두 가지 다른 유형의 체제간 대결로 인식된다. 이와 함께 미중 전략적 경쟁의 토대는 신기술민족주의, 뉴워싱턴 컨센서스에 토대를 두고 있으며, 무역전쟁의 효과는 현재까지 어느 일방의 승리가 아닌 무역전환, 수출통제전략을 가속화 등 복잡한 양상 속에서 양국이 서로 마주보고 달리고 있다.

6장은 연결성의 위기에 대응한 제국들의 연결성 재편전략을 내부화와 지역화 흐름을 중심으로 분석했다. 미국의 연결성 재편전략 중 내부화는 리쇼어링(reshoring)·온쇼어링(onshoring), 그리고 이를 위한 제도적 지원 법률인 인플레이션 감축법 시행을 중심으로 설명했다. 지역화는 연결성의 규모화를 위한 것이며 오바마정부의 TPP(환태평양경제동반자협정)와 USMCA(미국·멕시코·캐나다협정), 초국적 연결성을 위한 인프라 구축 프로젝트, 메가-지역 경제통상협력체인 IPEF(인도-태평양경제프레임워크)가 대표적인 사례다. 중국 역시 내부화를 위해 국가-시장 하이브리드 시스템인 신형거국체제, 중국제조 2025, 신품질 생산력, 이중순환 전략을 강력히 실행 중이다. 지역화는 중국 주도의 다자간 메가-지역무역협정인 RCEP(역내포괄적경제동반자협정), BRI(일대일로 이니셔티브), 연결성의 그물망으로서 SCO(상하이협력기구), 최근 가장 주목받고 있는 브릭스(BRICS), 미국 없는 경제운동장인 CPTTP(포괄적·점진적 환태평양경제동반자협정)를 다뤘다.

7장은 첨단기술 패권전쟁과 연결성을 '칩(Chip) 전쟁' 사례로 검토했다. 반도체산업의 세계화와 가치사슬의 지리적 확장은 생산공정에 따라 차별화됐고, 그 결과 지정학적 위험과 취약성, 미국 반도체산업의 제조능력 저하, 중국의 부상으로 이어졌다. 2000년대 이후 중국은 반도체 가치사슬 업그레이딩 전략을 본격적으로 추진했으며, 이에 따라 미국은 첨단기술 패권에 대한 위기의식이 높아졌다. 미국은 중국의 기술굴기를 봉쇄하기 위해 첨단기술 수출통제전략과 함께 온쇼어링에 기반한 반도체 회귀전략(Semicon Pivot to USA)를 추진했으며 동시에 지역화를 '칩 4동맹'을 구축했다.

중국 역시 핵심광물 수출통제전략을 통해 대응하는 한편, 기술 자립화를 위해 '거국적' 노력을 진행 중이다. 첨단기술 분야에서는 여전히 미국과 그 동맹국들이 강력한 우위를 점하고 있으나 미국의 제재가 중국의 반도체기술 자립화를 촉진하는 이른바 '제제의 역설' 현상도 보인다.

이 책은 국립부경대학교 글로벌지역학연구소가 대한민국 교육부와 한국연구재단의 장기 지원(NRF-2020S1A5C2A02093112)으로 수행 중인 '메가-지역으로서 환태평양 다중문명의 평화적 공진화: 지역의 통합, 국가의 상쟁, 도시의 환대' 아젠다 연구의 일환이다. 미중 전략적 경쟁의 심화에 따라 평화적 공진화의 가능성에 대한 회의적인 시각이 우세하다. 그럼에도 불구하고 새로운 '이행의 시대', 평화적 공진화를 위한 학문적 담론의 중요성은 더욱 강조돼야 하며 창의적인 대안연구로 발전해야 한다. 이 연구성과가 그 노력에 조금이나마 도움이 되길 바란다.

2025년 6월
저자 백두주

1장
—
연결성의 정치

1. 흐름과 마찰

인류 문명은 '연결성'의 역사이다. 아주 먼 고대 도시계획에서부터 역사적으로 존재했던 제국의 전쟁과 인프라는 연결성을 조직하고 통제하는 통치의 본질적인 특성을 구성해 왔다(Godehardt and Poster-Vinay, 2020). 20세기 연결성과 중심적 링크는 냉전시기의 체제 블록간 '단절'을 반영하여 정치·경제적으로 제한됐다. 그러나 1990년대 전후 현실사회주의의 붕괴와 체제 전환 이후 탈냉전시대로 접어들면서 지역, 국가, 도시들은 상호연결과 의존성의 세계로 빠르게 전환했다. 누군가는 '역사의 종말'을 선언했고 거의 모든 국가들은 세계화의 이점을 추구하는데 '대동단결'하는 것으로 보였다. 서구의 초국적 기업들은 전 세계를 상대로 이윤추구 활동을 전개했고 아시아 신흥경제국들은 동반 호황을 누리면서 '모든 배를 들어 올리는 협력적 발전'의 이상을 공유했다. 생산, 무역, 투자와 통신 등 지역, 국가, 도시 간 연결성이 높아졌고 급기야 스마트폰은 세계 모든 구성원을 하나의 네트워크로 실시간 연결하는 '초연결(hyper-connectivity)'사회를 가능케 했다. 21세기 연결성의 강도, 규모, 범위, 영향력은 이전과 양적·질적으로 다르다. 이 '경계의 침식'은 국경을 지도상 단절된 선이 아니라 교역을 위한 '투과성 있는 필터'로 변형시켰고(카나, 2017: 35) 자유무역에 따른 거대지역(mega-region)들의 출현을 촉진했다. 그러나 초연결 사회는 그 내부에 취약성도 동시에 장착했다. '불평화(unpeace)' 시대 지정학적 패권경쟁은 세계를 연결했던 메커니즘을 무기화해 적대적 행위자를 공격하고 있다. '무기화된 연결성(weaponized connectivity)'이 우리를 거대한 분열과 붕괴로 이끌 것인지, 아니면 위태로운 새로운 '상호확증 파괴(MAD: Mutually Assured Disruption)'의 '공포의 균형'으로 이행할 것인지는 아직 미지수다(Leonard, 2016). 현재의 국제정치적 상황을 감안하면 '협력적 연결성'의 확대에 기반한 '평화적 공진화'의 가능성은 매우 불투명해 보인다.

연결성은 비교적 많이 사용되는 개념이지만 아직 엄밀한 이론적 체계나 정의가 이루어지지 않았다. 다만 이 개념은 분석적 개념으로 다수의 문헌과 국제사회에서 전략적 비전을 표현하기 위해 활용된다. 즉 연결성의 개념은 필요에 따라 다양하게 정의되고 있지만 주요 맥락을 살펴보면 유사성을 발견할 수 있다. 토마스 리스(Tomas Ries)는 연결성을 "국가, 조직(영리 또는 기타), 사회가 서로 연결되고 전 세계에서 상호 작용하는 모든 방식"(Ries, 2019: 1)으로 정의한다. 여기에는 사람, 상품의 물리적 흐름과 정보의 흐름까지 모두 포함된다. 인프라 측면에서는 하드(hard) 인프라뿐만 아니라 '소프트(soft)' 규제 조치 또는 사회문화적 유대에 주목한다. 여기서 연결성은 정책의 개념이 아니라 상호연결되어 있는 속성(property)을 의미한다. 연결성은 사람, 상품, 지식, 신념, 관행의 순환으로 인간 공동체의 관계형성을 가능케 한다. 파라그 카나(Parag Khanna)는 연결이라는 '커넥트(connect)'와 지리를 뜻하는 '지오그래피(geography)' 개념을 합쳐 '커넥토그래피(Connectography)'라는 신조어를 제시했다(카나, 2017). 잘 알려진 '지리는 운명이다' 격언은 연결의 인프라 발전으로 '연결은 운명이다'로 재정의되고,

'연결의 렌즈'를 통해 보면 세계의 초국경 인프라는 세계를 분할에서 연결로, 국가에서 접속점으로 변화시키는 원동력이 된다. 이 인프라는 세계의 모든 부문을 연결시키는 '신경체계'와 같고 자본과 ICT 발전에 따른 디지털 부호는 이 신경체계를 흐르는 '혈구(blood cells)'다. 신경체계를 타고 전 세계를 넘나드는 혈구가 빠르게 움직이면 연결성이 높아지고 그 결과는 지역, 국가, 도시의 합보다 더 큰 세계사회(global society)이다(카나, 2017: 34-35). 이 연결성은 세계를 복잡하고 예측 불가능하게 만들지만 동시에 연결된 세계 내 집단적 복원력을 발휘한다. 이러한 정의에 따르면 과거 제국주의는 영토 정복, 식민지 확장이 최우선 관심사였다면 21세기는 시장과 자원에 대한 연결성이 가장 중요한 관심사이며 국경과 영토적 전쟁보다 초국적 인프라 기반 '공급망 대전'이 될 것으로 예측했다.

연결성은 언제나 상호이익을 동반하지 않는다. '마찰(friction)'은 연결성의 불안정성, 불평등, 예측 불가능성, 유동성 등을 설명하기 위한 용어이다. 마찰은 연결성을 위한 '흐름(flow)'이 교란되는 상태이다. 흐름을 방해하는 마찰이 강해질수록 연결성 시스템은 위기에 빠질 수밖에 없다. 또한 연결성의 확장과 심화는 그 자체로 공간발전 척도이다. 예를 들면, 역사적으로 항구도시는 오랫동안 사회적, 문화적, 경제적 교류의 장소로서 기능을 해 왔으며 사람, 상품, 지식 및 제도의 내부와 외부 흐름 모두를 위한 관문이었다. 즉 연결성은 흐름의 공간을 의미하며, 따라서 흐름은 공간에 영향을 미치고 공간은 다시 흐름을 형성한다. 이 과정에서 흐름의 집중 및 분산과 공간에 미치는 영향 사이에는 긴장이 발생하기도 한다(백두주, 2023: 79). 미카 알톨라(Mika Aaltola)는 영토에 의미를 부여하는 흐름모델(flow model)을 대략 세 유형으로 설명한다. 우선 국가기반(state-based) 모델에 따르면 국가는 정의된 영토에서 폭력 독점권을 갖는 단일 행위자고 국제 문제에 배타적으로 관여한다. 모든 국가는 다른 국가들로부터 분리된 폐쇄적이고 비침투적이며 방해받지 않는 주권적 단위다. 반면 제국중심(empire-centric) 모델은 상대적으로 유연하고 유동적인 외부경계를 특징으로 한다. 대영제국의 영토적 상상력은 제국의 착취적 경제를 지원하고 해양권력의 투영을 용이하게 한 소위 '글로벌 커먼즈(global commons)' 중 하나인 자유롭고 개방된 국제 해양 고속도로를 확보하는 데 초점을 맞췄다. 마지막 노마드적(nomadic) 모델은 제국중심 모델보다 영토의 유동적인 특성을 더욱 강조한다. 영토는 국가 경계를 가로질러 발생하는 '흐름의 함수'가 된다. 도로, 철도, 항구, 사이버 노드 또는 금융 중심지와 같은 흐름의 주도자(flow-drivers)와 동인은 흐름의 영토 확장을 정의한다. 이 모델에서 영토는 연결된 정치 공동체의 영토성보다 연결성의 주요 특징인 '허브 앤 스포크(hub-and-spoke)'에 배열된다 (Aaltola et al., 2014).

국제사회에서도 연결성 개념은 자주 사용된다. 대표적으로 2017년 아시아-유럽정상회의(ASEM)는 연결성을 "국가, 사람, 사회를 더욱 가깝게 만드는 것"으로 규정했다. 이 개념은 하드웨어적 연결성(인프라 프로젝트)과 함께 소프트 연결성(사람 대 사람 또는 디지털 연결성) 그리고 육상, 해상, 항공, 사이버, 교육, 세관협력 및 무역촉진 등 모든 연결을 포괄한다(ASEM Pathfinder Group on Connectivity, 2017; Becker et al., 2018). 초국적 연결성을 가장 적극적으로 주도하는 국가는 중국이며 2013년부터 추진한 일대일로 이니셔티브 (Belt and Road Initiative, 이하 BRI)가 그 결정판이다. 중국은 BRI 추진의 정당성 및 의미를 이른바 역사적 '실크로드 정신'에서 찾았다. 중국 국무원 자료에 따르면(SCIO, 2023), 2000여년전 중국은 초원과 사막을 횡단하여 아시아-유럽-아프리카는 연결하는 실크로드를 만들어 세계 문화교류의 시대를 선도했고, 1000여년전 중국인들은 바다를 통해 동양과 서양을 연결하는 실크로드를 열어 사람들 간 긴밀한 소통의 새로운 국면을 열었으며, 이 고대 실크로드는 무역의 통로이자 문화교류의 길이었다. 중국 한나라 시대인 기원전 140년경 왕실사절인 장첸(張騫)은 장안에서 서쪽으로 여행하여 동서양을 연결하는 육로를 개척했고 이후 육지와 바다에서 모두 번성하여 동서양간 무역을 촉진했다. 15세기 초 명나라의 유명한 항해사인 정화(鄭和, Zheng He)는 서해를 항해하며 해상 실크로드를 따라 무역을 활성화했다.[1] 즉 고대 실크로드는 문명 발상지를 연결하고 다양한 민족과 인종 교류를 가능케 했다. 따라서 중국정부가 추진하고 있는 BRI의 역사적 토대는 유라시아 대륙 연결성을 높이고 동서양 문명간 교류와 상호학습을 촉진하며, 지역발전과 번영, 평화와 협력, 개방과 포용, 상호이익을 특징으로 하는 '실크로드 정신'이다.

2. 연결성의 영역과 논리

바트 겐스(Bart Gaens)는 연결성 분석을 위한 유익한 프레임을 제공한다(Gaens et al., 2023: 216-225). 이들에 따르면, 연결성 행위의 핵심은 '전략적 의도(strategic intent)'이며 인식된 전략적 선호도는 행위자의 연결 및 단절 의지를 결정한다. 연결성의 영역(spheres)과 논리(logics)를 교차하면 다양한 연결성 사례를 도출할 수 있다. 우선 연결성의 영역은 6가지 유형이다. 첫째, '인프라'는 물리적 인프라(교통 및 운송네트워크)와 이에 상응하는 규정, 정보, 아이디어 및 자본의 흐름을 가능하게 하는 디지털 인프라를 포함한다. 둘째 '경제적 거래'는 행위자 간 거래 실현을 보장하는 의식적인 정책과 관행을 생성한다. 셋째, '제도적 프레임-거버넌스'는 연결성의 규범 및 규칙 생산에 관한 것이다. 넷째, '지식교환'은 R&D 협력, 전문성 공유, 데이터 및 정보교환을 위한 연구외교(research diplomacy)다. 다섯째는 '사회문화적 교류'로 이는 사람의 흐름으로 전 세계 디아스포라를 감안하면 중요한 영역이다. 마지막 '안보'는 국제정치에서 연결성을 구축하려는 다른 모든 노력의 기초다.

연결성은 논리는 연결을 추구하는 행위자의 전략적 선택지다. 연결된 주체가 많고 논리가 상충될 수록 조정비용과 시간이 많이 들고, 높은 수준의 조정능력이 필요하다. 더불어 연결성 논리의 6가지 유형은 다음과 같다. 첫째, '협력(cooperation)'은 의도적인 행위자가 이익의 배타적 독점이나 착취가 아니라 상호이익을 위한 수단으로 '협력적 연결성'을 선호한다. 이 유형은 신뢰를 전제로 하는데 이 신뢰는 특정한 규범적 틀에서 상대방이 도덕적으로 정직하거나 옳은 일을 할 것이라는 기대다. 미국은 중국의 WTO 체제 가입을 지원하면서 협력의 논리를 기대했을 것이다. 둘째, '모방(copying)'은 다른 행위자의 제도적 구조, 거버넌스 메커니즘 또는 모범 사례를 자기화해 향후 연결 가능성을 개선하는 것이다. 대부분 개도국들이 선진국들과 연결성 강화를 추구할 때 이 논리를 선택한다. 셋째, '완충(cushioning)'은 두 개 또는 그 이상의 주요 행위자 사이에 위치해 최선의 역할을 모색하는 것이다. '헤징(hedging)'으로 표현되기도 하며 행위자는 위험이나 변동성이 큰 환경에서 위험을 통제하려고 한다. 넷째, '경쟁(contestation)'은 규칙으로 규제되며 규범과 관행의 틀 내에서 이익을 추구하기 때문에 '단절'이 아니라 연결의 추구를 통해 이루어진다. 다섯째, '봉쇄(containment)'는 특정 영역 내에서 행동하는 다른 행위자 또는 그룹을 배제, 단절 또는 그 능력을 후퇴시키려 하고, 동시에 또 다른 행위자와의 연결성을 강화하는 경향이 있다. 그룹 내 더 깊은 고리를 만들면서 그룹 외부를 약화시켜 기존 질서를 부식시킬 수 있다. 마지막 '강압(coercion)'은 행위자가 특정 방식으로 행동하도록 강요하기 위해 고통이나 피해를 입히고 후원이나 호의를 철회한다. 역사적으로 서구 열강들의 식민지 강제개방이 전형적인 사례에 속한다. 강압은 높은 비용, 비규범적이고 합법성과 질서의 사회적 기반을 훼손한다. 이와 같은 연결성 분석 프레임은 세계화와 GVC 확산에 따른 협력적 연결성에 이어 최근 미중 전략적 경쟁으로 인한 '연결성의 위기'를 탐색하는데 중요한 관점을 제공한다. 통상적으로 연결성의 위기는 전 영역에서 '협력'과 '경쟁'논리보다 '봉쇄'와 '강압'논리가 지배적일 때 심화된다.

3. 연결성의 지정학

연결의 규칙은 효율성과 권력의 문제이다. 따라서 연결성 자체를 탈권력화된 속성으로 이해하는 것은 오류다. 연결성은 끊임없는 변화의 과정이며 그 안에 내장된 권력과 영향력의 정치적 메커니즘을 파악하는 것이 중요하다. '연결성의 정치'는 행위자의 '전략적 이해'에 의해 추진되며 더 많은 연결성 자원, 즉 '연결 자산(assets)'이 많을수록 다른 행위자에게 직간접적으로 영향을 미치는 잠재적 권력(potential power)은 커진다(Godehardt and Poster-Vinay, 2020: Kohlenberg and Godehardt, 2018). 권력은 흐름의 통제와 자신의 전략적 이해에 따른 연결성의 구축을 통해 행사되며 이 연결성은 권력과 권력관계를 반영한다. 연결에 의한 상호의존성은 관계의 비대칭성을 위한 수단이 되기도 한다. 권력의 행사자는 경쟁자를 자신에게 더 의존하게 만든 후 그 의존성을 이용해 상대방의 행동을 조정하려고 한다. 국가의 힘은 상품, 서비스, 정보 등을 한 지점에서 다른 지점으로 이동시키는 능력이 클수록 커진다.

다시 말하면 연결된 구조 내 행위자 역량은 시스템에서 행위자의 위치를 정의하며, 따라서 국가는 세계체제와 통합을 위한 계획과 투자를 적극적으로 수행한다(Buzna et al., 2024).

가장 중요한 연결 자산인 인프라는 근대성 또는 국민국가 형성과 밀접한 관련성을 갖는다. 역사적으로 철도와 전신 같은 근대 인프라는 신흥 국민국가가 권력과 영토 보전, 국가 통합을 확립하는데 중요한 역할을 했다. 이러한 맥락에서 마이클 만(Michael Mann)은 현대 국가가 활용하는 광범위한 인프라, 조직 및 관료적 도구를 '인프라 권력(infrastructural power)'으로 개념화했다(Mann, 1984). 인프라는 국민국가의 기본요소이긴 하지만 이전부터 국경을 넘어 무역, 이동 및 권력 투사를 위한 초국적 연결성을 만들어 왔다. 예를 들어 유럽의 대항해 탐험은 제국주의로 이어졌고, 초국적 인프라를 통한 연결은 20세기 크게 확대되었으며 1970년대 초국적 인프라는 세계화를 주도했다(Heins, 2013). 이와 같은 초국적 연결 인프라는 단순한 물리적 실체를 넘어 정당성과 권위를 부여받고 정치 및 경제적 힘으로 작용한다(Easterling, 2014).

마크 레너드(Mark Leonard)는 연결된 세계지형을 비교적 정교하게 설명한다(Leonard, 2016; Leonard, 2021). 이 관점에 따르면 우리는 '연결성 전쟁(Connectivity Wars)'의 시대에 살고 있으며 이 전쟁의 전장과 내용은 이전 영토성 중심과는 완전히 다르다. 새로운 전장은 크게 3가지 영역이다. 첫째, 경제영역으로 무역, 금융접근, 투자 등 모든 유형의 경제활동이 무기와 혼란의 도구로 사용된다. 특히 금융제재는 지상군의 투입 없이 파괴적인 효과와 외과적 개입을 제공하는 새로운 '드론'이다. 그러나 이러한 제재는 연결된 사회에서 무역교란과 보복조치로 상호 피해를 유발시킬 수 있다. 둘째, 국제기구의 무기화로 일부 국가들은 국제기구(제도)를 교착상태로 만들거나 규칙의 선별적 적용을 추진함으로써 기구의 능력을 약화시킨다. 특히 전략적 경쟁의 중심국가는 협력적이고 보편적인 다자간 프로젝트 대신 경쟁적이고 배타적인 소규모 그룹 형성을 선호하는 경향이 크다. 이제 상생협력과 선의의 감시자 역할을 했던 국가기구는 오히려 지정학적 경쟁의 장이 되고 있다. 셋째, 물리적, 가상 인프라 경쟁이다. 이른바 '모든 길이 로마로 통한다면 로마가 되는 것이 최선'이라는 전략이다. 중국의 BRI 프로젝트가 대표적이며 이는 중국의 잉여 생산능력을 수출하는 동시에 원자재 및 수출시장에 대한 접근성을 높이고자 하는 초국적 인프라 구축 프로젝트의 일환이다.

연결성 전쟁은 전통적인 G7이 아닌 '새로운 G7'의 중심성을 강화시켰다. 새로운 G7은 금융강국 미국, 규칙(regulatory)강국 유럽, 건설 강국 중국, 이주((migration)강국 튀르키예, 스포일러((spoiler)강국 러시아, 에너지강국 사우디아라비아 그리고 마지막은 웹에 모인 '상상 속의 다수'로 대중권력(people's power)이다(Leonard, 2016). 레너드의 시각에서 가장 주목할 만한 개념은 양극의 세계나 무극(non-polar)의 통제할 수 없는 혼돈 대신 '제4세계 질서(four-world order)'다. 이 체제는 세계화의 결과로 경제 성장한 미국, 중국, 유럽연합 등 3대 '연결제국들(empires of connectivity)'과 나머지 '4세계 국가들'로 구성된다. 레너드는 3대 제국들을 각각 '게이트키퍼(gatekeeper) 권력'(미국), '관계적(relational) 권력'(중국), '규범적 규칙 제정자(normative law-maker)'(유럽)로 정의했다. 미국은 '같은 생각을 가진' 민주주의와 시장경제의 규칙에 따라 무역, 투자, 데이터 이전 및 가치사슬을 구축할 수 있는 별개의 세계를 만들고자 한다. 특히 중국은 시장경제와 민주주의로 융합될 가능성이 없기 때문에 미국은 '중국 없는 세계'를 지향한다. 중국은 '중국제조 2025'와 BRI로 미국의 발전을 따라잡고 나머지 4세계들과 연결을 구축하려 한다.

과거 중국은 자국의 주권을 지키면서 서구중심의 네트워크에 접근했지만 이제 그들의 목표는 자국을 중심으로 하는 새로운 연결성을 만드는 것이다. 유럽은 세계의 상호의존성을 증진하는데 큰 노력을 해왔지만 최근 자국의 주권을 주장하는 방향으로 선회하고 있다. 이 3대 연결제국의 새로운 무기와 방어수단은 탱크와 전투기 대신 규제와 표준, 통행(transit) 통제, 공급망, 선전, 제재, 암호화, 통화정책, 금융시스템 등이다. 제4세계 질서 내 행위자들은 분명 서로 다른 시각으로 연결된 세계를 보고 있다.

4세계들은 공식적인 제도뿐만 아니라 국가 간 연결을 통해 서로 다른 블록 간 높은 수준의 교류가 특징이다. 오늘날 4세계들은 강대국이 어느 한쪽 선택을 요구하지만 각 연결제국과 교류를 통해 자국의 이익을 극대화하려고 한다. 이들은 3대 제국과 GVC로 묶여 경제성장의 기회를 누렸지만 특정 제국의 질서에 배타적으로 포함되는 것을 우려한다. 중견국들은 지정학적으로 더 많은 선택지를 제공받을 수 있으며 이로 인해 다양한 틈새 전략(inche strategies)을 모색할 수 있다. 제4세계 질서에서 가장 큰 문제는 3대 연결제국이 4세계 국가에서 충돌할 때이다. 이 체제에서는 연결된 세계의 흐름에 접근하기 위한 갈등뿐만 아니라 연결성 자체를 지배하는 규칙을 만들기 위한 경쟁이 심화될 것이다. 연결제국들은 세계질서를 조직하는 방법에 대한 생각을 달리하기 때문에 4세계 국가들은 그 사이에서 길을 찾아야 한다. 이상적으로는 4세계 국가들이 3대 연결제국과 '다중 연결성(multi-connectivity)'을 추구하는 것이지만 제국의 충돌 상황에선 현실적 어려움이 가중될 수 있다.

일부에서는 현재 미중 전략적 경쟁을 제2차 냉전으로 해석하지만 이 경쟁은 이전 냉전 시기 군사적 경쟁, 완전한 경제적 분리, 세계적인 이데올로기 논쟁 및 적대감의 복제품이 아니다(Goldstein, 2020). 1차 냉전과 미중 전략적 경쟁시대(2차 냉전)의 근본적 차이는 1차 냉전은 강대국들이 영토를 자기 블록으로 통합하려고 했던 것에 반해 2차 냉전은 21세기 패권의 토대가 되는 인프라(물류 및 에너지), 디지털, 생산 및 금융 연결의 중심성을 놓고 벌어지는 쟁투이다. 미국과 중국을 비롯해 고도로 통합되고 상호연결된 세계에서 영토에 대한 고정적 이해나 절대적 주권개념은 효력이 떨어진다. 세스 쉰들러(Seth Schindler)는 1차 냉전과 2차 냉전의 공간 논리를 구분했다(Schindler et al., 2023). 이들에 따르면, 1차 냉전의 공간 논리는 영토통제를 특징으로 하며 대부분의 세계 영토는 강대국의 영향력에 포함돼 미국의 공산주의 확산 '봉쇄' 전략, 소련과 중국의 자본주의 '포위' 전략의 연장선상에 있었다. 따라서 이 냉전기간 지정학적 경쟁논리는 '영토적 외부'를 구성하기 위해 경계(bordering), 결합(bounding) 및 포위(enclosing) 공간이 장려됐다. 이와 달리 2차 냉전의 공간논리는 상호 연결성과 의존성에 기반을 둔 네트워크 통제를 지향한다. 미국과 중국은 다른 영토에서 활동하는 것이 아니라 같은 세계화된 경제적 영토에서 활동하며 두 중심국가 간 상호연결성도 매우 높다. 이 국가들은 영토의 통제가 아니라 지정-지경학적 권력을 투사할 수 있는 네트워크 중심성을 구축하려 노력한다. 이는 네트워크 통합방식, 참여대상, 규정 준수, 규칙 수립, 재구성과 제한, 대체 경쟁 네트워크 구축 등 다양한 전략적 선택을 통해 이뤄진다. 자본, 상품, 노동력, 지식, 데이터, 기술 표준 등의 흐름을 통제하는 것은 지정학적 권력 투사의 중심전략이다. 네트워크 중심성은 상호연관된 흐름에서 우위를 점할 수 있는 전략적 이점, 권력, 이익의 원천이 되며 행위자간 관계를 질서화하는 주도권을 갖는다는 의미다. 특히 미중 전략적 경쟁 하 네트워크 노드의 제어능력은 흐름을 미국과 중국 지향 영역에 고정시키는 역할을 한다.

연결성의 중요한 요소는 '전략적 의도'다. 세계화된 경제에서 한 국가의 경제적 잠재력은 기본적으로 연결의 많고 적음을 나타내는 '밀도(density)', 연결의 파트너, 방식 및 경로의 '다양성(diversity)', 그리고 스스로 규칙을 정의하거나 다른 사람의 연결 조건에 종속되는 '행위의 주체성'에 따라 달라진다. 연결성의 영향력은 현대 외교정책의 필수적인 도구이자 경제적 통치술을 위한 토대다. 다른 국가와 연결하려는 국가의 전략은 물리적 인프라한 투자로 구체화되고 실현된다. 이 투자는 물리적, 경제적 이익 외에도 기술적 포지셔닝, 규제 프레임워크, 정치적 내러티브의 실제 전달 벨트 역할을 한다. 장기적으로 이러한 전략은 지속적인 상호의존성을 형성하며 미래 정치 · 경제적 결정 및 안보에 영향을 미친다. 즉 외교 정책도구로서 연결성은 인프라 투자를 통해 전략적 의도를 구현하는 것이다(Kacperek, 2020). 이 인프라는 연결성을 촉진하는 중심적 역할을 하며, 정치 · 경제적 권력은 인프라 개발에 큰 영향을 미친다. 따라서 연결성은 자원인 동시에 영향력을 발휘할 수 있는 역량이며 일반적으로 국가 간 상호의존성과 상호작용이 증가하면 연결성 시스템의 안정성은 강화되는 경향이 있다(Buzna et al., 2024). 냉전 시대에도 미국주도의 자본주의 개발도상국에 대한 인프라 구축은 연결성은 거대한 적으로부터의 보호기능과 동시에 영향력 확보를 위한 전략적 의도의 일환이었다.

연결성의 개념은 팬데믹을 경험하면서 중요성이 극적으로 높아졌으나 이전에도 동아시아와 유럽연합 등이 연결성 이니셔티브를 기획하면서 널리 확산됐다. 이와 같은 지역 연결성 확대를 위한 프로젝트가 전개되면서 '연결성의 지정학(geopolitics of connectivity)' 개념이 본격적으로 부상했다. 이 개념에는 연결성이라는 최신 글로벌 화두의 새로움과 냉전식 지정학적 대결의 데자뷰 등 친숙한 것과 흥미로운 새로움이 뒤섞였다. 이러한 경향을 반영하여 혹자는 '오래된 병(지정학)에 담긴 새 포도주(연결성)'로 현 상황을 표현했다. 앞서 살펴봤듯이, 연결성의 실체적 내용은 인류문명의 역사적 발전과 함께 이뤄져 왔다. 다만 연결성의 지정학은 전략으로서 연결성을 강조한 개념이다. 국제정치적으로 연결성의 지정학화(geopoliticization)는 2010년 이후 대략 3단계의 과정을 거쳐온 것으로 설명된다(Godehardt and Poster-Vinay, 2020). 1단계는 연결성을 통한 지역화(regionalization)의 증진으로 2010년 'ASEAN 연결성 마스터 플랜', 2005년 세계은행 등이 공동연구 한 '동아시아 연결: 인프라를 위한 새로운 프레임워크'는 지역통합 증진을 목표로 상품, 사람, 서비스 및 자본을 더욱 연결시키고자 하는 전략적 기획이다. 2단계는 지역을 넘어선 새로운 국제적 공간 정의로 2013년 BRI의 본격적인 추진이다. BRI는 중국 외교정책의 다차원적 공간화, 연결 장소를 지정학의 전략적 문제로 만들면서 연결성에 공간적, 지정학적 의미를 추가했다. 3단계는 BRI에 대한 서구의 우려, 그에 따른 '모방' 또는 대응전략으로 2015년 일본이 발표한 '품질 인프라를 위한 파트너십: 아시아의, 미래를 위한 투자', 2019년 EU-일본의 '지속가능한 연결성 및 품질 인프라에 대한 파트너십' 출범, 그리고 가장 최근인 G20 정상회의를 계기로 미국이 주도하는 '인도-중동-유럽 경제회랑'(IMEC) 등이다.

4. 연결성의 무기화

세계를 하나로 묶었던 세계화와 연결성의 심화 및 확대는 '불평화시대'인 현재 오히려 세계를 분열시키고, 지역, 국가 및 도시들간 연결이 다양한 방식으로 무기화되면서 전쟁과 평화의 개념마저 모호해졌다. 즉 '좋은 시절 공유했던 많은 것들이 나쁜 시절에는 서로 해를 입히는 수단'이 된 것이다. 헨리 페럴(Henry Farrell)과 에이브러햄 뉴먼(Abraham Newman)은 네트워크 구조의 비대칭성이 다른 국가들을 강제하기 위해 상호의존을 무기화하는 국가들의 능력을 형성한다고 밝혔다(Farrell and Newman, 2019). 네트워크 구조 측면에서 네트워크 중심성(통제 및 영향력)을 갖는 중심국가들은 다른 국가들에 영향력을 미칠 수 있는 레버리지를 보유하고 있다. 이 국가들은 두 가지 레버리지 전략, 즉 파놉티콘(panopticon) 또는 초크포인트(chkchepoint) 전략을 선택할 수 있다. 파놉티콘 효과는 경쟁자들에 대한 정보 우위를 추구하는 것이고 초크포인트 전략은 경쟁자의 연결성을 봉쇄 또는 차단하는 것이다. 상호의존성의 무기화가 가능하기 위해서는 국가 간 높은 수준의 상호의존성이 전제되고, 네트워크의 중심을 통제하고 조작할 수 있는 비대칭적 힘을 갖고 있어야 한다. 세계화와 GVC 확산은 국가(기업간) 간 상호의존성을 높임과 동시에 비대칭적 네트워크 구조도 만들어 냈다. 상호의존성의 무기화는 더 많은 연결성을 갖춘 국가가 허브 또는 노드에 특정 국가의 연결을 제한함으로써 비대칭적 네트워크 구조를 전략적으로 활용하는 것이다(Cha, 2023; Drezner, 2021; Farrell and Newman, 2019).

무기화를 위한 핵심적 조치는 경쟁국의 장기적 성장을 저해할 수 있는 산업, 생산품목 등에 대한 경제적 제한을 가하는 것이며 이러한 경제적 측면뿐만 아니라 지정학적 경쟁의 우위가 클 경우 특정 산업에 대한 가치사슬을 무기화할 수 있다(Fuller, 2022). 따라서 연결성은 평화의 시대 '공진화'로 세계를 통합시키기도 하지만 불평화시대에는 연결성 자체가 무기화되면서 세계를 균열과 위기로 몰아넣기도 한다(Leonard, 2021). 최근 연결성이 갈등, 분쟁의 원인이 되고 있으며 그 중심에는 미중간 기술패권 경쟁이 있다. '중국의 부상'은 기존 GVC 구조변동을 촉발하고 있고, 이에 따라 중심국가 간 경쟁과 갈등이 전방위적으로 확대되는 치명적 여정이 시작됐다.

미국은 글로벌 연결성에서 감시나 제재를 어떻게 사용할 수 있을지 모색하고, 중국의 경제적 '강압' 사용을 경계하며 중국이 자국 시장을 활용하는 것은 세계화가 만들어낸 상호의존 네트워크를 무기화하는 '약탈적 자유주의(predatory liberalism)'의 한 형태라 비난한다. 반면 중국은 자국시장과 다른 나라들을 연결하고 이 인프라를 통해 영향력 확대를 위해 전방위적인 노력을 하고 있다.

연결성의 무기화는 경제적 '통치술(statecraft)'의 한 유형이다. 미국과 중국은 상대국의 위협에 대응하기 위해 경제적 통치술로 통상정책(수출입 규제 및 통제)뿐만 아니라 투자 규제조치를 비롯한 공급망 재편 관련 산업정책과 함께 새로운 경제안보 정책을 추진하고 있다. 여기서 경제적 통치술이란 국가운영기술의 일환으로 상대국에 대한 영향력을 행사하기 위해 경제적 정책수단을 사용하는 것을 의미한다(Boldwin, 2020). 1990년대 이후 세계화와 GVC 확대로 상호의존성과 초연결성이 증대되면서 새로운 형태의 경제-안보 연계가 강화됐다. GVC 구축으로 세계경제는 기업들의 생산 및 투자비용 감축을 최우선 목표로 운영되는 동시에 국가별 경제력의 비대칭성과 불균등성은 상호의존성의 무기화를 가능케 했다. 이에 따라 거대한 시장을 확보하고 있는 주요국들은 자국의 시장 또는 자원을 활용한 경제적 압박수단으로 경쟁국의 부상을 저지하거나 더 나아가 국내 정책과 대외정책에 영향을 미치며 자국의 경쟁력 제고와 패권유지를 강하게 추구한다. 특히 중국이 자유주의 국제질서 하에서 경제적 부상을 이뤄 패권국의 경제적 지위를 위협하자 미국은 기존의 경제적 효율성보다 국가안보 이익에 정책적 초점을 맞춘다. 이제 경제-안보 연계는 '경제를 위한 안보(security for economy)'가 아닌 '안보를 위한 경제(economy for security)'에 더 방점을 둔 개념으로 변화했다(이효영, 2022: 5-6).

경제-안보 연계의 심화요인은 무엇보다 미래의 패권을 좌우하는 첨단기술 경쟁이 격화되고 있기 때문이다. 첨단기술은 미래산업의 경쟁우위를 확보하고 군사적 혁신역량과도 밀접한 관계가 있어 오늘날 미중 전략적 경쟁의 심화 및 확산의 주요 요인이다. 또 다른 요인은 팬데믹으로 인한 GVC 교란 경험이다. 팬데믹은 GVC의 구조적 취약성을 드러내는 계기였다. 특히 첨단 제조업의 필수 부품인 반도체와 핵심 광물소재의 공급교란 문제는 국가 및 경제안보를 위협하는 요인으로 지목됐다(이효영, 2022: 9-13). 경제-안보 연계는 냉전 시기 '안보 우위', 냉전 해체 이후 신자유주의적 세계화와 GVC 확산으로 '경제의 우위', 미중 전략적 경쟁이 첨예화된 현재는 '경제와 안보의 동격화' 과정을 거쳐왔다. 경제적 통치술은 상호의존성의 강화를 위해 사용할수도 있지만 최근처럼 상호의존성의 무기화를 위해 사용할 수 있는 양날의 검과 같은 것이다. 불평화시대 두 중심국가는 경쟁자의 영향력을 두려워하며 경제전쟁을 격화시키고 있다. 연결된 네트워크는 국가들이 서로를 비교하고 때로는 모방하여 탐욕과 두려움, 권력 욕구를 강화함으로써 갈등을 유발한다. 이는 상호연결된 개방 사회 전반에 걸쳐 무차별적인 경쟁의 소용돌이를 일으키는 원인이 되고 있다(Leonard, 2021).

2장
—

초국적 인프라의 연결성 :
냉전과 컨테이너화

1. 세계화의 엔진, '강철박스'

역사적으로 물류는 광범위한 정치·경제적 활동의 핵심적인 고려사항이었다. 20세기 중반부터 시작된 컨테이너 '물류혁명'의 목적은 상품이동의 흐름에서 '마찰'을 줄이며 안정적인 순환을 보장하기 위한 것이다. 혁신기술의 개념화, 실용화, 효율적 작동에 이르는 과정은 다양한 정치·경제적 요인에 영향을 받는다. 지금까지 수많은 혁신적 아이디어들이 있었지만 일반적으로 혁신기술은 비교적 느리게 확산됐는데 그 이유는 기술에 대한 지식이 불완전하거나 시장의 현실 등 사회경제적 요인이 작용했기 때문이다. 증기선의 발명도 세계 물류시장의 이상형 기선이 되기까지 거의 1세기에 걸쳐 점진적 전환이 이루어졌으나 혁신기술이 중대한 역사적 변곡점을 맞이하면 사회적 적용과 확산은 매우 빠르게 일어난다. 물류의 컨테이너화(containerization)는 냉전 시기 '열전(hot wars)' 기간 동안 급속한 확산을 경험했으며 베트남전쟁이 결정적인 계기를 제공했다. 이후 세계적 규모의 순간적인 전환이 일어났고 재래식 선박의 선단은 오래된 유물로 단죄되었다. 이와 같은 물류혁명의 속도, 강도, 범위, 영향력은 이전 어떤 기술혁명과 비교할 수 없을 정도다.

그동안 많은 학자들이 물류의 컨테이너화가 갖는 혁신성을 높게 평가했다. 표준화된 '강철 박스'가 해양의 세계화를 가능하게 했고 '세상을 작게, 세계 경제를 크게' 만들었으며 세계 기술사적으로도 세상을 바꾼 기술이자 세계경제 발전을 위한 '수문'을 개방하는 역할을 했다는 것이다(레빈슨, 2017; Cudahy, 2006a; Headrick, 2009; Krugman, 2009; Stopford, 2009). 같은 맥락에서 피터 드러거(Peter, F. Durcker)는 컨테이너화 도입기인 1960년대 초 이미 물류를 미국의 '마지막 암흑 대륙(Last dark continent)'으로 정의해 자본주의 작동을 위해서는 저발전된 물류 문제를 해결해야 할 최대 과제 중 하나로 지목했다(Drucker, 1962). 1970년대 이후 시작된 서구의 탈산업화와 경제위기에 대응하는 초국적 기업들에게 물류는 직면한 문제해결을 위한 유력한 방법을 제시했다. 기업들은 노동차액 거래를 위한 해외진출을 본격화했으며 이를 위해 더 유연적 연결성에 기반한 공급망 관리에 노력을 기울였다. 자본의 세계화를 가능케 한 컨테이너 물류는 표준화를 통해 자동화를 용이하게 했고, 공급망 관리시스템, 적시생산방식, 노동조합의 저항을 제거하려는 모든 범위의 기획을 성공적으로 실행했다. '물류자본주의(logistical capitalism)'라는 표현에서 보듯 물류는 자본순환의 핵심 영역이며 자본의 탈영토화 및 재영토화를 위한 기술적 하부구조를 이룬다. 이 과정에서 물류는 목적을 위한 수단일뿐만 아니라 가치 창출의 현장이었고 그 자체로 자본순환을 위한 일종의 '인지적 맵핑(cognitive mapping)'으로 과학이 됐다(Brennan, 2021; Chua, et al., 2018; Danyluk, 2018).

현재 5,852척의 컨테이너선이 2,580만개(TEU)의 컨테이너 박스로 전 세계를 촘촘하게 연결하고 있다(UNCTAD, 2023: 38). 1958년 최초의 컨테이너 운송선으로 알려진 미국의 **Ideal-X**호는 58개의 컨테이너 박스를 싣고 미국 내 연안운송을 시작했지만 2023년 취항한 세계 최대 컨테이너선인 M/V MSC

Irina호는 23,346TEU급으로 길이 399.9m, 선폭 61.3m, 흘수(吃水) 16.5m, 총톤수 233,328톤에 달한다. 이 컨테이너들은 세계의 이질적인 공간을 연결하고 상업의 지형을 재구성하면서 세계화의 엔진 역할을 성공적으로 수행해왔다. 국가와 도시의 영토는 물류의 컨테이너화가 선도하는 세계적 흐름에 개방됐다. 냉전 시기 민족, 영토, 지정학적 국가를 위해 복무했던 군사 기술로서 물류는 현재 지경학적 공간에서 활동하는 초국적 기업의 기술로 진화(Cowen, 2010; 2014)해 자본주의 상품이동의 흐름을 주도하고 있다.

이 장에서는 냉전의 태평양과 물류혁명의 역사를 컨테이너화의 진화를 중심으로 살펴볼 것이다. 베트남전쟁은 미국의 군사물류가 브레이크-벌크(break-bulk) 물류에서 컨테이너 물류로 전환된 '역사적 변곡점'으로 매우 중요한 의미를 갖는다. 물류의 컨테이너화는 한국전쟁과 베트남전쟁을 거치면서 컨테이너 '복합(intermodal)운송'의 효율성과 효과성이 검증되자 본격적인 확산단계로 들어섰고 이후 세계무역과 생산방식의 거대한 전환이 시작됐다. 아래에서는 컨테이너화의 기원, 냉전과 제국의 군사물류, 베트남전쟁 시기 물류혁명의 동학 그리고 냉전의 태평양과 삼각무역 및 탈냉전 후 환태평양 중심 컨테이너 무역의 전환내용을 다룬다.

2. 냉전과 물류

1) 컨테이너화 전사(前史)

컨테이너화 이전 해상물류는 일반적으로 브레이크-벌크 방식에 의존했다. 화물은 다양한 종류와 형태, 크기의 상품으로 이루어져 있었고, 이 상품들은 인력에 의해 배의 위 아래로 옮겨졌다. 이후 파레트(pallet)가 도입되면서 크레인으로 화물 그물에 올려져 선적되기도 했으나 작업방식 논리에는 큰 변화가 없었다. 몇 기의 크레인, 수레, 그물을 이용한 것 이외에는 대부분 근육을 이용한 동력에 의존했으며 노동자들은 화물손상을 방지하기 위해 조심스럽게 작업을 해야만 했다. 항해 후 반대쪽 목적지에서도 동일한 방식으로 하역되었고, 이로 인해 해상물류는 장시간·고비용의 과정이었다(Bonachich and Wilson, 2018). 선박 일정의 불확실성으로 인해 아웃바운드(outbound) 화물이 예상 출항일보다 며칠, 심지어 몇 주 전에 부두에 도착하는 경우가 많았으며 파손, 분실 및 도난도 빈번하게 발생했다. 불확실하고 '적대적인' 수천 마일의 바다를 가로질러 화물을 운송하는 것보다 부두 앞 거리에서 선창으로 화물을 이동시키는 비용이 더 들기도 했다(Cudahy, 2006b; 2010).

다양한 화물을 처리하기 위한 '비정형 테트리스(unstructured tetris)' 물류는 비용이 높고 안전성, 예측성 및 효과성이 낮아 무역장벽으로 작용했다(Levine, 2023). 무엇보다 '비정형 테트리스' 물류방식은 운송모드간 호환이 불가능했기 때문에 육상 및 해상물류는 별개의 모드로 모두 노동집약적이고 상당한 비용과 시간이 소요될 수밖에 없었다. 이러한 문제점으로 인해 각 모드별 점진적 기술혁신의 성과에도 불구하고 결국 항구에서 병목현상이 발생하여 물류 흐름의 마찰은 계속됐다. 이 물류방식은 기원전 3천년 전 '페니키아(Phoenician) 무역선'이 물건을 싣고 내리는 방식과 크게 다르지 않았다(Klose, 2015).[1] 컨테이너화 이전 해운논리는 선박의 크기를 상대적으로 작게 유지하여 더 빠르고 쉽게 양·적하할 수 있도록 하는 것이다. 서비스를 늘리기 위해 더 많은 선박이 추가되고 더 많은 항구에 기항했다. 이는 선박이 화물이 있는 곳으로 이동하는 방식으로 특별한 인프라 없이 거의 모든 항구에서 화물의 양·적하가 가능하여 비교적 유연한 운송경로를 선택할 수 있었다.

컨테이너 물류의 특성을 감안할 때, 컨테이너화의 기원은 단순 '용기'로 운송한 사례보다 '복합운송의 논리'가 적용된 시도들에서 찾는 것이 타당하다. 이 관점에 따르면 컨테이너의 원형은 산업혁명 시기 영국의 석탄운송에서 시작된 것으로 보인다(Fenton, et al., 2018). 1766년 운하운송 기업가인 제임스 브린들리(Brindley, J.)는 10개의 목재용기를 실을 수 있는 내수로 운송용 '스타비셔너(Starvationer)'를 설계하여 브리지워터 운하(Bridgewater canal)를 통해 워슬리 델프에서 맨체스터로 석탄을 운송했다. 스타비셔너는 기존 석탄을 벌크상태로 선박에 싣는 것보다 엄청난 효율성을 보였고 육상연계 운송도 이전에 비해 훨씬 편리해졌다. 1834년 펜실베니아주 공공사업 운하노선은 더욱 진일보 했다(DoA, 1977). 필라델피아와 피츠버그를 연결하는 이 복합노선은 총 190km의 철도와 444km의 운하 이동을 포함했다. 철도와 물의 두 가지 모드 사이에서 수반되는 어려움과 불편을 해소하기 위해 내수로 운송용 선박은 화물을 싣는 동안 조립과 해체가 가능한 부분들로 만들어졌다. 이 부분들은 철도 차량으로 적재와 이동을 위해 해체됐고 철도차량에서 내린 후 운하로 다시 이동하기 위해 재조립됐다.

1840년부터 유럽과 미국의 철도회사들은 여러 종류의 컨테이너를 사용하기 시작했다. 1933년 유럽 내 도로와 철도의 단일한 컨테이너 규격을 정하기 위한 국제컨테이너사무국(BIC)이 만들어지기 전까지 다양한 복합운송 방법이 시도됐다. 예를 들어, 트럭운송회사들은 철도 평판화차(flat car)에 트레일러 운송을 위해 '피기백(Pigg-back)'[2] 방법을 채택했다(Broeze, 2002). 1906년 미국의 창고 및 이사짐 운송사는 길이 18피트, 폭 8피트, 깊이 8피트의 강철용기로 대륙 및 대서양 횡단 운송서비스를 제공했다. 1차 세계대전 이후 영국에서는 철도가 육상과 해상을 잇는 복합운송을 시작했다(Klose, 2015). 이 시기 사용된 컨테이너는 철도 평판화차로 항구에 도착 후 바퀴 달린 차량 크레인이나 부두 크레인에 의해 선박으로 옮겨져 해외 목적지로 이동하는 항해에 적합한 상자였다. 1933년 영국에서 가장 큰 4개 철도노선은 육류운송을 위한 약 1천개의 냉장상자 뿐만 아니라 최대 4톤을 수용하는 약 4천여 개의 비교적 큰 컨테이너를 이미 보유하고 있었다. 대형 컨테이너는 철도와 선박뿐만 아니라 철도와 트럭 간에도 비교적 원활한 양적하가 이루어졌다.

1940년대 말~50년대 초 미국 북서부에서는 현대 컨테이너와 유사한 복합운송 사례가 발견된다. 밴(Vans)서비스는 1949년 시애틀-알래스카 무역 항로에서 시작됐다. 시애틀에서 알래스카로 군용화물을 운송하던 알래스카 플라이트라인(Alaska Freight Lines)은 예인선과 바지선을 사용하는 밴서비스를 도입했다. 밴은 트레일러에 장착된 금속 상자로, 시애틀항 내 트럭에서 분리된 후 바지선에 실려 알래스카로 운송된 다음 하역되어 다시 트럭에 연결됐다. 이 서비스는 브레이크-벌크 화물처리보다 더 효율적이고 작업속도가 빨랐기 때문에 성공적으로 평가됐다. 1952년 오션토우사(Ocean Tow Inc.)는 밴을 효율적으로 선적하기 위해 선박을 개조해 알래스카까지 화물을 수송했다(Ott, 2014). 이러한 밴 서비스는 해상운송 시장에서 기존 화물선 일부를 대체해 나갔다.

위와 같은 시도들은 국지적이고 비교적 소규모였지만 철도, 도로, 해상을 연계한 복합운송 시스템의 구현을 의미했다. 그럼에도 불구하고 이 시기 기술적 진보는 한계가 있었다. 미국 북서부에서 시도된 리프트 밴(Lift-Van)은 사실상 현대적 문전(door to door)서비스 개념까지 적용됐지만 복합운송 시스템을 위한 표준화와 관련 기술적 요소가 부족했다. 특수 컨테이너 크레인과 장착 장치(mounting devices)가 없었고 코너 피팅(corner fittings), 트위스트 잠금장치(twist locks), 스프레더(spreaders)와 같은 장비도 존재하지 않았다. 무엇보다 적층성(stackability)이 낮았다(Klose, 2015). 또한 당시 항구를 경계로 육상운송과 해상운송이 여전히 별개의 영역으로 간주됐고 새로운 작업방식에 대한 노동자들의 저항도 컨테이너 물류혁신을 지체시켰다(레빈슨, 2023; Bernhofen, et al., 2016).

2) 제국과 초국적 물류기술

미국 루즈벨트대통령은 세계대공항 이후 미국의 산업기반을 회복하고 미래 해외 군사충돌에 대비한 새로운 항해 선박설계와 건조기준 마련을 지시했다. 이에 따라 미국해운위원회(United State Maritime Commission)는 포괄적이고 다양한 선박설계 기준을 마련했다(Cudahy, 2010). 개별 해운회사들은 새로운 선박을 주문할 때 이 설계기준을 활용할 수 있었고, 전쟁 수행을 뒷받침했던 화물선들은 전후 미국 상업선단의 중추가 됐다. 미국은 전쟁지원을 위해 수많은 화물선을 건조했기 때문에 전쟁이 종료되자 세계 최대규모의 상업선단을 보유하게 됐고, 그 선박들은 다수의 해운사들에 의해 운영됐다. 민간 해운사들은 잉여 전시 화물선을 거의 무료로 구입했다(Nash, 2012). 정부 자금은 민간기업의 사업에 큰 역할을 했다. 2차 세계대전 직후 민간자본이 설계 및 건조한 일반 화물선은 거의 없었고 해양청(Maritime Adminstration)은 사실상 .유일한 선박 건조자였다(Rosenstein, 2000). 이 과정에서 화물선은 이전에 비해 상당히 개선됐지만 노동집약적이고 긴 화물처리 과정으로 인한 비효율성은 여전했다.

미국은 2차 세계대전 중 효과적인 전시 해운물류를 위해 전시해운관리국(WSA: War Shipping Administration)을 설치했다. 전쟁 기간 대서양과 태평양을 횡단하는 군사물류 수요가 급증하자 미국은 조선소의 생산량을 늘려야 했고, 그 결과 선박 건조량은 엄청난 수준에 이르렀다. 대량생산 기술과 성과보상을 제공하는 계약으로 1949년에만 1,250만 톤의 선박이 미국 조선소에서 진수됐으며 미국 상선 선단의 규모는 4배 증가해 다른 국가들을 압도했다. 전쟁이 끝날 무렵 미국은 130개 해운회사와 4,500척의 선박 보유로 세계 선박 톤수의 약 60%를 차지했다(Clydesdale, 2016: 315). 또한 미국은 국가적 차원에서 선박설계, 건조 및 기계분야 기술을 발전시켰고 1958년 맷슨네비게이션(Matson Navigation)은 컴퓨터 선박설계를 최초로 선보여 세계에서 가장 앞선 해양기술을 제공했다. 곧이어 로로(RORO)선과 래쉬 (Lighter Aboard SHip) 기술[3] 등 혁신적인 물류기술을 도입했으며 이러한 노력은 이후 물류의 컨테이너화 혁신으로 이어졌다.

한국전쟁과 베트남전쟁은 냉전 시기 대표적인 '열전(hot war)'이자 국제적 군사충돌 사례다. 두 전쟁을 거치면서 미군 군사물류는 군국주의와 자본주의가 뒤섞인 '냉전의 태평양'에서 한 단계 진화했다. 이 전쟁들은 '마찰적인' 태평양 횡단 공급망 문제를 해결하고 현대적 물류시스템의 효과 검증을 위한 최초의 '실시간 시험장'을 제공했다(Attewell, 2021; Chung, 2019). 냉전 당시 미국 군사정책의 핵심과제 중 하나는 비용억제였다. 따라서 미군 물류는 초국적 자본주의의 기술확산을 위한 장소였으며 컨테이너화와 같은 비용절약적 기술개발 및 적용이 절실히 필요했다. 결국 냉전 시기 발전한 컨테이너화는 미군 주도의 자본주의 세계화(US military-led capitalist globalization)의 역사적 맥락에서 이해될 수 있다. 냉전 시기 열전 이후 컨테이너화는 세계무역을 주도한 물류혁명의 핵심적 톱니바퀴 역할을 했고 미군이 주도했던 컨테이너화는 국가주도 자본주의(state-driven capitalism)의 오랜 역사와 연관되어 있다. 미군은 해상물류의 효율성에 대한 관심이 매우 높았으며 국가 개입은 이와 같은 군사적 동기로 정당화됐다(U.S. Government Publishing Office, 2010).[4]

물류기술과 기능은 '제국주의 무기의 역사'와도 결부되어 있다. 상당수 해운회사들은 식민지 확장과 관련 지식생산에 기원을 두며 제국의 시대 초국적 물류인프라는 제국 그 자체를 재현했다(Brennan, 2021). 미군이 전 세계적으로 진출하면서 1950년대 다양한 군사 및 민간 지원프로그램을 국가주도로 수행했으며 해외원조는 그 운영에 필요한 기반시설, 특히 항만 등 물류인프라 구축에 사용됐다(Chung, 2019). 1950년~60년대 미국 국방부는 민-군협력으로 군사물류의 효율성을 높이면서 해외 활동을 지원했다. 1961년 국방부장관 로버트 맥나마라(Robert McNamara)는 전쟁물류 수요에 대응하기 위한 물류관리연구소(LMI)를 설립하고 새로운 초국적 물류기능의 강화를 위한 연구개발에 매진했다. 맥나마라의 문제의식은 국방부가 전쟁을 위한 조달, 물류, 방위산업에서 심각한 문제에 직면해 물류혁신을 위한 새로운 사고와 전문적 역량이 필요하다는 것이었다(Cowen, 2010). 결국 물류는 제국의 유지 및 확장을 위한 생명선(lifeline)이었고 탈식민지 태평양 전역에서 벌어졌던 '열전'은 적시물류(just-in-time logistics) 제국 구축에 결정적인 역할을 했다(Attewell, 2020). 즉 미군의 효율적 물류시스템 구축은 탈식민지 세력을 자본주의 미래로 초대하는 전략으로서 지정학적 개입의 필수 조건이었다.

3) 한국전쟁과 군사물류

한국전쟁에서 전쟁 물자보급을 위한 물류시스템은 전투의 승패를 좌우할 정도로 매우 중요했다. 광범위하고 효율적인 태평양 횡단 군사물류가 없었다면 미군과 유엔군은 전쟁 초기 열세를 극복하지 못했을 것이다. 한국전쟁의 물류 및 지원은 2차 세계대전 유산에 크게 의존했다. 한국에서 사용된 수송선, 장거리 항공기 및 기타 장비의 상당수는 2차 세계대전을 위해 만들어진 것들이었고, 이러한 군수지원체계는 이전 일본 그리고 독일과의 전쟁을 직접 경험한 요원들이 운용했다(Mall, 2021a). 전쟁 당시 태평양 횡단 군사물류의 중심에는 이후 '상업 컨테이너화의 선구자'로 평가되는 '코넥스(CONtainer EXpress)' 활용이 있었다. 코넥스는 한국전쟁과 베트남전쟁에서 일부 군수품과 보급품의 운송 및 '보관'에 사용[5]되면서 전후 컨테이너화의 급속한 확산을 예고했다.

1945년 일제 강점기 종식 후 일본은 한국 철수과정에서 그동안 수탈을 위해 구축했던 철도인프라의 상당부분을 철거했다. 미군은 1946~48년까지 철도 재건사업에 착수했으며 이를 위해 일본 점령 임무를 수행하던 육군 및 해병대 사단을 배치했다. 부산항은 이 시점부터 한국 방어를 위한 초국적 군사물류의 중심지였다. 한국전쟁 발발 이후 미군의 우선적 임무는 심해항구인 부산항을 물류기지화하는 것이었다. 미국과 일본에서 온 병력과 물자가 부산항에 집중됐고, 전쟁이 격화되자 물류공간 확대에도 불구하고 포화상태의 물자 수용에는 한계가 있었다. 1950년 8월 부산항은 한 달에 100만 톤 이상의 화물을 처리했지만 도착한 선박들이 몇 주 동안 정박해 있는 등 심각한 병목현상을 경험했다. 1950년 9월 인천상륙작전에 따라 미군은 대규모 병력과 물류부대를 신속히 투입했으며 인천항 운영을 위한 물류사령부를 창설했다(Killblane, 2020; Gough, 1987). 문제는 부산항과 인천항의 물류 병목현상을 최대한 해소하면서 전장으로 군수 보급물자를 전달하는 것이었다. 이러한 상황 속에서 미군의 코넥스 사용은 전쟁 물류기술을 한 단계 진전시키는 시험대였다.

코넥스의 탄생은 2차 세계대전 중 미군이 동일한 크기의 품목들을 결합해 파레트를 채워가면서부터였다. 통합의 이점을 확신한 미군은 보급품 선적을 위해 작은 컨테이너 실험을 시작했으며 1947년 미육군수송단(The U.S. Army's Transportation Corps.)은 첫 번째 성과물을 개발 및 테스트했다. '표준' 금속 컨테이너인 '트랜스포터(Transporters)'는 약 4톤의 화물을 철도와 트럭에 실을 수 있도록 설계됐으며 길이 2.59m, 폭 1.91m, 높이 2.08m의 크기로 양쪽에는 이중문이 있고 상단 네 모서리에는 리프팅 링(lifting rings)이 달려 있었다. 미 육군은 초기 23개의 실험용 코넥스를 시작으로 한국전쟁을 거치면서 1955년 10만개, 베트남 전쟁 시기인 1967년에는 20만개 이상을 활용했다. 공군 역시 육군 타입의 소형버전 코넥스 5천여개를 사용했고, 미 해병대도 병력 배치를 위한 두 개의 표준크기 탑재상자를 개발했다 (DoA, 1977; Ham and Rijsenbrij, 2012; Heiser, 1991).

미 육군이 최초 표준크기의 컨테이너를 개발한 이유는 미국 본토 창고에서 해외부대 군수품 창고로 군수품과 보급품을 효율적으로 이동시키기 위해서였다. 코넥스는 내후성이 있어 선박 갑판 위 아래에 쌓을 수 있었고 1950년대 초 대규모 병력이 한국전쟁 지원을 위해 도착하면서 실증화가 이루어졌다. 이는 코넥스가 사실상 부산과 인천항에서 처음 실전 사용됐다는 의미다. 코넥스는 다양한 군수품과 물자를 싣고 미국 서부항만에서 출발하여 일본을 거쳐 한국으로 운송됐으며 이후 육상운송 수단으로 전장으로 옮겨졌다. 1952년경 코넥스는 완전한 표준화에 이르렀으며 개조된 크레인으로 하역되어 물류 처리 속도가 매우 빨랐다. 코넥스 시스템은 모듈식으로 제작되어 크기를 절반으로 줄인 유닛을 추가할 수도 있었고, 최대 세 개까지 쌓을 수 있어 적층성 문제도 상당부분 해결했다. 이러한 미군의 물류혁신 노력을 감안할 때 이 기간 아시아 항구들은 미군의 코넥스 박스를 처리하면서 혁신적 물류기술을 경험했을 것으로 추정된다(DiMoia, 2020). 같은 시기 한국의 지구 반대편에서는 코넥스의 '민간용 버전' 개발과 실험이 본격화되고 있었다.

3. 냉전의 태평양과 물류혁명

1) 컨테이너 물류혁명의 서막

1956년 4월 26일은 컨테이너 물류혁명의 서막을 알리는 상징적인 운항이 시작된 날이다. 2차 세계대전 시 활약했던 전쟁용 T-2 유조선은 상업용 컨테이너선으로 개조되어 Ideal-X호로 거듭났다. 뉴저지주 뉴어크항에서 컨테이너 58개를 크레인으로 선적한 이 선박은 5일 후 텍사스주 휴스턴항에 도착했다. Ideal-X호는 메인 데크(갑판)에 세로 슬롯이 있는 특수 스파데크(Spar deck)를 설치했다.[6] 스파데크는 2차 세계대전 중 북대서양을 횡단해 연료를 운반하는 유조선이 전쟁에 필요한 비행기, 트럭 및 기타 부피가 큰 장비도 수송할 수 있도록 해주었다. 58개의 컨테이너는 항구 내 트럭에서 분리되어 선박으로 옮겨졌고 휴스턴항에 도착한 새로운 트레일러는 선박에서 양하된 컨테이너를 싣고 항구에서 중간 작업과정 없이 각각의 목적지로 지체 없이 운송됐다(레빈슨, 2017; Cudahy, 2006b; 2010). 이른바 복합운송에 의한 문전서비스 시스템이 구현된 것이다. 이 물류 시스템은 곧이어 시작될 역사적인 '컨테이너 물류혁명'의 서막을 알리는 사건으로 기록됐다.

컨테이너 물류혁명의 서막을 연 말콤 맥린(Malcolm McLean)의 비전은 복합운송을 통해 '마찰 없는 물류 흐름'을 실현하는 것이었다(Klose, 2015; Nash,

2012; Singh, 2019). 1950년대까지 맥린트럭운송회사는 직원 2천여명과 37개의 트럭 터미널을 갖추고 있었다. Ideal-X호 출항 이전 맥린은 이미 육상과 해상을 연결하는 새로운 복합운송서비스를 광고하기 시작했으며 물류서비스의 전략적 무게중심이 육상에서 해상으로 이동하고 있다는 것을 이해했다. 1955년 맥린은 팬애틀란틱사(Pan-Atlantic Steamship Corp.)를 인수한 후 그동안 구상해온 복합운송서비스를 실행에 옮겼다(Broeze, 2002). Ideal-X호 후속모델(1957년)인 게이트웨이시티(Gateway City)호는 갑판 위뿐만 아니라 아래에도 수직형 셀로 226개의 컨테이너를 선적할 수 있는 특수 컨테이너선이다. 이 선박 역시 2차 세계대전 당시 사용되었던 화물선으로 포트뉴어크에서 남쪽 마이애미로 향했다가 휴스턴으로 운항했다(Cudahy, 2006b; 2010). Ideal-X호가 프로토타입 컨테이너선이었다면 게이트웨이시티는 컨테이너 전용선으로 이 선박을 현대 컨테이너선의 출발점으로 평가하기도 한다. 이로써 스파데크는 퇴출되었고 모든 종류의 오래된 화물선들이 전용 컨테이너선으로 개조되면서 현대 컨테이너선의 기본설계가 빠르게 확산됐다.

팬아틀란틱사는 육로 및 해상운송의 '다중모드' 결합을 요약한 시랜드(Sea-Land Service)로 재브랜드화 했으며 전쟁에서 사용했던 잉여선박을 구입해 미국 동부해안을 중심으로 서비스를 확장해 나갔다. 이 시기 컨테이너 선박들은 미국 대서양과 걸프연안을 오르내리기 시작했고 이후 미국 서부해안, 캘리포니아에서 하와이까지, 그리고 미국 동부해안에서 푸에르토리코까지 유사한 실험들을 계속했다(Nightingale, 2022; Rosenstein, 2000). 시랜드 이외에도 맷슨네비게이션, 그레이스라인(Grace Line) 등 주요 선사들이 미국 연안 컨테이너운송에 나서면서 확장과 경쟁이 본격화됐다.

컨테이너화의 성공적 확산을 위해서는 무엇보다 육상-항구-해상을 아우르는 '시스템' 구축이 중요했다. 그러나 전통적으로 보수적인 해운물류

선사들은 컨테이너화를 잠시 미루거나 기존 화물 운송방식에 컨테이너를 혼합해 사용하려 했기 때문에 초기 신기술의 이점을 충분히 누리지 못했다(Fitzgerald, 1986). 컨테이너 전용 항구개발도 난제였다. 물류의 컨테이너화는 항구산업을 노동집약적 산업에서 대규모 투자가 동반되는 자본집약적 산업으로 전환시켰다(Bonacich and Wilson, 2008). 따라서 혁신효과가 불투명한 상황에서 일부 선도적 항구 이외에는 충분한 투자 여력이 부족했다. 컨테이너 항구는 넓은 야적장뿐만 아니라 복합운송의 특성을 감안할 때 고속도로와 철도노선으로 높은 접근성 및 연결성이 필요했다. 무엇보다 컨테이너 표준화의 부재로 운송모드 내 그리고 모드 간 호환문제가 완전히 해결되지 못했다. 각 선사들은 각자의 상황에 맞는 컨테이너 규격을 사용했기 때문에 '시스템' 구축을 위한 표준화의 필요성이 높아져 갔다.

초기 문제에도 불구하고 혁신은 멈추지 않았다. 1959년 파세코사(Paceco)가 최초로 개발한 컨테이너 전용 부두 크레인(Quay cranes)은 서부 알라메다(Alameda) 터미널(Encinal terminal)에서 가동되기 시작했다(Bartosek and Marek, 2013: 9). 크레인 생산성은 3분마다 컨테이너 1개를 적재하고 시간당 400톤의 화물을 처리할 수 있어 이전 근육 노동과 비교할 수 없었다. 이는 항구 인력 작업반의 평균 생산성 대비 40배가 넘는 수준이다(Bernhofen et al., 2016). 당연히 선박의 항구 체류시간도 극적으로 감소했으며 미국 동부의 뉴욕/뉴저지항, 서부의 시애틀항은 선도적으로 컨테이너 항구개발을 추진했다. 특히 서부항구들은 태평양 횡단 무역량 증가로 빠르게 성장했다. 화주들도 서부항구에서 컨테이너를 받아 철도를 통해 대륙 전역으로 운송하는 게 경제적이라 판단했다(Chilcote, 1988). 이러한 환경적 조건에서 시애틀항은 1950년대 작은 성과를 바탕으로 1962년 3천만 달러 규모의 컨테이너터미널 개발 계획을 발표했다. 이 계획은 컨테이너용 부두 크레인, 야적장, 냉장 컨테이너에 전력 공급장치 등을 포함했다(Ott, 2014).

2) 베트남전쟁과 물류혁명

물류 대혼란과 마찰 조정

베트남전쟁은 내전이자 냉전 시대 체제 간 대결이 벌어진 국제적 열전의 장이었다. 전쟁 당시 군사물류의 기술적 · 전략적 역할과 공급망 관리는 전쟁의 승패를 좌우할 만큼 중요한 요인이었다(Gruenward, 2015). 미국은 1950년대 중반부터 남베트남 지원을 위해 '자문관(advisors)'을 파견했으며 1954~60년 기간 동안 평균 640여명이 상주했다. 1964년 8월 '통킹만 사건' 이후 미국은 대규모 군사력을 증강시키면서 베트남전 개입을 본격화했다. 〈그림 2-1〉에서 보듯, 1960년 미국의 군사요원(military personnel)은 900명에 불과했으나 이 사건 후 1965년에는 184,300명으로 급격히 증가했다.

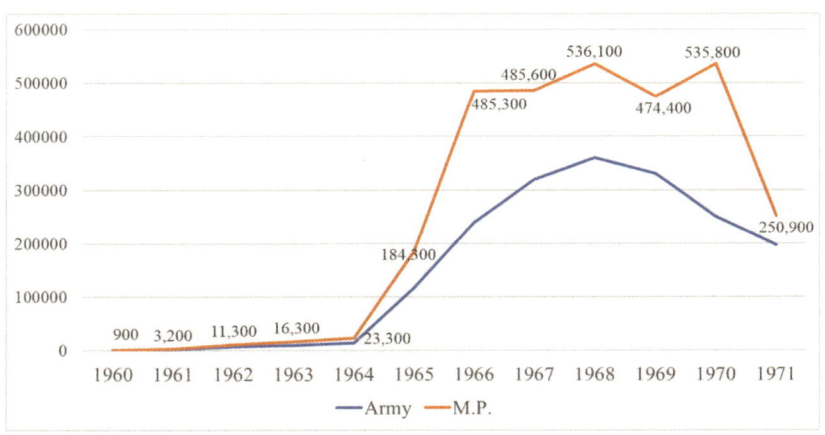

〈그림 2-1〉 남베트남 주둔 미군과 총 군사요원 수 변화 추이(1960~71년)(단위: 명)

*주: 각 년도 12월 기준(1971년 6월 기준).
  출처: Heiser(1972). p. 14 데이터를 토대로 작성

군사요원들은 지속적으로 증가하여 1968년 536,100명으로 최고치를 기록했다(Hamilton and Shin, 2016; Heiser, 1972). 군사력 증강은 곧 군사물류의 폭발적인 증가를 의미했지만 남베트남의 열악한 물류환경은 미국 역사상 유례없는 대혼란 초래했다. 이 시기 미군의 전쟁전략과 전술은 '물류 흐름' 수준에 의존할 수밖에 없었고 군사물류 흐름의 '마찰'을 줄이는 것이 핵심적 과제였다.

전쟁 초기 비교적 수심이 깊은 남베트남 항구는 사이공항(Saigon port) 한 곳에 불과했으며 전투로 파괴되어 거의 운영되지 않는 철도선과 비포장 도로, 그나마 중간에 끊긴 곳도 많아 최소한의 물류 이동마저 어려웠다. 베트남으로 향하는 대부분 화물은 미국 내륙의 창고와 공급업체에서 서부항구 또는 공항으로 운송된 후 선박이나 항공기에 실려 베트남으로 직송되거나 백업 지원을 제공했던 일본 오키나와로 옮겨졌다. 베트남 사이공항과 탄손웅(Ton Son Nhm)공항은 물류의 거점 역할을 했다. 그러나 화물이 폭발적으로 증가하면서 사이공항은 곧 물류마비 사태에 빠졌다.[7] 당시 미국은 1965년까지 모든 미군을 철수한다는 가정 아래 작전을 수행했기 때문에 물류인프라 투자가 부족했다. 미군 군수품을 실은 선박들은 물류 적체와 낮은 수심으로 항구 접안이 어려웠고 바지선이나 흘수(吃水)가 작은 상륙용 주정(LST)과 민간 거룻배까지 동원해 내륙으로 화물을 이동시켰다. 또한 베트남의 열악한 물류환경은 태평양 전체 군사물류 흐름의 적체를 심화시켰다. 군수품을 실은 100척 이상의 선박은 하역과 보관 계획도 불투명한 상황에서 베트남 연안에 대기 정박했고, 그 여파는 필리핀, 오키나와, 괌 그리고 선박의 출발점인 미국 서부항구의 적체까지 초래했다. 이 선박들은 이동수단이 아니라 '부유식 창고(floating warehouse)' 이상의 역할을 제대로 수행하지 못했다[8](Aaron and Baker, 2020; Heiser, 1972; Mercogliano, 2017).

태평양 횡단 군사물류의 적체 해소를 위한 유일한 해법은 베트남 항구에 가해지는 압력을 혁신적으로 해결해 원활한 물류 흐름을 보장하는 것이었다. 베트남은 효과적인 '통합물류(Integrated logistics) 접근'을 위한 역사적인 '물류 시험장'을 제공했다(Aaron and Baker, 2020). 베트남 군사원조사령부(MACV)는 물류문제 해결을 위한 계획수립에 착수했다. 우선 사령부는 해상물류 인프라 투자를 확대했는데 만성적인 물류적체에 시달리던 사이공항 문제해결을 위해 인근에 '뉴포트(Newport)'를 건설했다. 이 계획은 4개의 심해 선석, 창고 그리고 선박 정박지 건설을 포함했고 1966년 부분 가동을 시작으로 1967년 7월 완전 개장하여 화물 수용능력을 높였다. 미군 당국은 군사물류 공급망을 개선하기 위해 1964년 사이공에서 북쪽으로 약 290km 떨어진 캄란만(Cam Ranh Bay) 항구개발에도 나섰다. 사이공항이 주로 베트남인 관할에 있었던 반면 새로운 캄란만 항구는 미군주도로 운영되었고 향후 핵심적인 물류기지 역할을 했다. 캄란만 항구개발은 신속한 건설과 운영을 위해 드롱부두(DeLong pier)[9] 방식을 도입했다. 이외에도 미군 군사물류 개선 계획은 다낭(Da Nang)에 주요 물류기지를 개발하고 소규모 항구 6곳에 작은 전투지원 기지 설립을 포함했다.[10]

1965년 미군 연구팀은 전시 물류시스템의 근본적 변화를 권고했는데 권고안 중 주목할 만한 내용은 모든 선적을 '통일된 포장' 방식으로 해야 한다는 것이다. 이 제안은 한국전쟁 이후 표준화된 코넥스를 의미한 것이었다(레빈슨, 2017: 323-324). 미군은 한국전쟁에 사용했던 코넥스를 베트남에서도 일부 사용했지만 그 수량은 제한적이었다. 또한 한번 도착한 이 박스들은 현장에서 다용도로 사용되어 재사용이 사실상 어려웠다. 그럼에도 불구하고 미군은 코넥스가 비용 대비 가치가 충분하다고 판단해 추가 구매하여 한 동안 사용했다. 이제 남은 과제는 컨테이너화 물결이 확장된 물류인프라를 타고 '물류 시험장'으로 넘어오는 것이다.

컨테이너화의 역사적 변곡점: 실시간 물류시험장

1966~67년은 미군 물류의 컨테이너화가 순차적으로 확대된 시기다. 그 시작점은 1966년 1월 호놀롤루에서 열린 미군 최고위급 회의에서 민간기업과 계약을 맺어 군사물류를 위탁한다는 정책 결정이다(레빈슨, 2017: 325). 이 정책은 1966년 5월 미군해상수송지원단(MSTS)과 시랜드가 컨테이너선 3척을 계약하여 미국 오클랜드-캘리포니아에서 베트남전쟁의 백업 기지인 일본 오키나와 간 476개의 컨테이너를 12일마다 운항하는 계약으로 시작됐다. 이 운항이 성공적으로 수행되자 미군은 같은 해 미군 해군기지가 있는 필리핀 수빅만(Subic Bay) 컨테이너운송 계약을 추가로 체결했고, 10월 전시 물류시험 현장의 컨테이너 운송입찰을 시행했다. 입찰결과 시랜드가 압도적 우위의 계약내용을 제시하면서 낙찰받았다. 1967년 3월 미군과 시랜드는 컨테이너 7척으로 태평양 횡단 군사물류 계약을 체결했으며 1967년 8월, 베트남 운항 최초 컨테이너선인 비앙빌(Bienville)호가 오클랜드를 출발 해 다낭항에 도착했다.

당시 미군과 시랜드 간 계약은 컨테이너 물류의 특성과 물류이동 경로를 잘 보여준다(레빈슨, 2017; Gills, 2018; Ham and Rijsenbrij, 2012, Nash, 2012). 투입된 컨테이너선은 총 7척으로 이중 3척은 오클랜드~다낭 서비스를 제공하는 컨테이너 274개(35피트) 용량의 자급식(self-sustaining) C2형이다. 또 다른 3척은 오클랜드/시애틀~캄란만항까지 운항하는 컨테이너 609개 용량의 비자급식(non-self-sustaining) C4형이고, 나머지 한 척은 캄란만항~사이공항 ~퀴논항 사이를 셔틀로 운항은 자급식 C2형이다. 이 셔틀 자급식 C2형 선박은 C4형 비자급식 선박일정과 일치하도록 배치했다. 선박 이외에도 미국 서부항구에서 베트남 내륙 군사기지까지 완벽한 문전서비스를 제공하는데 필요한 컨테이너, 트레일러, 트랙터 및 기타 장비 일체를 제공했다. 또한 시랜드는 정부가 지정한 시애틀 또는 샌프란시스코-오클랜드만 상업구역 내 군용화물을 채울 컨테이너를 필요한 만큼 제공하기로 했다. 이 컨테이너들은 컨테이너선에 선적하기 위해 시랜드가 자체 운영하는 항구터미널로 운송되고 컨테이너선이 베트남에 도착하면 하역한 후 자체 트랙터를 사용하여 하역부두 약 48km 이내 군당국이 지정한 지점으로 운송해야 했다. 마지막으로 컨테이너 재사용을 위해 미군이 30일 이내 화물을 처리하면 빈 컨테이너를 미국으로 반환하는 조건이다.

시랜드가 베트남으로 운송했던 컨테이너는 1967년 매달 456개에서 1969년에는 2,677개로 급증했으며 이 컨테이너선은 기존 재래식 화물선의 3배 물량을 옮겼다.[11] 1967년~73년까지 시랜드는 베트남 컨테이너 운송으로 약 4억 5천만 달러 이상의 수입을 거뒀다(Mercogliano, 2017). 미군이 시랜드와 계약을 체결한 가장 큰 이유는 비용절감이다. 1960년대 초부터 미 국방부는 냉전 시대 과도한 군사프로그램 예산의 효율화를 위해 '군사물류의 민영화'를 가속화했다. 군사물류 임무를 민간으로 아웃소싱함으로써 미군은 더 적은 수의 지상병력으로 전쟁 수행이 가능했다. 더 중요한 것은 전쟁에 필요한 대규모 노동력을 직접 관리하고 유지하는 책임에서 벗어날 수 있었기 때문이다(Chung, 2019). 실제 민·군협력에 기초한 컨테이너 복합운송은 미군의 비용절감에 크게 기여했다. 미군은 베트남전쟁이 본격화된 이후 1968년까지 컨테이너화를 통해 888.3백만달러의 전쟁 물류 비용을 절감한 것으로 추정했다(〈표 2-1〉 참조). 이 추정액 이외에도 잠재적 추가 절감비용은 화물의 분실, 도난, 파손의 감소와 추가 항만시설 건설비, 포장비 필요 선박 수의 감소 등을 포함한다.

<표 2-1> 컨테이너화를 통한 베트남전쟁 물류비용 절감 규모(1965~68년)(단위: 백만 달러, %)

구분	항목	비용 절감 규모			합계 (비중)
		금액	비중	소계(비중)	
정기비용	선적(항만 처리 포함)비	344.6	97.5	353.5 (40.0%)	881.3 (100.0%)
	창고화물 처리비	8.9	2.5		
일회성 비용	공급경로 단축	147.2	27.9	527.8 (60.0%)	
	항만시설(부두)비	181.0	34.3		
	선박 지연비	89.7	17.0		
	보관비	86.9	16.5		
	냉장 보관비	23.0	4.4		

출처: US Govt.(1970). p. 70 내용을 토대로 재구성.

혁신적 컨테이너 군사물류의 시험효과

베트남전쟁의 태평양 횡단 군사물류 실험은 컨테이너화의 실질적인 이점을 확인한 중요한 계기였다. 다만 컨테이너화 '시스템'은 선박과 부두 크레인을 포함하여 큰 투자가 필요한 장비를 사용해야 했다. 그럼에도 불구하고 미군은 대규모 복합운송 경험을 통해 이전과 다른 컨테이너화의 장점을 발견했다. 구체적으로 컨테이너선은 브레이크-벌크 선박보다 더 적은 인원으로 더 빠른 하역이 가능했고 접안공간과 항만운영 인원도 극적으로 감소했다. 복합운송 문전서비스의 실용성은 미국에서 미리 보관된 컨테이너가 캄란만 등 베트남 항구에 계획대로 도착 후 전장까지 일관된 흐름 속에 운송됨으로서 입증됐다. 컨테이너로 운송되는 모든 화물, 특히 탄약, 부패하기 쉬운 품목 및 PX 보급품들의 손상과 손실이 대폭 감소한 것 역시 주목할만한 성과였다.[12] 무엇보다 화물이 출발지에서 컨테이너에 적재되어 도로와 철도를 거쳐 항구로 이동했고 컨테이너선을 통해 베트남 항구로 도착한 이후에도 같은 수단과 방식으로 전장으로 이동해 화물분류 및 가시성은 이전과 비교할 수 없을 정도로 향상됐다. 본격적인 컨테이너운송과 함께 초기 넘쳐났던 '회색 상자'도 사라졌다.

전쟁 물류시험의 성공적 결과는 전 세계 민간 해운선사와 군사물류의 컨테이너화 그리고 각국 정부들의 인프라 구축 경쟁을 촉발시켰다. 베트남 항구에 하역을 위한 평균 대기시간은 '대혼란' 시기 1965년 20.4일에서 1970년 평균 1.5일로 단축됐다. 또한 1970년 실시된 미군의 물류효율성 시험결과, 컨테이너 사용 후 선박회전율은 500%, 인력 효율성도 600% 높아졌다(Bell, 1973; Chung, 2017). 이 경이적인 성과는 컨테이너화와 이를 위한 '초국적 물류인프라' 개선의 결과였다. 컨테이너화의 효율성과 효과성에 대한 검증이 확인되자 미국 해운선사들은 시랜드의 선례를 따를 수밖에 없었고 곧이어 거의 모든 해운선사들이 컨테이너선 전용선으로 전환을 가속화했다. 미군도 세계 다른 지역에서 화물운송 계약자들에게 컨테이너화 물류방식을 요구했으며, 그 결과 미군이 유럽으로 운송하는 군사물류 중 컨테이너 비중이 절반에 달했다.

각국 정부들도 컨테이너선 수용을 위한 초국적 물류인프라를 확대하고 표준화하는데 적극 나서기 시작했다. 가장 선두에 선 미국은 동부 뉴욕/뉴저지항, 서부 시애틀항, LA/롱비치항을 중심으로 대규모 컨테이너 항구건설을 이어갔다. 일본은 1966년 도쿄와 고베항에 대규모 컨테이너부두 건설계획을 발표했다. 특히 초국적 선사들의 일본 진출은 컨테이너부두 수요를 높였다. 한국은 1973년 세계은행 지원으로 부산항 컨테이너화 프로젝트를 추진했으며, 싱가포르도 컨테이너화를 매개로 남아시아의 물류중심지 비전을 내세워 1967년 세계은행 차관 1,500만 달러를 유치한 후 1972년 최초의 컨테이너터미널 완공했다. 싱가포르가 세계 최고의 컨테이너 항구로 발전한 이유는 초기 이와 같은 '급진적인 컨테이너화' 덕분이다. 홍콩은 주로 민간개발 방식을 채택하여 1972년 처음으로 컨테이너터미널(3선석)을 완공했고 이후에도 빠른 속도로 물류인프라를 늘려갔다. 대만 역시

1972년 가오슝에 최초의 컨테이너터미널을 개장하여 새로운 물류혁명의 물결에 올라탔다(레빈슨, 2017; Bernhofen et al., 2016; Chi-pang, 2017; Chung, 2019). 미국과 일본 그리고 아시아 네 마리 용들은 환태평양 컨테이너 물류 공급 망 구축을 비교적 짧은 시간 내 집중적으로 실행해 나갔다. 이 메가-지역 내 초국적 물류인프라의 확대는 역내 거대한 상품이동 흐름을 촉진하는 토대였다.

1968년 3월 기준, 전 세계적으로 컨테이너선은 53척 존재했고 149척이 건조 중이었다. 또한 98개 항구가 건설 및 개조됐고 추가로 58개 건설 중인 컨테이너터미널과 함께 46개 개발계획이 있었다(Chi-pang, 2017). 이러한 컨테이너화의 진전은 더 이상 대서양 중심의 '북-북 지역'이 해양시스템을 지배하지 않는 '다중심(multicentred) 해양시스템'으로 전환을 의미했다[13](White, 2019). 태평양 항구의 컨테이너화 물결은 전쟁 중 미국의 군사물류 기지 위치와 밀접하게 겹쳤는데, 일본과 아시아 '네 마리 용', 미군의 전략적 군사기지인 필리핀 그리고 미국 서부에서 컨테이너 항구개발이 두드러졌다. 결국 베트남전쟁은 한국전쟁 당시 태평양 전역에 군수물자 보급을 위해 처음 만들어진 '공급경로'의 컨테이너화를 급진전시켰다(Chung, 2019).

컨테이너 국제무역의 시작 및 확산

1966년 4월 26일, 최초의 국제무역 컨테이너 서비스가 시작됐다. 이날 풀컨테이너선인 페어랜드(Fairland)호[14]는 236개의 컨테이너를 뉴저지에서 선적한 후 대서양을 횡단하여 유럽의 관문항인 네덜란드 로테르담항으로 출발했다. Ideal-X호가 미국 연안을 항해한지 10년만에 이루어진 기념비적인 운항이었다(Cudahy, 2010). 이 컨테이너선의 대서양 횡단은 북미와 유럽간 최초의 대륙간 국제무역 컨테이너 서비스로 중요한 의미를 갖는다.

1956년 Ideal-X호의 운항은 해상과 육상에서 화물운송 방식을 근본적으로 바꾸고 국제무대로 진출할 수 있는 발판을 마련했다. 이에 따라 미국과 해외 다른 해운선사들도 브레이크-벌크 화물선들을 풀컨테이너선으로 전환하기 시작했다. 페어랜드호는 풀컨테이너선(full container ships)임에도 불구하고 선박에 온보드 크레인(Onboard cranes)이 정착되어 현재 컨테이너선과 완전히 동일한 구조는 아니다. 이는 컨테이너화의 실용화를 위해서는 대규모 자본투자와 인프라 구축이 필수적이지만, 새로운 물류방식에 정착되기까지는 어느 정도 시간이 필요했다는 의미다.

대서양은 유럽인들이 신대륙을 개척한 아래로 세계무역의 중심축이었다. 2차 세계대전 당시 북미와 유럽은 세계에서 경제적으로 가장 발전한 두 지역이었고, 두 지역 시장간 교역이 세계무역을 지배했다. 1960년 세계 해상무역의 60%는 북대서양과 관련된 것으로 추정된다(Slack, 1999). 1960년대는 컨테이너 무역이 대서양에 데뷔한 시기라는 점에서 세계무역 발전의 중추적 시기였다. 시랜드는 유럽 전역에 광범위한 대리점 네트워크를 구축했고 육상운송을 위한 트럭회사들과 계약했다. 특히 백홀(back-haul, 귀로 운항)에 필요한 화물확보는 무역항로의 활성화를 결정하는 중요한 과제였다. 미국에서 출발한 대서양 횡단 컨테이너선은 독일에 있는 미군의 보급기지인 브레머하븐(Bremerhaven)과 유럽 최대 항만인 로테르담, 스코틀랜드 위스키 증류소가 모여있는 그랜지머스(Grangemouth) 등 세 항구 중심으로 이뤄졌다(Broeze, 2002).

초기 대서양 횡단무역을 위한 컨테이너 화물은 크게 두 가지로 구분할 수 있다. 미국에서 유럽으로 갈 때(head-haul)는 주로 군수품이고, 백홀 때는 위스키 등 유럽의 유명한 소비재 상품들이었다. 시랜드는 당시 독일 서부지역에 주둔하고 있던 미군 25만명에게 지급될 군수품 운송권한을 가졌으며 대서양 횡단 화물의 90% 이상이 군수품이었다. 1966년 미 해군은 브레이크-벌크 선사들의 반대를 물리치고 유럽으로 향하는 군수품 계약을 경쟁입찰로 전환했으며, 이에 시랜드가 가장 낮은 운송료를 제시해 낙찰받았다(레빈슨, 2017: 304-305). 전후 미군지원 프로그램은 이 노선에 대한 화물수요 대부분 이끌었고, 결과적으로 미군이 화주나 선사의 컨테이너 운송을 위한 자본투자를 장려하는 결과로 이어졌다(Chung, 2019).

컨테이너 국제무역 이전 컨테이너화 확장은 여러 장애물과 마주했다. 우선 대부분 선사들은 공격적으로 투자할 만큼 재정 여력이 충분치 않았다. 특히 기존 관행과 달리 검증되지 않은 혁신에 대한 불확실한 투자는 더욱 꺼릴 수밖에 없었다. 적극적 투자의 가장 큰 장애물은 컨테이너의 국제적 표준화 문제였다. 컨테이너화의 특성은 육상-해상물류 모드 간 호환성을 높여 복합운송시스템을 구현하는 것이다. 그 기원은 앞서 살펴본 한국전쟁 당시 미군이 사용했던 코넥스 상자다. 코넥스는 베트남전쟁에도 일부 사용되었지만 사용범위는 미군 군사물류에 한정됐다. 1950년대 철도와 트럭, 시랜드 등에서 컨테이너운송이 시도됐지만 표준 규격은 국가·지역별로 상이했다.[15] 이러한 컨테이너 규격 차이는 물류 흐름의 일관성과 효율성을 떨어뜨렸으며, 컨테이너화 확산과 성장을 가로 막았다. 컨테이너 제조업체들은 각기 다른 규격의 컨테이너를 제작했고 운송업체들 간 이해관계 상충으로 결국 문제해결을 위해 미국 정부가 나섰다. 1958년 미국해양청은 컨테이너 표준화를 위한 위원회를 구성했다. 특히 미해군은 전쟁 물자 보급시 각 컨테이너 규격이 상호 호환되지 않는 문제를 우려했으며 그 결과 1961년 배타적인 표본을 공표하고 이 표본에 맞는 컨테이너선에 보조금 지급을 발표했다. 이후 미국의 표준은 1964년 ISO 표준으로 공식 인정, 1966년 이해당사자간 타협과정을 거쳐 1970년대에 이르면 ISO 표준규격이 거의 완성됐

고 이 과정은 물류의 컨테이너화를 더욱 가속화시키는 계기였다(레빈슨, 2017;

243-277; 레빈슨, 2023: 102-103; Bernhofen et al., 2016; Cudahy, 2010).

컨테이너 무역의 공간적 진화경로는 미국 연안운송을 시작으로 인근 연

안국가들과 '국지적 확산'단계를 거쳐 대서양횡단에서 태평양횡단 국제부

역으로 급속히 확산됐다. 당시 미국이 강력한 경제력을 보유했기 때문에

초기 컨테이너화는 미국과 '무역 연결성'이 높은 국가들이 주로 참여했다.

1970년대 전후 국제적 '컨테이너 클러스터(cluster)'는 대략 4개 지역을 중심

으로 형성됐다(Rodrigue, 2020). 첫째, 미국 서부 해안 알래스카와 하와이, 동

부 해안 푸에르토리코와 미국 대륙 사이 서비스다. 둘째, 영국 제도와 프

랑스, 벨기에, 네덜란드, 서독의 서유럽 항구들과 미국 간 대서양횡단 무역

이 비교적 활발히 이뤄졌다. 셋째, 일본은 미국을 주요 무역 파트너로 수출

경제의 번성을 이뤘고 아시아 컨테이너 해운항로는 베트남전쟁 이후 환태

평양 컨테이너 흐름 패턴을 형성하기 시작했다. 마지막 클러스터는 호주로

이 클러스터는 서유럽 및 미국과 장거리 무역에 대한 비용절감이 강력한

〈표 2-2〉 풀컨테이너 선박(full container ships)에 의한 컨테이너 서비스(1971년 6월말 기준)

무역	운영자 수	선박 수	적재톤수 (천 dwt)	용량 (TEU)	주당 항해	취항 연도
미국 동부해안/캐나다 ↔ 서유럽	12	67	1,040	47,000	15.5	1966
미국 동부해안/캐나다 ↔ 호주/뉴질랜드	1	1	24	1,200	0.2	1971
미국 동부해안 ↔ 일본/극동아시아	2	11	214	11,000	1.5	1970
미국 서부해안/캐나다 ↔ 일본/극동아시아	15	22	308	18,000	10.6	1968
미국 서부해안/캐나다 ↔ 호주/뉴질랜드	1	1	26	1,200	0.3	1971
미국 서부해안/캐나다 ↔ 서유럽	1	1	14	900	0.5	1970
서유럽 ↔ 호주	6	13	379	18,100	1.5	1969
일본 ↔ 호주	7	8	134	6,800	1.7	1969
합계	45	124	2,139	104,200		

*주: dwt(dead weight tonnage): 재화중량톤수─ 선박이 적재할 수 있는 화물의 중량(저자 주).
출처: UNCTAD(1971). p. 43.

유인으로 작용했다. 〈표 2-2〉는 1971년 기준 풀컨테이너 선박의 국제항로 서비스 경로를 보여준다.

초기 컨테이너 국제무역의 대표적 효과는 〈표 2-3〉과 같다. 가장 눈에 띄는 효과는 인력중심의 부두노동을 기계중심으로 전환시켜 생산성을 엄청나게 높인 것이다. 컨테이너화 전후 시간당 처리물량은 시간당 1.7톤에서 30톤으로 증가했다. 가능 적재량이 늘어나면서 선박크기도 이전에 비해 2배 이상 커졌으며 항만집중 수준도 높아졌다. 그 외 보험비용을 비롯한 재고비용도 크게 감소하여 국제 컨테이너 운송의 효율성은 극적으로 개선됐다.

〈표 2-3〉 컨테이너화의 효과(영국/유럽): 1965년 vs 1970/71년

구분	컨테이너화 이전: 1965년	컨테이너 이후: 1970/71년
부두노동의 생산성	1.7(시간당 톤)	30(시간당 톤)
평균 선박크기	8.4(평균 GRT)	19.7(평균 GRT)
항만집중(유럽/호주 무역을 제공하는 항만)	11개 항만	3개 항만
보험비용(호주-유럽 수입)	톤당 0.24유로	톤당 0.04유로
재고 보관 비용(항로: 함부르크-시드니)	톤당 2유로	톤당 1유로

*주: GRT(Gross Registered Tonnage): 총 등록톤수. 선박의 표시된 총 내부 용량.
출처: Bernhofen et al.(2016), p. 39.

1956년 미국 말콤 맥린의 'Ideal-X'를 시작으로 베트남전쟁을 거치면서 1970년대 초부터 컨테이너 전용선이 본격적으로 도입되기 시작했다. 운송되는 컨테이너가 많을수록 TEU당 비용은 하락했고, '더 많은 양'과 '더 낮은 비용'이 선순환을 이뤄 컨테이너선의 대형화가 빠르게 진전됐다. 포스트파나막스(Post Panamax)급과 같은 대형선박이 수익성 있게 운용되려면 상당한 양의 화물이 필요했다. 1990년대 세계 무역의 급격한 성장은 대형선박의 시장성을 높였고 파나막스급 크기를 넘어 8천TEU급 컨테이너선의

등장을 촉진했다. 항만들은 컨테이너선이 대형화됨에 따라 더 넓은 부두와 더 큰 크레인이 필요했기 때문에 기반시설 확장을 위한 상당한 투자압력에 직면했다. 뉴파나막스(New-Panamax)는 2016년 6월 확장 개통한 파나마운 하 수문에 맞게 설계된 선박이다. 이후 ULCS/Megamaz-24는 수에즈운하 의 기술적 한계까지 근접해 있으며 27,000~30,000TEU를 운반할 수 있는 말라카막스(Malaca Max)급도 설계는 되어 있지만 충분한 화물량이 확보돼야 실제 투입될 것으로 예상된다.

〈표 2-4〉 컨테이너선의 진화

구분	시기	용량(TEU)	LOA-Beam-Draft(m)	비고
Early Containerships	1956년~	500~800	137-17-9(200-20-9)	유조선 개조
Fully Cellular	1970년~	1,000~2,500	215-20-10	2세대
Panamax	1980년~	3,000~3,400	250-32-12.5	
Panamax Max	1985년~	3,400~4,500	290-32-12.5	
Post Panamax(Ⅰ)	1988년~	4,000~6,000	300-40-13	파나마운하
Post Panamax(Ⅱ)	2000년~	6,000~8,500	340-43-14.5	
New-Panamax	2014년~	12,500~	366-49-15.2	Suezmax
VLCS	2006년~	11,000~15,000	397-56-15.5	
ULCS	2013년~	18,000~21,000	400-59-16	
MGX-24	2019년~	21,000~25,000	400-61-16	말라카해협

*주: VLCS(Very Large Container Ship): 초대형 컨테이너선; ULCS(Ultra Large Container Ship): 극초대형 컨테이너
　　선; MGX(Megamax)-24
출처: Notteboom et al.(2022). 내용을 토대로 작성.

냉전과 컨테이너 삼각무역: 아시아의 새로운 기회

베트남전쟁은 환태평양 컨테이너 항로에서 '서향(미국→ 동아시아)' 화물의 급격한 증가를 초래했다. 상업적 관점에서 보면, 이윤율의 관건은 같은 항 로에서 '동향(동아시아→ 미국)' 화물 확보 문제였다. 베트남전쟁 이전까지 국 제무역은 주로 대서양 항로를 중심으로 한 '북-북 무역'이 지배적이었다. 전후 아시아는 잠재적인 무역상대국의 위치에 있었지만 일본을 제외하면

생산역량과 소비시장의 형성 수준이 매우 낮았다. 대외개방 이전 중국은 외국인투자와 대외무역이 거의 없었고 한국 역시 일부 노동집약적 제품 수출 중심의 초보적인 산업화단계에 머물렀다. 즉 아시아 국가들은 전쟁, 지정학적 요인 등으로 여전히 상업적 무역상대국으로서 존재 기반이 열악했다(레빈슨, 2017; 2023). 그러나 1960년대 일본은 세계에서 가장 빠르게 성장하는 국가 중 하나였으며 미국의 두 번째 수입국이었다. 당시 일본경제는 의류와 트랜지스터 라디오에서 전자제품, 자동차, 각종 산업장비 등으로 중심산업의 전환이 일어나고 있었다. 다른 한편, 냉전 시기 미국은 일본 및 아시아 동맹국들의 안보보장과 함께 거대한 미국 시장에 대한 접근성을 넓게 열어줬다(아리기, 2012; Tash, 2009: 182-186). 따라서 환태평양 컨테이너 항로에서 '동향' 화물은 결국 미국과 이 국가들의 상품 흐름에 달려 있었다.

환태평양 '서향' 화물은 시랜드와 미군의 베트남 컨테이너 물류 계약 이전부터 사실상 시작됐다. 1966년 7월, 시랜드는 미군과 군사물류 계약을 맺고 미국 서부해안과 일본 오키나와 간 컨테이너 운항을 시작했으며 미국 연안에서 운항했던 T3 컨테이너선(컨테이너 476개 용량)을 배치했다. 이 계약은 미국 오클랜드와 시애틀에서 오카나와와 필리핀으로 이동할 때마다 최소한의 '서향' 컨테이너 수를 보장했다. 시랜드는 컨테이너를 미국으로 반환할 때 공컨테이너(empty container)에 상품만 채울 수 있다면 이른바 '횡재 수익'을 얻을 수 있었다. 왜냐하면 베트남전쟁 물류를 포함한 미군과 협상된 운임은 헤드홀과 함께 백홀을 커버했기 때문에 '동향 화물 전체가 순수익으로 남는 구조였다(Ham and Rijsenbrij, 2012; Mall, 2021b; Nash, 2012). 미군이 계약과정에서 헤드홀과 백홀 운임을 모두 포함시켜 주었다는 것은 사실상 선사에 보조금을 지원한 효과를 보였고 그 결과 베트남전쟁은 미국-베트남-일본-미국을 잇는 이른바 냉전의 태평양 '삼각무역'을 탄생시켰다.

시랜드는 전통적인 제조업이 북미에서 아시아로 이동하고 있던 흐름을 이미 포착하고 있었다. 당시 이 삼각무역의 헤드홀은 미국 서해안에서 군사화물을 선적 후 베트남(백업 기지인 아시아 미군 주둔지 포함)으로 향하는 것이었고 백홀은 베트남에서 일본 또는 동아시아 신흥경제국가(NIEs)들로 이동하여 미국 시장을 위해 준비된 상업화물을 선적한 후 태평양을 횡단하여 미국 서부항구로 귀항하는 경로였다[16](Cudahy, 2006b; Ott, 2014). 전쟁을 위해 구축된 태평양 횡단 군사물류 라인이 상업화를 위한 상품공급망과 결합하여 효율성을 극대화한 사례이다. 이 군사물류와 상업물류의 결합은 일본의 수출무역을 더욱 자극했다. 시랜드는 '횡재수익'을 높이기 위해 일본에서 상업화물을 찾는데 주력했으며 이를 위해 일본의 최대 종합무역회사인 마쓰이그룹(Mitsui business group)과 협력체계를 구축했다. 1968년 시랜드와 마쓰이그룹은 일본과 미국을 오가며 일본 내 시랜드 컨테이너터미널 건설, 컨네이너 물류운송 방법, 시랜드 일본 대리점 계약 등을 협상했다. 협상결과 시랜드는 일본 TV와 스테레오 제품을 싣고 요코하마에서 시애틀 및 오클랜드까지 6일마다 운항하는 컨테이너 국제물류 서비스를 시작했다(Hamilton and Shin, 2016, Rosenstein, 2000).

일본의 대미 해상물동량은 1967년 2,710만 톤에서 컨테이너 국제무역이 본격화된 1968년 3,030만톤, 캘리포니아로 가는 항로에 풀컨테이너선이 투입된 1969년에는 4,060만톤으로 한해 동안 전년 대비 21%나 증가했다. 일본에서 미국으로 수출되는 물동량은 컨테이너 서비스가 시작된지 단 3년 만에 수출화물 1/3이 컨테이너로 운송됐다. 또한 1968~71년 기간 동안 일본의 TV 대미 수출량은 350만대에서 620만대, 녹음기 수출은 1,050만대에서 2,020만대로 두 배 성장했다. 심지어 인건비 증가로 주춤하던 일본의 의류 수출품도 컨테이너화로 물류비용이 하락하자 경쟁력을 다시 회복하기도 했다(레빈슨, 2017: 390-391).

컨테이너화 이전 일본과 아시아국가들이 생산한 소비재의 경우 대양을 횡단하는 수출은 비용적으로 효율적이지 않았다. 높은 물류비용의 장벽을 넘기 위해서는 비용절감 물류혁신이 절실했는데 베트남전쟁 이후 컨테이너화의 확산은 이러한 무역장벽을 거의 완벽하게 무너뜨렸다. 베트남전쟁 동안 형성된 '냉전의 태평양 삼각무역'은 곧이어 일본-미국-베트남-일본을 경로로 하는 '역삼각 무역'을 활성화했다. 이는 기존 환태평양 횡단 '삼각무역'의 헤드홀과 백홀이 반대로 전환된 형태다. 일본 진출을 처음 시도한 컨테이너선사는 미국정부로부터 태평양연안-하와이-극동 화물운송서비스 운영권을 가진 미국의 멧슨네비게이션이다. 멧슨의 계획은 일본 제품을 싣고 미국 서부항구에 내린 후 대륙횡단 기차를 통해 내륙 전역에 운송하고 돌아올 때는 일본과 한국을 비롯한 아시아 주둔 군수품을 싣고 귀항하는 것이었다. 1967년 멧슨은 일본우선사(NYK)와 협력하여 태평양 횡단 컨테이너서비스를 시작했다(Pedersen and Sornn-Griese, 2015). '역삼각 무역'은 '동아시아 기적'으로 미국행 물동량이 증가하면서 더욱 활발해졌다.

탈냉전과 환태평양 중심의 컨테이너 무역 부상

세계화 과정의 상당부분은 초국적 물류인프라의 연결성을 통한 상품의 구체적 이동에 의해 구성된다(Danyluk, 2018). 컨테이너화는 국제무역의 폭발적인 성장을 가져왔으며 컨테이너화 발전과 국제무역의 성장은 하나의 쌍을 이뤄 상호 상승을 추동해 왔다. 세계 무역량 지수(Trade volume index)는 1950년을 100으로 봤을 때 2022년 4,473으로 약 45배 증가했으며, 세계 무역 가치(Trade values) 역시 1950년 63십억 달러에서 2022년 24,715십억 달러로 약 400배 성장했다.[17] 컨테이너 물동량의 성장은 세계 GDP와 수출

가치를 훨씬 능가했다. 1980년부터 2020년까지 전 세계 물동량은 20배 증가한 반면 수출과 GDP는 각각 8.9배, 7.7배 증가했다. 1970년부터 1980년까지 컨테이너 물동량 증가율은 수출액 증가율과 거의 비슷한 수준이었지만 이후 격차가 벌었다(Notteboom, et al., 2022; Slack, 1999). 컨테이너 물동량이 감소한 해는 2008년 금융위기와 2020년 코로나19 팬데믹 등 단 두 번뿐이다.

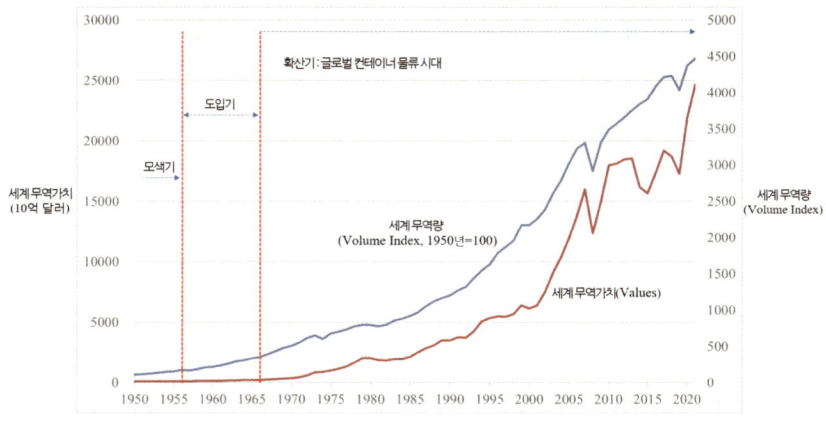

〈그림 2-2〉 컨테이너화의 진화와 세계 무역량 및 무역 가치의 변화 추이(1950~2022년)

주: 세계 무역가치는 수출과 수입의 평균으로 계산되며, 중요한 재수출이나 재수출을 위한 수입은 제외
출처: WTO STATS(https://stats.wto.org/) 데이터를 토대로 저자 작성.

무역성장의 원인은 전후 다자 및 양자 간 무역자유화 조치, 기술주도의 국제물류 비용 감소, 경제규모의 수렴, GVC 확산, 수출주도형 무역정책 등 다양한 요인이 작용했다(Baier and Bergstrand, 2001, EI-Sahli, 2013; Krugman, 2009: 7-8; 볼드원, 2019). 이 논쟁과 별개로 컨테이너 물동량 변화를 성장단계 중심으로 살펴보면, 컨테이너화 모색기(~1956년 이전)와 도입기(1956~66년 이전)에는 혁신기술의 검증단계로 일부 미 군사물류에 적용되었고 상업물류는 주로 미국 연안을 중심으로 국지적으로 시도됐다.[18] 베트남전쟁이 본격화되고 1966년 이후 컨테이너화가 국제무역에 적용되면서 글로벌 컨테이너 물류시대(확산기: 1966년 이후~)를 맞이했다. 특히 베트남전쟁을 계기로 한 컨테이너화의 효과 검증은 컨테이너 노선을 국제적으로 확산시킨 '결정적 국면'을 열었다. 풀컨테이너선이 증가하고 대형화되면서 각국은 '초국적 연계성'을 높이기 위해 항구를 중심으로 물리적 인프라투자를 확대했다. 초국적 선사들도 1995년 이후 급증하는 컨테이너 물동량을 효과적으로 처리하기 위해 글로벌 동맹을 구축하기 시작했다(Kuby and Reid, 1992; Pedersen and Sornn-Grises, 2015; Rodrigue, 2024). 특히 1990년대 이후 무역량 및 무역가치의 가파른 상승은 기존 무역성장 요인들에 더해 중국경제가 세계경제에 편입된 효과에 주목해야 한다. 이 시기부터 컨테이너선의 펜듈럼(pendulum) 서비스와 세계일주(RTW)서비스도 활성화됐다.

냉전 시기 아시아의 새로운 기회는 탈냉전 이후 환태평양 컨테이너 물동량의 '쓰나미(Tsunami)'로 이어졌다. 글로벌 컨테이너 물류시대로 진입하면서 가장 주목할만한 구조변화는 자본축적 공간 제약이 극복된 것과 환태평양 중심의 무역전환이다. 우선 물류의 컨테이너화는 상품이동 비용과 시간을 기적적으로 낮추면서 소비재뿐만 아니라 중간재의 마찰 없는 글로벌 이동을 가능하게 했다. 탈냉전 시기 컨테이너화는 물리적 지리의 동기화(synchronization)를 포함해 정교한 상품교환의 속도와 리듬을 조정하는 기술로 거듭나 GVC 구축의 핵심적 토대가 됐다(Campling and Colas, 2021; Bonacich and Wilson, 2008; Ham and Rijsenbrij, 2012). 이 고도로 조정된 글로벌 생산네트워크는 원료, 부품, 중간재, 최종품을 포함하는 점점 더 복잡해지는 무역구조의 발전을 의미하며 이 과정에서 컨테이너화의 지원이 없었다면 자본축적을 위한 공간확장 전략은 사실상 불가능 했다.

다음으로, 컨테이너 물류혁명은 기존 북대서양 중심의 무역구조를 환태평양 중심으로 전환시켰다. 초기 컨테이너화의 적용은 유럽-북미, 유럽-대양주(Australasia), 북미-일본, 일본-유럽 등 주로 선진경제 블록 내에서 이뤄졌다. 1975년 세계 컨테이너 물동량을 보면, 대서양 횡단 무역은 10.7백만TEU로 태평양 횡단 무역 5.8백만TEU보다 45.8% 많았다. 이 격차는 1980년 27.6%로 줄었으며 1990년에는 대서양 횡단무역 29.7백만TEU, 태평양 횡단무역 39.1백만TEU로 무역흐름이 역전되었다(Slack, 1999). 환태평양 물동량 증가는 글로벌 가치사슬의 확산과 '동아시아 기적'에 기인하며 탈냉전 이후 '중국의 부상'은 환태평양 중심의 무역전환을 가속화했다.

〈표 2-5〉 세계 20대 컨테이너 항구의 지역별 분포 변화 추이(1973~2023년)(단위: 천TEU, %)

지역		1973년		1980년		1990년		2000년		2010년		2023년	
		수	물동량	수	물동량	수	물동량	수	물동량	수	물동량	수	물동량
미국	동부	3	2,189 (24.1)	2	2,610 (14.2)	1	1,898 (4.3)	1	3,006 (2.7)	1	5,292 (2.1)	0	0 (0.0)
	서부	3	1,036 (11.4)	2	1,414 (7.7)	3	4,885 (11.1)	2	9,480 (8.7)	2	14,095 (5.5)	1	8,634 (2.2)
	합계	6	3,225 (35.5)	4	4,024 (22.0)	4	6,784 (15.5)	3	12,486 (11.4)	3	19,387 (7.6)	1	8,634 (2.2)
유럽		7	2,551 (28.1)	4	4,111 (22.4)	5	9,762 (22.3)	6	22,770 (20.8)	3	27,514 (10.8)	2	25,947 (6.7)
아시아	비중국	3	1,400 (15.4)	7	6,012 (32.8)	8	19,691 (44.9)	7	43,456 (39.7)	5	66,859 (26.3)	6	104,289 (26.9)
	중국	1	473 (5.2)	1	1,464 (8.0)	1	5,100 (11.6)	3	27,706 (25.3)	8	128,716 (50.7)	9	225,704 (58.2)
	합계	4	1,873 (20.6)	8	7,477 (40.8)	9	24,791 (56.5)	10	71,163 (65.0)	13	195,576 (77.0)	15	329,994 (85.1)
기타		3	1,428 (15.7)	4	2,710 (14.8)	2	2,505 (5.7)	1	3,058 (2.8)	1	11,600 (4.6)	2	23,086 (6.0)
합계		20	9,078 (100.0)	20	18,323 (100.0)	20	43,843 (100.0)	20	109,479 (100.0)	20	254,078 (100.0)	20	387,662 (100.0)

*주: ( )안 수치는 비중이며 소수점 둘째 자리에서 반올림함. 홍콩은 중국에 포함해 계산.
출처: Nightingale, L.(2022); Lloyd's List(2024) 데이터를 토대로 저자 작성.

〈표 2-5〉는 1973년부터 2023년까지 세계 20대 컨테이너 항만의 지리적 위치 및 물동량 변화 추이를 나타낸 것이다. 이 기간 동안 무역전환 관련 중요한 변화는 다음과 같다. 첫째, 미국 항구들은 대서양을 마주하고 있는 동부항구에서 태평양을 접하고 있는 서부항구들로 물동량 이동이 이루어졌다. 둘째, 유럽항구들의 물동량 비중이 현저히 낮아졌는데 이는 전 세계 무역흐름이 GVC 확산과 함께 '북-북 교역' 중심에서 '북-남 교역'이 확대된 결과다. 셋째, 환태평양 무역의 중심지인 아시아의 항구들의 비약적인 발전이다. 1973년 아시아 항구들의 물동량 비중은 20.6%에 불과했으나 2023년 현재 85.1%를 차지했으며 세계 20대 항구 중 15개가 이 지역에 있다. 마지막으로 '중국의 부상'이 본격화된 2000년대 전후 중국항구들의 압도적인 성장추세이다. 2023년 현재 중국 항구들은 물동량의 85%를 점하고 있으며 20대 컨테이너 항구 중 절반 정도가 중국 항구들이다. 세계 10대 컨테이너 항구 중 1위 상하이항을 비롯해 7개 항만이 중국에 포진해 있다. 이와 같은 수치들은 물류의 컨테이너화 이후 환태평양 중심의 무역전환 추세를 반영한다.

3장
—

세계화와 협력적 연결성

1. 글로벌 가치사슬의 개념과 특성

글로벌 생산과정의 분업화

마이클 포터(Michael Porter)에 의해 처음 제시된 가치사슬(value chain) 개념은 상품 또는 서비스를 시장에 제공하기 위해 기업들이 수행하는 일련의 활동으로 인바운드(inbound) 물류, 운영, 아웃바운드(outbound) 물류, 마케팅 및 판매, 판매 후 서비스로 구분된다(Porter 1985). 이 가치사슬은 조달, 기술연구, 제품개발, 인적자원 관리 및 기업의 인프라 구축과 같은 기본활동과 기업의 효율성을 촉진하는 보조 및 지원활동 등을 포함한다. 특히 포터는 기업이 비교 경쟁우위를 개발하고 유지하기 위해 기업 가치사슬의 정확한 이해를 강조했다. GVC 또는 글로벌 공급망(Global supply chain) 개념[1]은 '글로벌 생산과정의 분업(분절)화'가 증가하는 현상을 반영해 기업수준의 가치사슬 개념을 국제적으로 확장한 것이다[2](Johes et al. 2019). GVC는 세계 경제의 구조적 변화를 초래하는 중요한 동인으로 지적돼 왔다(Sturgeon and Memedovic, 2011). 지난 수십 년간 글로벌 무역자유화는 관세 및 비관세 무역장벽을 낮췄고 규제개선으로 무역비용을 크게 줄였으며, GVC 참여국들은 육상 및 해상운송 인프라 투자를 장려하여 상품이동을 위한 물류혁신을 달성했다. 특히 표준화된 컨테이너의 채택과 ICT 발전은 GVC 확산과 글로벌 생산과정의 실시간 관리를 가능케 했다. 기술혁신에 따른 무역비용의 감소는 기업들의 오프쇼어링(offshoring) 및 아웃소싱(outsourcing) 활동의 증가, 수입된 중간 투입물의 사용, 중간재 무역의 활성화를 가져왔다.

생산과정의 국제적 분업화는 여러 지역의 활동을 조정해야 하기 때문에 상당한 비용이 발생한다. 따라서 GVC는 조정 또는 거래비용이 예상되는 수익보다 낮을 때만 발전할 수 있다. GVC 내 여러 국가 간의 생산, 무역 및 투자 조직화는 아웃소싱과 오프쇼어링이라는 기업전략에 기인한다. 아웃소싱은 일반적으로 외부 전문 공급업체로부터 중간재와 서비스를 구매하는 것이며, 오프쇼어링은 기업이 해외 공급업체로부터 중간재와 서비스를 구매하거나 기업 내 특정 업무를 해외로 이전하는 것이다. 오프쇼어링은 해외 아웃소싱(해외의 독립적인 제3자에게 업무를 위탁하는 경우)과 국제 인소싱(in-sourcing, 외국 계열사에 위탁하는 경우) 모두를 포함한다(OECD, 2011).

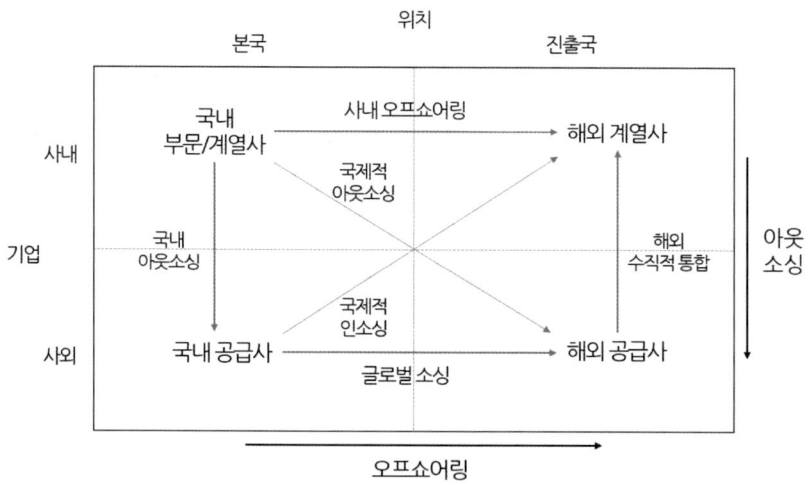

〈그림 3-1〉 가치사슬을 위한 아웃소싱과 오프쇼어링

출처: OECD(2011), p. 7.

아웃소싱과 오프쇼어링의 동기는 크게 3가지로 설명할 수 있다. 첫째 '비용 우위'로, 기업은 더 높은 생산 효율성을 추구하기 위해 국내/해외, 기업 내/외부의 저비용 생산자로부터 투입물을 조달한다. 둘째 '차별화 우위'로, 기업은 품질 및 혁신 혜택과 관련된 숙련 노동자, 기술 전문성, 경쟁사 및 공급업체의 존재 등 소위 '전략적 자산'에 접근하기 위해 생산이동의 동기가 생긴다. 해외 지식의 활용은 연구개발 활동의 국제화에서 특히 중요하다. 셋째, 새로운 시장진출 동기다. 기업이 새로운 성장의 중심지에서 충분한 혜택을 누리려면 가능한 시장 가까운 곳에서 활동해야 한다. 기업이 특정 활동 및 생산단계를 기업 외부에 할지 아니면 내부에서 유지할지는 거래비용, 기업간 관계의 복잡성 및 자산별 특수성에 따라 결정된다. 예를 들어, 일반적으로 기업들은 전략적으로 중요하고 고부가가치 활동은 외부 조달을 지양한다. 반대로 낮은 기술이나 표준기술이 필요한 대량 생산공정은 비용이 낮고 효율적 생산능력을 갖춘 외부 공급업체나 지역으로 이전하는 경우가 많다. 이를 통해 기업들은 비교우위에 있는 활동에 집중하거나 새로운 고부가가치 생산활동에 참여할 수 있다(OECD, 2011).[3]

GVC 유형 및 구분

GVC 유형은 우선 생산자 주도형(producer-driven)과 구매자 주도형(buyer-driven)으로 분류된다. 생산자 주도형은 대형 제조기업이 GVC 최상위에 위치한다. 이 선도기업은 계열사와 공급회사의 제품설계와 조립과정 대부분을 통제하며, 이들은 경쟁사와 기술을 공유하지 않는다. 전자, 자동차, 항공우주, 제약 등 고난도 기술과 연구개발에 크게 의존하는 산업에서 주로 나타나며 생산과정은 수많은 맞춤형 부품을 조립해 최종 제품을 산출한다. 생산자 주도형은 애플, 제너럴모터스, 삼성, 소니, 도요타 등 대형 제조업체들이 전형적인 사례다. 구매자 주도형의 선도기업은 자체 공장이 거의 없고 대부분 독립적인 공급자들로 구성된 대규모 네트워크로부터 제품을 조달하는 대신 마케팅과 판매에 집중한다. 제이씨페니(JCPenney), 월마트(Walmart) 등 대형 소매업체와 나이키와 같은 대형 브랜드가 대표적인 사례다(WBG, 2020).

생산과정의 근본적 변화는 글로벌 생산과정의 분업화를 촉진한 이유 중 하나다. 전통적인 생산과정은 비교적 수평적이다. 즉, 기업이나 국가는 특정 최종 상품이나 서비스를 처음부터 생산하고 수출하는데 특화돼 있었다. 반면 변화된 생산과정의 개념은 생산의 구성 요소와 부품이 수평, 수직 그리고 대각선으로 연계된 매우 복잡한 네트워크 내 여러 단계를 거친다. 이전과 달리 기업 또는 국가는 생산과정의 모든 단계가 아닌 일부에 전문화되어 있다. 이러한 경향 속에서 부가가치와 최종 상품생산은, 전 생산과정이 국경통과 없이 하나의 국가 영토 내에서 이뤄지는 '순수 국내생산', 소비를 위해 국경을 통과하는 '전통적 무역', 그리고 생산을 위해 국경을 통과(중간무역)하는 '부가가치 무역(value added trade)'으로 분해된다. 부가가치 무역은 생산을 위해 국경을 한번 통과하는 '단순 GVC'와 적어도 두 번이상 국경을 통과하는 '복잡 GVC'로 다시 구분할 수 있다(WTO et al., 2019: 11). 부가가치 무역에서 원자재 및 서비스 등 모든 수입 중간투입물을 포함하는 '생산을 위한 수입'(I2P)과 수출을 위한 상품 및 서비스 생산에 필요한 모든 해외 중간재 수입, 즉 '수출을 위한 수입'(I2E)을 종합해 최종수출의 투입요소를 계산하면 부가가치 무역 규모를 파악할 수 있다(Brennan and Rakhmatullin, 2015: 11).[4] GVC는 원자재 공급부터 최종상품 소비까지 여러 단계로 분절화되어 있어 참여국가, 단계, 개입 행위자가 많을수록 무역의 복잡성과 정교함 수준이 높아진다.

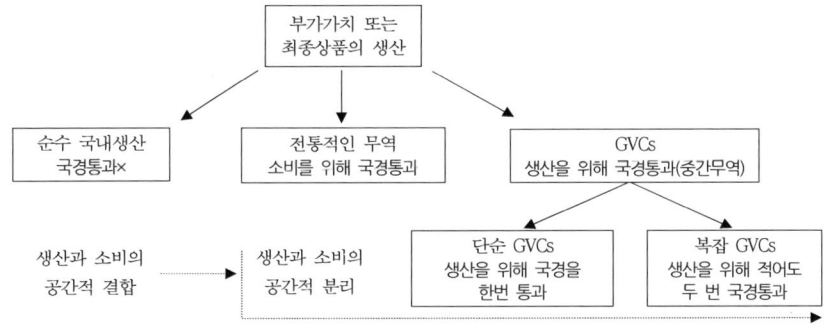

〈그림 3-2〉 전통적 생산/무역과 글로벌 가치사슬 무역

출처: WTO et al.(2019). p. 11 내용을 토대로 일부 보완.

GVC는 거래의 복잡성, 거래의 성문화(to codify) 능력, 공급기반 역량에 따라 거래관계의 명시적 조정과 권력비대칭성 수준이 달라지는 거버넌스 유형을 갖는다(Gereffi et al., 2005). 이에 따라 시장형, 모듈형, 관계형, 전속형, 위계형으로 분류되며, 권력비대칭성 수준은 시장형이 가장 낮고, 위계형이 가장 높다. 왜냐하면 시장형은 대체 파트너를 위한 수많은 선택지가 있는 반면 위계형은 일반적으로 초국적 기업에 수직적으로 통합된 기업 내 관계를 의미하기 때문이다. 이 5가지 유형의 거버넌스는 개발도상국의 공급업체 특성, 업그레이드 역량, 선도기업의 요구사항에 따라 차이가 발생한다. 이와 같은 GVC 개념은 2000년대 초부터 '글로벌 생산네트워크(Global production network)' 개념과 함께 가치사슬의 국제적 확장 및 지리적 분할을 분석하는 개념으로 널리 사용되기 시작했다(Gereffi, 2005; Dicken et al., 2001; Dicken, 2007).

거버넌스 유형	거래의 복잡성	거래의 성문화 (to codify) 능력	공급기반 (supply base) 역량	명시적 조정과 권력비대칭성 수준
시장형	낮음	높음	높음	낮음
모듈형	높음	높음	높음	↑
관계형	높음	낮음	높음	│
전속형	높음	높음	낮음	↓
위계형	높음	낮음	낮음	높음

출처: Gereffi et al.(2005) p. 87.

GVC 참여유형과 진화

GVC 참여도는 국가별 수출품 생산에서 중간재에 투입된 수입품 비중(후방참여)과 해당국 수출품이 여타 국가의 수출에 중간재로 사용되는 비중(전방참여)의 합으로 계산된다. GVC는 단계별 '기능적 전문화'를 전제로 한다. 기능적 전문화는 가치사슬 내 제품생산의 다양한 기능에 따라 여러 국가, 기업이 수행하는 역할에 관한 것이다. 잘 알려진 '스마일 커브(smile curve)'에서 상대적으로 높은 부가가치 단계는 제조와 조립보다 그 이전 생산계획(제품기획), 연구개발, 설계, 디자인 그리고 생산 이후의 물류, 마케팅, 브랜드 영역이다(WEF, 2012: 21). 제조공정에서도 중간재를 수입하여 완제품을 단순 조립·가공하는 후방참여보다는 원자재 및 중간재를 생산·수출하는 전방참여가 상대적으로 고부가가치 영역에 속한다. GVC 내 고부가가치 영역으로의 상승이동은 '가치사슬 업그레이딩(upgrading)' 혹은 '진화(evolution)'로 정의할 수 있다. 일반적으로 '가치사슬의 진화'는 제조·조립 후방참여(완제품 조립·가공)에서 전방참여(원자재·중간재 생산)로, 나아가 생산과정을 기준으로 전방(제품기획, R&D, 디자인) 혹은 후방참여(물류, 마케팅, 브랜드)로 이동을 의미한다. 또한 생산단계별 가치사슬 자체를 고부가가치화하는 것 역시 가치사슬의 진화를 나타내는 중요한 지표다.

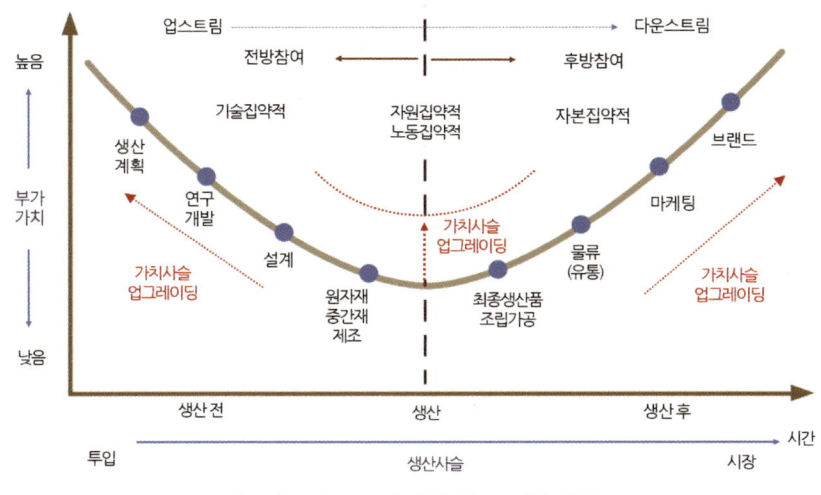

〈그림 3-3〉 글로벌 가치사슬 스마일 곡선

출처: 다수의 문헌 내용을 참조로 저자 작성

　애플은 모든 가치사슬 단계를 통제하는 것으로 유명하지만, 대규모 생산시설을 직접 소유하지 않는 '공장이 없는 상품생산자'의 전형으로 잘 알려져 있다. 애플은 그들이 지정하고 공급하는 전 세계 수백 개의 부품으로 최종 제품을 조립하는 전문 제조기업 폭스콘(Foxconn)에 생산을 아웃소싱한다. 애플은 스마일 커브의 제품 디자인, 연구개발(iOS의 소프트웨어 개발 포함) 단계와 물류, 마케팅, 브랜드 단계에 집중하는 기능을 특화시켜 왔다. 애플 생산방식의 특징은 애플 제품 뒷면에 새겨진 "Designed by Apple in California Assembled in China"라는 문구에 집약돼 있다. 즉 애플은 '공장 없는 모델' 하에서 제품제조를 아웃소싱하면서도 생산과정 통제를 유지하고, 관련 지적 재산권을 소유하며 기업가적 위험을 부담한다. 중국은 애플의 제품생산을 위한 독점적 생산기지 역할을 해오고 있다(Xing and Huang, 2021). 연간 2억대 이상의 스마트폰을 생산하는 애플은 생산량의 약 90% 내외는 중국에서, 나머지는 인도 공장에서 생산 중이다. 세계 시가총액 1

위 기업이 세계 최대의 제조국가에서 첨단기술의 집약체인 스마트폰의 절대적 물량을 생산하는 것은 현대 GVC 특징과 미국과 중국의 협력적 연결성을 보여주는 상징적 사례다.

  게리 제레피(Gary Gereffi)에 따르면, 가치사슬 업그레이딩은 국가, 기업, 노동자가 세계경제에서 자신의 위치와 결과를 유지 또는 개선하기 위해 사용하는 가치사슬 전략이다. 이는 국가나 기업이 기존 저부가가치 중심의 경제에서 수익성이 높고 기술적으로 정교한 자본-기술집약적인 경제로 전환하는 과정이다. 이를 위한 전략적 활동은 다음과 같은 영역으로 구분할 수 있다(Gereffi et al., 2022). 첫째, 제품(product) 업그레이딩은 지금보다 더 가치가 높은 제품을 만들기 위한 전환이다. 둘째, 공정(process) 업그레이딩은 더 정교한 기술로 생산시스템의 효율성을 높인다. 셋째, 기능적(functional) 업그레이딩은 가치사슬 내 추가적인 기술이 필요한 더 높은 가치생산 단계로 이동하는 것이며 마지막 사슬(chain) 또는 부문간(intersectoral) 업그레이딩은 기존 사슬에서 습득한 지식과 기술을 활용하여 새로운 가치사슬 부문으로 진입을 추구한다. 예를 들어 기능적 업그레이딩은 OEM(주문자 상표 생산방식)→ ODM(제조회사 개발 생산방식)→ OBM(제조사 브랜드 생산방식) 경로로 상향이동 혹은 진화할 수 있다. OBM의 경우 주문자 회사 없이 소비자와 직거래가 가능해 기능단계 중 부가가치 점유율이 가장 높다. 단순조립에서 고부가가치 기능으로 진화는 GVC에 참여하는 개발도상국(기업) 및 선진국(기업)의 위상과 이들의 이동경로를 직관적으로 보여준다. 개발도상국들은 제한된 제조업에서 선진 제조업과 서비스를 거쳐 혁신적 활동에 기반한 GVC 참여를 목표로 하지만 각국의 가치사슬 내 위상과 진화의 경로는 다양하고 복잡한 요인에 영향을 받는다.

GVC 확산 요인

GVC의 확산은 다양한 요인이 복합적으로 작용하지만, 무엇보다 ICT 발전과 물류혁명이 그 핵심적 원인이자 결과다. ICT 발전은 더 저렴하고 신뢰할 수 있는 전기통신, 새로운 정보관리 소프트웨어, 그리고 개인용 컴퓨터 확산을 가능케 했다. 이 기술적 인프라의 발전에 따라 초국적 기업들은 멀리 떨어진 곳에서 복잡한 생산활동을 아웃소싱하고 조정할 수 있게 됐다. 또한 컨테이너화를 비롯한 물류기술의 혁신은 국제무역 비용을 대폭 낮추는 데 결정적 역할을 했다. 1970년대 글로벌 컨테이너 물류시대의 진입으로 석유, 가스 등 벌크형 특수화물을 제외하면 거의 모든 화물은 컨테이너 박스에 담겨 전용 선박으로 전 세계 곳곳으로 이동한다. 기업들은 상품이동에 따른 비용제약을 극복하면서 더 멀리서, 더 낮은 비용으로 최적의 글로벌 생산조건을 구축할 수 있었고 소비자들은 더욱 다양한 물건을 더 저렴하게 구매할 수 있게 됐다. 만약 이와 같은 기술적 요인들이 없었다면 생산과 소비의 공간적 분리가 불가능했을 것이다. 무역자유화를 위한 제도 역시 GVC 확산에 크게 기여했다. 제조상품에 대한 관세뿐만 아니라 비관세 장벽도 점차 낮아지면서 국제무역 및 투자를 촉진하는 환경이 조성됐다. 〈그림 3-4〉는 1948년 GATT(관세 무역 일반협정) 출범 이후 최근까지 관세 및 다자간 · 역내 무역협정의 변화 추이를 나타낸 것이다. 선진국과 개발도상국 적용관세는 이른바 'GVC 혁명기'에 큰 폭으로 감소했다. 반면 WTO(이전 GATT) 회원 수는 지속적인 증가 추세를 보였으며 지역자무역협정(RTA) 수도 1990년대 이후 가파르게 상승했다(WBG, 2020).

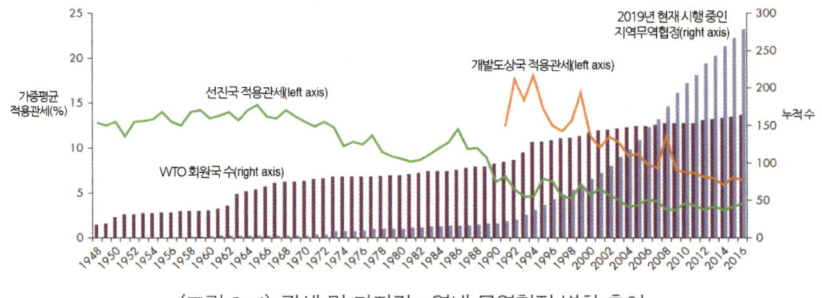

〈그림 3-4〉 관세 및 다자간·역내 무역협정 변화 추이

출처: WGB(2020), p. 20.

다자간 무역체제는 오랫동안 무역장벽의 감소, 무역 상대국 간 차별철폐 그리고 모든 국가에 대한 이러한 규칙의 보편적 적용이라는 세 가지 목적 달성을 추구해 왔다. WTO가 규칙의 보편적 적용 달성을 위한 것이라면, 지역무역협정은 무역자유화에 더욱 초점을 맞춘 조치다. WTO 역시 보편적 적용 원칙 속에서도 사실상 차별적인 지역무역협정 협상을 허용해왔다. 특히 남-남 협정에서는 비교적 덜 엄격한 규칙을 적용해 지역무역협정 체결을 용이하게 했다. 지역무역협정은 대략 4단계의 경로를 거쳐온 것으로 평가된다(UNCTAD, 2016). 1단계(GATT 출범~1980년대 초) 지역무역협정은 다자간 규칙의 예외로 인정되는 수준이었고 대체로 동일한 지역에 있는 국가들 간 협정에 국한됐다. 동일지역 내 유사한 국가들간 '관세동맹' 성격이 강했고 다만 차이가 있다면 유럽의 협정은 '개방적 지역주의'를 지향한 반면 개발도상국들간 협정의 대부분은 '폐쇄적 지역주의(보호무역주의 하 수입대체산업화 정책)'의 특성을 보였다. 2단계(1986년~94년)는 지역무역협정 체결 속도가 더욱 빨라졌다. 이 시기 지배적 패턴은 기존 북-북(North-North)협정(예: 미국-캐나다 FTA)에서 경제적 비대칭이 큰 북-남(North-South)협정(예: 개발도상국-유럽연합/미국)으로 이동이다. 3단계(1995년~12년)는 2단계에 비해 협정의 양적 수준이 가파르게 상승했다. 발효 협정 수는 GATT 후반기(1980 년~94년) 연간 2.1개에서 1995년~03년 연간 9.0개, 2004년~15년 15.2개 로 늘었다. 마지막 4단계(2013년~) 특징은 주요 경제국가들(미국, 일본, 유럽 연합, 중국)을 직접 연결하는 '메가-지역협정' 가능성이 타진되기 시작한 것 이다. 메가-지역 협정인 '환태평양경제동반자협정(TPP: Trans Pacific Strategic Economic Partnership, 이하 TPP)' 협상 당시 미국은 이 지역무역협정이 유일했으 나 중국은 7개 지역무역협정에 참여해 중국의 지역무역협정 다양성과 미 국 파트너십의 중복은 무역협정과 연결성의 전략적 의도 사이 연관성이 비 교적 크지 않았던 것으로 추정된다.

GVC의 내장된 취약성

팬데믹은 GVC의 '내장된 취약성'을 여실히 보여줬다. GVC가 발전하면 서 그에 따른 위험관리 및 제어 문제도 국제사회의 주요 관심사였다. 공급 망 위험요인의 유형은 대략 7가지로 구분되며 이 범주들은 공급망 리스크 의 범위와 예상치 못한 충격에 대한 취약성을 의미한다. 다시 말하면 공급 망 위험은 흐름을 교란하는 '마찰'이며 대표적인 '마찰' 유형은 제조과정에 서 열악한 노동조건으로 인한 파업과 사고(제조위험), 운송산업의 노동쟁의 또는 정부의 통제 결과로서 물류중단(운송위험), 환율, 임금과 통화 파동(금융 위험), IT 시스템 고장, 정보지연 및 투명성 부족(정보위험), 갑작스런 수요의 폭등과 폭락, 예측 오류와 정보이상(수요위험), 단일 공급자 또는 협소한 공 급기반에 과잉의존, 공급자 파산(공급위험), 자연재해, 질병, 전쟁과 주요 경 제적 침체(대형위험) 등이 있다(Free and Hecimovic, 2020: 15). 특히 팬데믹과 같 은 대형위험은 다른 위험을 동시에 동반하는 '복합위기'를 초래한다.

리차드 볼드윈(Richard Baldwin)은 공급망 충격의 원인을 공급, 수요, 연결성 측면으로 구분하고, 공급망 충격의 유형은 특정한(idiosyncratic) 충격과 시스템적(systemic) 충격으로 분류했다. 이를 조합하면 〈표 3-2〉와 같은 사례들이 제시된다(Baldwin, et al., 2023). 특정한 충격은 주로 기업 또는 제한된 지역 차원에서 발생하는 상대적으로 작고 독립적이며 통제 가능하다. 주요 사례는 단독 공급업체의 파산, 한 지역에 국한된 노동파업, 개별 공장의 화재와 같은 사고 위험 등이다. 이러한 특정한 충격은 해당 기업 또는 지역에는 심각한 피해를 초래할 수 있지만 일반적으로 경제 전반에 미치는 파급효과는 비교적 크지 않다. 반면 시스템 충격은 지리적으로 광범위한 영역에 영향을 미치며, 다양한 시장, 부문, 제품에 걸쳐 영향을 주는 공급망 교란이다. 브렉시트(Brexit)나 미중 전략적 경쟁 심화에 따른 지정학적 긴장, 전 세계를 휩쓴 팬데믹이 대표적인 사례다. 특정한 충격과 시스템적 충격의 차이는 공급망 교란에 따른 충격의 영향력, 범위 그리고 강도이다.

〈표 3-2〉 공급망 충격의 원인과 성격에 대한 분류와 예시

유형/원인	공급	수요	연결성
특정(분리된, 단순한)	공장파산, 노동파업, 극한 날씨 등	단일제품 수요 급증 등	단일 항만 폐쇄, 단일 기업 사이버 공격 등
시스템(다중부문, 다중 시장, 복잡한 상호작용)	팬데믹, 무역전쟁, 대규모 전쟁, 극한 날씨 등	부문 전반의 선호도 변화, 다중제품, 다중부문 보이콧, 금수조치 등	대형 허리케인, 군사분쟁, 대규모 해킹 등

출처: Baldwin, R. et al.(2023), p. 35.

최근 공급망을 위협하는 환경적 요인은 대략 3가지로 압축할 수 있다(Brown and Lim, 2020). 우선 미중간 전략적 경쟁으로 인한 지정학적 위기의 심화다. 미중 패권전쟁이 중심적인 갈등 축을 이루지만 다양한 수준(지역/국가)에서 정치·경제적, 군사적 영향력 확대를 위한 경쟁역학이 작동하고 있다. 러시아-우크라이나 전쟁, 끝이 보이지 않는 중동지역의 파괴적 전쟁

등은 그나마 불안정하게 유지해 왔던 국제적 질서를 뒤흔들고 있다. 보호주의 부활은 GVC의 전제를 침식시키고 있으며 국가 중심의 경제 및 산업 정책도 강화되는 추세다. 하이퍼-내셔널리즘(hyper-nationalism), 자립화(self-sufficiency), 보호주의를 강조하는 '내향적 전략(inward-oriented)'은 GVC의 기본적 논리와 상반될 뿐만 아니라 때론 적대적이어서 다양한 지역과 영역에서 충돌의 정치적 원천을 제공한다[5](Solingen, 2025: 114). 마지막으로 시스템적 위기를 초래하는 '초국가적 위협'이 증가하는 추세다. 기후위기, 팬데믹과 같은 전염병, 사이버 공격 및 테러 등의 문제해결을 위해서는 초국가적 협력이 필수적이나 오히려 내향적 전략으로 국가의 구심력이 강화되면서 위기를 악화시킨다. 팬데믹 시기 상당수 국가들이 자국 우선의 공급망 확보에 초점을 맞춰 대응한 사례는 신뢰에 기반한 글로벌 연결성의 허약함을 그대로 드러냈다.

2. 세계화와 글로벌 가치사슬

이동제약의 비동시적 극복

리차드 볼드윈은 세계화를 지리적으로 '생산과 소비의 결합(bundling)에서 생산과 소비를 분리하는 과정'으로 정의하며, 생산과 소비가 지리적으로 떨어져 있을 때 무역이 발생한다고 전제한다. 이 전제를 기준으로 세계화는 1820년~1차 세계대전 이전 세계화 1.0, 2차 세계대전 이후~1990년까지 세계화 2.0, 1990년 이후~현재의 세계화 3.0, 미래의 세계화는 4.0으로 구분했다(볼드윈, 2019; Baldwin, 2019). 또한 볼드윈은 국제무역이 20세기 최종재 중심의 '상품무역(trade-in-goods)'에서 21세기 '분업무역'(trade-in-tasks)으로 전환됐음에 주목했다(Baldwin et al., 2010), 이러한 무역방식의 전환은 최종재 무역에 따른 이익보다 글로벌 생산과정의 분업화에 따른 '분업무역' 이익이 더 크기 때문에 발생했다. 세계화는 상품, 지식, 사람의 이동 제약조건을 비동시적으로 극복해가면서 발전하는데 여기서 이동 제약조건은 상품(무역비용), 지식(통신비용), 사람(대면접촉 비용)의 이동비용이다. 1820년대 이전에는 이 세 가지 제약조건을 극복하지 못했기 때문에 국제무역비용이 매우 높았고 생산과 소비의 지리적 분리도 본격화되지 않았다. 혁신지역과 부의 창출수준, GVC 형성도 이동제약('마찰')을 극복하지 못해 모두 낮은 수준을 보였다.

'대분기(great divergence)'시대 무역비용은 증기혁명에 이은 디젤동력선, 철도의 상업적 발전, 전신 발명으로 점차 감소했고, 특히, 1970년대 냉전 시대 물류혁명을 선도한 '컨테이너화'와 국제표준화는 상품이동 비용을 기적적으로 낮췄다. 이 시기 생산과 소비의 지리적 분리가 발생했고 '북반구(G7 중심 선진국)의 산업화'가 빠르게 진전됐으며 각국은 특화된 기능과 상품을 중심으로 교역량을 늘려갔다. 산업집중과 혁신은 상호 영향을 미치면서 소득성장과 소비시장을 확대하는 선순환 구조를 만들어 냈다. 그러나 대부분 '북-북 교역'의 활성화로 대부분의 부는 북반구에 집중됐고, 초국적 기업들의 남반구(저개발국가) 투자 및 생산기지 이전은 제한적 수준에 그쳤다. 그 이유는 먼 지리적 거리로 인해 복잡한 관리 및 조정비용이 높았기 때문이다. 이러한 문제는 1990년대 이후 ICT 발전을 통해 '대수렴기(great convergence)'로 접어들면서 해결됐다. 이제 상품과 지식비용 비용 모두 극적으로 낮아져 '글로벌 생산과정의 분업화'가 본격화됐다. 상품이동 비용의 하락으로 '특정 장소'에서 상품을 만들어 수요 지역에 팔 수 있었다면('made-here-sold-there'), ICT 발전에 따른 지식 이동비용의 하락은 '전 세계 어디서든' 상품을 만들어서 시장 수요가 있는 어디에든 팔수 있게 했다('made-everywhere-sold-there')(Baldwin, 2014). 생산과 소비의 '2차 분리'로 초국적 기업들은 노동비용을 절약하기 위해 그동안 산업화에서 배제됐던 남반구로 생산기지를 대거 이전 했고 GVC 구축을 위한 지리적 거리는 효율성을 기준으로 사실상 무제한으로 확대됐다. 일부 신흥국들은 압축적 산업화로 경제발전에 성공했으며 초국적 기업들이 이동한 남반구에 혁신지역도 점차 늘었다. GVC 구축의 속도, 범위, 효과, 영향력이 높아지면서 GVC '혁명기'를 구가했다. 경쟁단위도 기존 국가나 기업단위에서 누가 가장 효율적인 GVC를 구축하는가의 문제로 변했다.

〈표 3-3〉 세계화와 글로벌 가치사슬 발전의 역사적 변화

구분		세계화 이전	대분기	대수렴기
시기		1820 이전	1820~1990년 이전	1990년 이후
이동 제약 조건	상품(무역비용)	높음	낮음	낮음
	지식(통신비용)	높음	높음	낮음
	사람(대면접촉 비용)	높음	높음	점차 낮아짐
혁신(핵심)기술		증기기관	운송기술 (컨테이너+항공 등)	ICT
생산-소비 결합수준		강제적 결합	1차 분리	2차 분리
혁신지역		북반구↓ 남반구↓	북반구↑ 남반구↓	북반구↑ 남반구↑
부(소득)의 공간적 배열		상대적으로 낮음	북반구 집중 (국가 간 불평등)	북반구+남반구(일부) 집중 (국가 내 불평등)
글로벌 가치사슬		저발전	맹아기	혁명기
연결성 수준 (범위, 속도, 강도, 영향력)		낮음	중간 (부분적)	높음 (글로벌 통합)

출처: Baldwin, R.(2016). 내용을 토대로 수정·보완.

세계화와 GVC 발전은 글로벌 생산과 무역을 재편하고 산업조직의 변화시켜 새로운 경쟁 시대의 진입을 알렸다(Gereffi, 2014). 1960년대 초국적 기

업들은 해외에서 저렴하고 유능한 공급업체를 찾아 공급망을 분할하기 시작했다. 1970~80년대는 '생산자주도 상품사슬'에서 '구매자주도 상품사슬'로 전환된 시기며 이 과정에서 자본과 생산의 이동 목적지로 동아시아 국가들이 주목을 받았다. GVC 혁명기인 1990~2000년대 GVC 산업활동은 폭발적으로 성장해 완제품뿐만 아니라 부품 및 하위 조립품까지 포괄했다. 이제 무역시스템은 상품 판매만이 아니라 상품생산에도 광범위하게 사용됐다. 1990년 전후 냉전종식, 중국의 개혁·개방 정책, 1995년 WTO체제 출범 등이 자유무역 확산과 GVC의 발전에 크게 기여했다. 무엇보다 2001년 중국의 WTO 가입은 곧 이은 중국중심의 GVC 구조 형성에 결정적 계기를 제공했다. 이러한 흐름 속에서 선도적 초국적 기업들은 '생산의 글로벌 최적화 전략'을 가속화 했고 기존 양자 간 수출입 중심의 단순무역은 글로벌 생산과정의 분업화로 복잡한 GVC 무역으로 전환됐다. 결과적으로 이 시기 세계화는 GVC를 확장했고, GVC는 다시 세계화의 속도를 높였다.

지역별 GVC 연결성 방향

GVC가 글로벌 및 지역적으로 모두 확장됐지만, 좀 더 복잡한 가치사슬은 지역적 수준의 연결성이 강하다. GVC을 주도한 세 지역들과 기타 지역의 연결성을 살펴보면 다음과 같다(World Bank Group, 2020). 유럽은 가장 통합된 지역으로 지역 연결성이 글로벌 연결성보다 상당히 높다. 유럽에서는 불가리아, 헝가리 및 폴란드를 포함한 동유럽 국가들이 이전 회원국의 생산 네트워크에 합류하며 지역 가치사슬의 확장과 함께 생산과정의 지역적 파편화가 증가했다. 이와 같은 지역 연계성과 더불어 글로벌 연결성도 구축됐는데 이는 주로 중국, 인도와 같은 아시아 국가들과 연결성이 높아진 프랑스, 독일 및 영국처럼 유럽의 큰 경제에 의해 주도됐다. 동아시아도 유럽과 마찬가지로 글로벌 연결성보다 지역 연결성이 높고 1990년 이후 지역 연결성이 상당히 강화됐다. 이런 연결성의 강화는 '중국의 부상' 시기와 일치한다. 북미지역은 지역 연결성보다 상대적으로 글로벌 연결성에 다소 많이 의존한다. GVC는 1990년대에 보다 지역적으로 확대됐는데 이는 1994년 북미자유무역협정(NAFTA) 발효에 기인한 것이며, 2000년대는 중국이 부상과 높은 GVC 참여로 GVC 무역과 활동이 가속화됐다. 기타 다른 지역들의 GVC 통합은 대부분 글로벌화 되어왔고, 남아시아 GVC는 거의 전적으로 지역 외부로 확장되고 있다. 〈표 3-4〉는 지역별 생산네트워크와 수출에서 해외 부가가치(FAV) 비중을 나타낸 것이다. 2018년 유럽 국가의 수출에 포함된 수입 중간재 65%는 다른 유럽 국가에서 발생했다. 동아시아 경제는 약 55%이고 NAFTA 회원국도 거의 40%에 달한다. 다른 지역들은 비교적 세계경제에 더 통합되어 있지만 라틴아메리카와 카리브해

〈표 3-4〉 글로벌 생산네트워크와 각 지역별 수출에서 해외 부가가치(FAV) 비중(%), 2018년

구분	동아시아－태평양 (FAV 25)	유럽－중앙아시아 (FAV 36)	중동－북아프리카 (FAV 14)	북미 (FAV 19)	라틴아메리카－카리브해 (FVA 15)	남아시아 (FVA 13)	사하라 이남 아프리카 (FVA 14)
동아시아－태평양	55	17	22	24	17	39	23
유럽－중앙아시아	20	65	50	23	28	36	42
중동－북아프리카	6	4	8	3	3	8	6
북미	12	8	10	39	24	10	10
라틴아메리카-카리브해	2	2	2	8	26	2	3
남아시아	2	2	7	2	2	3	5
사하라 이남 아프리카	1	1	1	2	2	2	11

출처: World Bank Group(2020), p. 25 내용을 기준으로 작성.

의 지역 내 수입중간재 비중은 26%, 남아시아는 3%에 불과하다(World Bank Group, 2020).

GVC 확산과 소득분배의 지리적 변화

GVC 발전은 미국을 중심으로 '세계화의 역풍(backlash)' 논란을 불러왔다. 특히 중국과 미국의 교역 증가는 미국 내 가구, 목재, 인형, 면화 등 저숙련 일자리에 상당한 충격을 줬다(Autor, 2018). 저숙련 노동자를 대규모로 고용했던 신발, 의류, 섬유산업 등의 종사자 수는 1970년대 약 300만명에서 2000년 100만여명, 2019년에는 30만명으로 감소해 '산업공동화(hollow-out)'가 심화됐다. 남반구 상품들이 미국으로 대거 유입되면서 기존 미국 노동자들이 생산했던 상품들은 비교열위로 시장에서 퇴출됐다. 미국 제조업 전체 노동자수도 1979년 19,531천명을 최고치로 1990년 17,395천명, 2000년 17,181천명, 2010년 11,453명까지 감소하다 2019년 12,866천명 수준을 유지하고 있다(FRED, Economic Data; Irwin, 2017)). 지난 40여년 동안 약 6,665천명(-34%)이 감소했다. 즉 GVC 발전은 저개발국가의 산업화와 선진국의 탈산업화(de-industrialization)를 동시에 유발시켰다. 이러한 위기는 트럼프대통령의 선거 캠페인에서 그리고 취임 당시 "우리 중산층의 부는 미국 내에서 사라졌고 전 세계로 배분"됐다고 선언해 정치화됐다.

GVC 혁명과 세계화는 초국적 기업들의 이익독점과 제조업 일자리의 지리적 배열 변화를 촉진했다. 이전 주요 선진국에 있던 제조업 생산과 일자리는 아시아, 동유럽, 멕시코 등 저임금 국가로 옮겨졌고 그 결과 그 결과 일자리 창출과 소멸의 공간적 차별성이 나타났다. 1990년 이후 25년 동안 영국은 제조업 일자리의 거의 절반을 잃었고, 일본은 1/3, 미국은 1/4을 잃은 것으로 알려졌다. 물론 일부는 자동화 등 기술발전으로 인한 것일 수 있지만 상당수는 생산지 이동에 따른 결과였다. 값싼 중국산 물건들의 범람은 주요 국가들의 제조업 기반을 황폐화시켰다. 중국산 수입과 제조업 일자리와 상관관계가 있음이 여러 곳에서 발견됐다. 스페인의 중국 수입액은 1999년 40억 달러에서 2007년 250억달러로 급증했고 그 결과 제조업 일자리 34만개가 사라졌다. 미국 제조업 일자리는 1990년 전체 고용의 약 17%를 차지했지만 2010년대는 9%로 감소했으며 전체 일자리의 1/5은 중국 수입량의 증가 때문으로 추정됐다. 중국 다롄과 칭다오의 타이어 제조업 번성은 미국 내 타이어 공장의 생산량을 2004년 2억 2200만개에서 2014년 1억 2600만개로 줄여 미국 타이어 산업을 붕괴시켰다(레빈슨, 2023: 275-276).

GVC 발전은 전 세계 소득구조에도 유의미한 영향을 미쳤다. 선진국과 저개발국가의 경제력 격차가 벌어졌던 '대분기'를 지나 '대수렴' 시대에는 이들간 경제력 격차가 눈에 띄게 감소했다. 이제 세계 소득불평등 구조를 결정짓는 핵심변수는 '국가 간' 불평등에서 '국가 내' 불평등으로 전환됐다. 이른바 '코끼리 곡선(elephant curve)'에 따르면(Milanovic, 2016), 세계화의 승자는 '산업화된' 남반구(특히 아시아) 중산층인 반면 패자는 '탈산업화된' 북반구의 노동집약적 산업에 종사했던 노동자층이다. 이는 '선택된' 개발도상국들이 GVC에 통합된 결과다. 기술과 자본이 부족한 개발도상국들은 GVC 참여로 수출지향적 산업화(EOI)에 성공했고 '규모의 경제'에 진입해 양호한 수출 기회를 제공받았다(Gereffi and Kirzeniewicz, 1994). 전 세계 FDI 중 신흥국으로 유입된 비중을 보면 2000년 10%에서 2010년에는 30%까지 증가했다(World Development Indicators). 초국적 기업들이 원천기술과 자금을 기반으로 신흥국에 생산기지를 조성하여 GVC를 확대했다는 의미다.

<표 3-5> 전 세계 지역별 국민소득 성장률, 1950년~2016년(%)

지역	국민소득		1인당 평균 국민소득		성인 1인당 평균소득	
	1950~1980년	1980~2016년	1950~1980년	1980~2016년	1950~1980년	1980~2016년
세계	282	226	116	85	122	54
유럽	256	79	181	54	165	36
EU	259	94	192	66	180	45
러시아/우크라이나	249	31	156	18	129	4
아메리카	227	163	78	62	80	36
미국/캐나다	187	164	89	84	82	71
라틴아메리카	365	161	116	49	117	12
아프리카	258	233	72	30	85	20
북아프리카	394	235	130	58	148	24
남사하라 아프리카	203	232	46	22	58	18
아시아	446	527	188	230	198	152
중국	273	1,864	106	1,237	114	831
인디아	199	711	61	299	67	223
일본	740	103	504	86	372	56
기타	518	376	187	99	203	52
오세아니아	208	194	38	69	50	49
호주/뉴질랜드	199	193	69	81	71	58

출처: Alvaredo, F. et al.(2018) p. 64.

1980년 중국은 전 세계 소득에서 차지하는 비중이 3%에 불과한 반면, 미국과 캐나다는 20%, 유럽연합은 28%였다(구매력 평가기준). 1980년~2016년 기간 동안 중국의 인상적인 성인 1인당 실질 국민소득 증가율(1980~2016년 831%, 1950~80년 106%)은 전 세계의 불평등을 줄이는데 크게 기여했다. 또 다른 수렴력(converging force)은 서유럽의 소득 증가율이 이전 수십 년전에 비해 감소한 것이다(1950~1980년 성인 1인당 소득 증가율 180% vs 그 이후 45%). 이러한 성장률 둔화는 서유럽의 성장 '황금기' 종말과 더불어 유럽에서 10년간 성장 손실로 이어진 대불황 영향도 컸다. 국가 간 불평등의 감소했음에도 불구하고 평균 국민소득 불평등은 여전히 국가 간 큰 차이를 보인다. 개발도상국과 신흥국 모두 중국과 같은 속도로 성장하지 못했다. 인도의 성인 1인당 월평균 소득($750)은 여전히 PPP 기준으로 세계 평균의 0.4배, 사하라 이남 아프리카($560)는 현재 세계 평균의 0.3배에 불과하다. 북미인의 평균 소득은 사하라 이남 아프리카의 평균 소득보다 약 10배 높다(Alvaredo et al., 2018). 만약 기존 세계화와 GVC 확산추세가 보호주의로 역진한다면 전 세계 소득분배 구조에도 이전과 다른 영향을 미칠 수 있다.

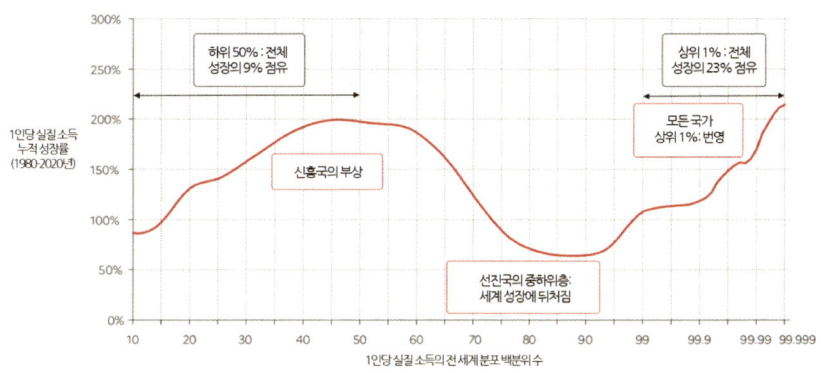

〈그림 3-5〉 세계 불평등 코끼리 곡선(elephant curve), 1980~2020년

출처: Chancel, L. et al.(2022). p. 61.

〈그림 3-5〉는 1980년~2020년 동안 세계 불평등 추이를 분석한 결과다. 전 세계 소득 하위 50%는 이 기간 1인당 실질 소득 누적 성장률이 크게 증가했다. 또한 상위 1% 역시 같은 기간 높은 소득성장률을 보였다. 세계 소득 분포의 하위와 중간 사이의 불평등은 감소했고, 중간과 상위 사이에서 불평등은 증가했다. 상위 1%가 이 40년 동안 세계 실질소득 누적 성장률 23%를 차지한 반면, 하위 50%는 9%만을 점유했다. 지난 2세기(1820년~2020년) 동안 글로벌 상위 30%의 구매력 증가율은 하위 50%의 약 2배에 달한다. 이는 2020년 글로벌 불평등이 1820년에 비해 훨씬 더 크다는

사실을 반영한다. 세계 상위 10%의 지역별 구성을 보면, 1880년~1920년까지 유럽이 압도적인 우위를 보였지만, 1920년 이후 북미와 공유하는 추세를 보였다. 동아시아 및 동남아시아 상위 10% 소득 보유자 비중은 1950년 이후 점진적으로 증가했으며 1980년 이후 이 추세는 더욱 가속화됐지만 이들에 대한 서구의 지배력은 여전히 두드러졌다. 상위 1% 지역별 구성 역시 유럽의 지배적 위치는 1차 세계대전 이후 크게 약화된 반면 1930년경부터 북미지역이 확실한 리더 지위를 잡았다. 세계 하위 50%의 지역별 구성을 살펴보면, 최근 수십 년 동안 동아시아 비중은 감소하고 남아시아 및 동남아시아 특히 사하라 이남 아프리카의 비중이 증가했다. 또한 19세기에는 유럽 빈곤층이 이 그룹의 상당부분을 차지했지만 20세기 중반 이후 유럽이나 북미에서는 전 세계 하위 50%에 속하는 사람이 거의 없다. 국가간 불평등 1980년까지 계속 증가하다가 1980년부터 2020년 사이에 감소하기 시작했으며, 이 기간 동안 동아시아(주로 중국)가 세계 성장의 핵심지역으로 부상하고 그 결과 북미와 유럽을 따라잡아 지역 간 소득격차가 좁혀졌다(Chancel, et al., 2020: 60-63).

개발도상국의 GVC 통합효과

신흥국들의 GVC 진화 경로는 대체적으로 초기 노동집약적 상품의 조립·가공에 참여하여, 이후 반도체, 통신 등 고부가가치 산업의 저부가가치 생산과정에 진입 후, 일부 국가의 경우 고부가가치 산업 내에서 부가가치율을 높이는 방식이다. 이에 따라 GVC 진화는 해당국의 산업구조 고도화를 위한 핵심과제로 부상했다. 개발도상국은 GVC 통합으로 처음부터 전체 산업기반을 건설할 필요없이 선진 국가의 산업기반을 활용할 수 있다. 이러한 방식으로 그들은 산업화와 국가 경제성장을 가속화시킨다. 더욱이

GVC 내 무역은 표준 무역통합의 효과를 강화한다. 단편적인 생산은 개발도상국 기업들이 더 낮은 비용으로 해외 시장에 진출하고, 저부가가치 및 틈새 업무(niche tasks)의 전문화로부터 이익을 얻으며, 더 큰 시장에 접근을 가능케 한다. 기업들은 또한 더 저렴하고 더 나은 투입물, 생산성 향상 기술, 그리고 다른 곳에서 개발된 경영 관행에 접근할 수 있고, 따라서 일자리 창출에도 기여하면서 비교적 빠른 속도로 성장할 수 있다. 이러한 GVC 통합의 효과 때문에 개발도상국 정책 입안자들은 GVC 참여 및 통합정책을 매력적인 정책도구로 활용한다(World Bank Group, 2020).

GVC에 참여하는 초국적 기업은 생산과정의 분업화를 통해 비용 절감뿐만 아니라 신속한 혁신을 달성할 수 있다. 신흥국의 공급기업들은 이러한 혁신과정에 포함돼 초국적 기업의 선진기술을 신흥국 공급기업에 전파시키는 GVC 참여효과를 누릴 수 있다(국제무역연구원, 2020). 이러한 효과의 확산을 위해 2015년 유엔이 채택된 지속가능한 개발목표(SDGs: Sustainable Development Goals)는 개발도상국의 경제성장을 위해 무역원조와 GVC 참여 지원을 강조했다(장지원 외, 2018). SDGs는 개발도상국의 포용적이고 지속 가능한 성장을 위해 중소기업 역량 강화와 GVC 참여를 명시했다. 다수의 공여국과 다자기구들은 '무역을 위한 원조(AfT: Aid for Trade)' 전략을 수립하고, 개발도상국의 민간부문 무역역량 제고 및 GVC 편입을 세부 지원분야로 설정했다. GVC는 선진국의 소득 기여도가 약 18%인 반면 개발도상국 GDP의 평균 30%에 기여해 개발도상국의 경제성장에 중요한 역할을 했다. 이러한 가치사슬이 해당 국가의 부가가치, 고용 및 소득에 긍정적 영향을 미치기 때문에 개발도상국의 GVC 참여와 1인당 GDP 성장률 사이에는 양의 상관관계 성립한다(UNCTAD, 2013).

반면 GVC가 개발도상국 노동자들에게 오히려 부정적 효과를 보인다는 의견도 있다. 농업 GVC는 노동자들의 가난과 경제적 취약성을 초래하는 비공식성(informality)을 특징으로 한다. 개발도상국에서 농업 고용의 94% 이상, 제조업 고용의 63%가 비공식적이다. 아프리카 국가들에서 이 비중은 각각 98%와 77%로 상승한다. 비록 GVC에 참여하는 기업들이 그들의 공식적인 노동자들에게 더 높은 임금을 지불하지만, 그들은 또한 이러한 수혜를 받지 못하는 비공식적 노동자들에게 크게 의존한다. 페루 아티초크(artichock) 농장과 가공 공장에서 일하는 전체 남성들의 79%와 여성의 84%가 불안정 일자리에서 일한다. 가나에서 수출 파인애플 부문에 종사하는 이주노동자들의 절반만이 정규 계약을 맺는다(World Bank Group, 2020). 글로벌 생산과정의 분업화 최하단에 위치한 노동자들은 기업관계의 분절화로 고용관계가 파편화돼 GVC 내 취약성에 노출된다. GVC 상징인 세계적 기업 애플도 중국 내 하청(파견)노동자들의 저임금·장시간 노동으로 국제사회의 비난을 받았다(주영재, 2015).

세계화와 차이메리카 그리고 GVC 확장

차이메리카(Chimerica)는 미국과 중국의 유례없는 경제통합과 공생관계를 표현하는 개념으로 니얼 퍼거슨(Niall Ferguson)과 모리츠 슐라리크(Moritz Schularick)가 처음 사용했다(Ferguson and Schularick, 2007). 이들은 2000년대 글로벌 자산시장 붐의 원동력으로 높은 자본 수익률과 낮은 자본비용 사이의 차이에 주목했다. 대규모 아시아 노동력이 세계경제에 통합되면서 글로벌 자본 수익률은 크게 높아진 반면 장기 실질 금리로 측정한 자본비용은 오히려 하락했으며 이러한 현상은 차이메리카로 개념화되는 중국과 미국 사이에 형성된 공생적 경제관계의 결과물로 분석했다. 이 공생적 관계구조를 이해하기 위해서는 세계에서 가장 빠르게 성장한 신흥경제인 중국과 선진

'금융경제'인 미국의 합으로 이뤄진 경제상황에 주목해야 한다. 중국이 세계경제에 통합되면서 글로벌 노동력이 두 배로 증가해 자본수익률과 기업수익성이 높아졌을 뿐만 아니라, 중국의 '과잉 저축' 대부분이 미국 국채로 유입되면서 글로벌 금리가 하락했다. 즉 전 세계가 '값싼 돈의 홍수'에 빠진 것이다. 같은 맥락에서 재커리 캐러벨(Zachary Karabell)은 중국의 세계경제 통합과 부상의 원천을 '중국 생산, 미국 소비' 공식에 기반한 미국과 중국의 '슈퍼퓨전(Superfusion)'으로 설명했다(Karabell, 2009).

1970년대 초 미국과 중국의 외교적 화해의 시작은 중국이 냉전 참전 종식을 알리는 신호탄이었다. 이후 중국은 냉전의 승리를 위한 제3세계 혁명 지원보다 자본주의 세계와의 경제협력에 더욱 노력했다. 당시 중국이 조심스럽게 추진한 '실험주의 시장화(experimentalist marketization)'는 외교정책의 탈급진화와 미국이 소련의 영향력을 억제하는 노력을 배가할 수 있게 했다. 냉전 마지막 10년은 미국과 소련 간 경쟁이 주를 이뤘으며 동구와 소비에트 사회주의 붕괴는 미국을 세계 유일의 초강대국 반열에 올려 놓았다. 1990년대 일부에서는 중국에 대한 '선제적 봉쇄' 필요성을 제기했지만 미국은 경제통합 대상으로서 중국을 '인정'했다. 월스트리트가 미국의 중국 정책을 장악하면서 두 경제의 결합이 빠르게 진행됐고 미국과 중국의 이해관계 양립은 '협력적 연결성' 구축을 가능케 했다(Schindler et al., 2023).

당시 미국의 무역정책은 단순 경제정책이 아닌 민주주의와 시장경제를 전 세계로 확산시키는 '대외정책(foreign policy)'의 일환이었다. 클린턴정부는 중국이 최종적으로 WTO에 가입하면 시장경제와 민주주의를 향해 나갈 것이고 거대한 중국시장은 미국 기업들에게 이익을 될 것으로 판단하여 중국의 세계경제 통합을 적극적으로 지원했다. WTO 가입 당시 클린턴대통령은 "자유는 세계에서 가장 전염성이 강한 힘"으로 "중국 국민을 위해 더 큰 개방과 자유의 미래"를, "미국 국민을 위해 더 큰 번영의 미래"를 가져다 줄 것으로 믿었다(Clinton, 2000). 이러한 흐름은 1945년 2차 대전 종전 이후 GATT를 통해 자유무역 질서의 수립, 1990년대 냉전 종식 후 NAFTA 체결, 과거 공산권 국가들의 WTO 가입 지원이라는 비교적 일관된 흐름의 연장선상에 있었다.

차이메리카는 양국간 상호보완 관계에 기초해 있었다. 중국의 수출지향적 산업화 성장모델은 선진국가들의 탈산업화와 동시에 진행됐으며, 중국을 비롯한 '동아시아의 기적'은 산업생산의 글로벌 재배치의 결과였다. 이 과정에서 중국의 구(old)성장모델은 미중 무역관계의 '긍정적 순환'에 기여했다. 미국의 대중국 투자는 중국에 자본뿐만 아니라 고용, 기술, 노하우 및 시장접근을 제공했고, 미국은 중국의 소비재 수입을 통해 생활수준의 향상과 낮은 인플레이션 유지에 도움을 받았다. 즉 중국의 세계의 공장으로 미국에 저렴한 상품을 공급하며 성장했고, 미국은 강력한 소비로 중국의 수출에 기여하는 구조다(Li, 2020: 12).

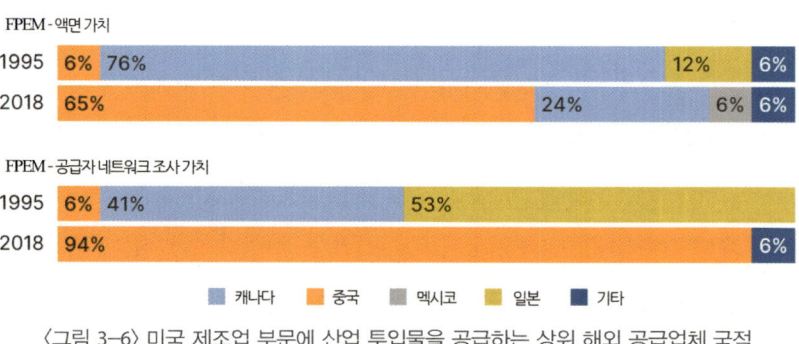

〈그림 3-6〉 미국 제조업 부문에 산업 투입물을 공급하는 상위 해외 공급업체 국적
(1995년 vs 2018년)

*주1: 미국 17개 제조 부문별 상위 공급업체의 국적 조사결과
*주2: FPEM은 해외 생산 노출을 의미(수입측면)
출처: Baldwin, R. et al.(2023b).

중국의 세계적 제조강국 부상에도 미국은 여전히 제조업 총생산량 및 부가가치 생산량에서 세계 2위 국가다. 제조업 부문에서도 상호 강한 연결성에 기초한 차이메리카 현상이 잘 나타난다. 〈그림 3-6〉은 미국 제조업 부문에 산업투입물을 공급하는 상위 해외 공급업체 국적을 보여준다. 한 국가의 해외공급망 의존도 분석에 있어 액면 가치(face value)와 공급자 네트워크 조사가치(look through)를 구분하는 것이 중요하다. 액면가치는 A국가 회사가 B국가 회사의 중간재를 구매한 경우 액면가치 계산은 B국가만 해당한다. 그러나 공급자 네트워크 조사 가치에서는 B국가 회사의 중간재 생산자가 이 중간재 생산을 위해 다른 국가들로부터 구입한 투입물을 계산에 고려한다. 따라서 해외생산노출(FPEM) 수준은 액면가치와 공급자 네트워크 조사 가치에 따라 상이하게 나타난다(Baldwin et al., 2023a).

우선 액면가치 기준은 1995년 미국의 최상위 공급국가는 캐나다로 76%를 점유하고 있으며 다음으로 일본 12%, 중국 6% 순이다. 그러나 2018년에는 중국 점유비중이 65%로 캐나다를 대체했으며 캐나다 24%, 멕시코 6% 순으로 변했다. 일본은 미미한 수준으로 떨어졌다. 공급자 네트워크 조사가치는 미국의 대중국 공급망 의존도를 더욱 확연히 보여준다. 1995년 6%에 불과했던 비중이 2018년에는 94%로 거의 모든 중간재가 중국의 공급망과 연결되어 있음을 알 수 있다(Baldwin et al., 2023a; 2023b). 캐나다와 일본 모두 극히 일부만은 점유하고 있다. 이는 중국이 세계 최고의 제조강국으로 부상, 그리고 GVC 높은 중심성을 반영한 것이며 특히 중간재 생산이 최종재 생산보다 훨씬 더 빠르게 발전한 사실에 주목해야 한다. GVC는 주로 중간재를 중심으로 순환하기 때문이다. 이러한 조건을 감안할 때 미국과 중국의 소위 제조업 디커플링은 가능한가? 만약 강제적인 디커플링이 시도된다 해도 엄청난 비용을 동반해 그 속도는 매우 느리거나 불가능할 것이다.

차이메리카의 심각한 균열은 2008년 전후 미국발 금융위기로부터 시작됐다. 중국 지도부들은 중국이 미국의 서브프라임 모기지와 같은 금융시스템에 노출되는 것을 상당히 우려했다. 많은 중국 정책입안자들은 미국을 공생의 파트너에서 신뢰할 수 없는 파트너로, 나아가 이 금융위기를 미국식 자본주의의 돌이킬 수 없는 쇠퇴의 신호로 인식했다. 반면 예전 강한 제조업 기반으로 번영했던 미국은 탈산업화와 산업기반 붕괴의 원인을 '중국의 부상'으로 판단했다. 이후 양국은 각기 '회복 정치 프로젝트'(restorative political projects)에 착수했고 이해관계의 양립국면은 충돌국면으로 전환됐다(Schindler et al., 2023). 시진핑의 '중국몽(Chinese dream, 中国梦)'과 트럼프의 '미국을 다시 위대하게(MAGA: Make America Great Again)'는 양국의 적대적인 외교정책을 굳건히 했다. 차이메리카 개념을 처음 사용한 니얼 퍼거슨과 모리츠슐라리크도 글로벌 금융위기를 중국의 수출주도의 발전과 미국의 과소비가 결합된 세계경제 질서의 종말을 알리는 신호탄으로 봤다. 차이메리카 시기 중국정부의 통화개입 규모가 전례없이 높아 세계경제가 왜곡되었고, 통화절상에도 저항해 현재의 상태로는 이 공생관계의 종말이 불가피하다고 분석했다(Ferguson and Schularkck, 2009). 차이메리카를 '슈퍼퓨전' 개념으로 설명한 재커리 캐러벨은 차이메리카의 해체에 따른 파국을 피하기 위해서는 미국이 중국과의 '봉쇄' 또는 '강압'이 아니라 더욱 긴밀한고 성숙한 '협력'과 '경쟁' 관계를 맺으면서 새로운 활로를 찾아야 한다고 제안한다. 차이메리카는 미국과 중국 관계가 중심 축이지만 전 세계에 '촉수'를 뻗고 있는 글로벌 현상으로 미국이 중국의 현실적 위상과 존재감을 부정해 유일한 초강대국 위치를 고수하면 몰락한 제국의 길을 따를 것으로 전망했다(Karabell, 2009).

3. 팬데믹, 연결성의 위기와 복원력

팬데믹은 전례없는 GVC의 순간적 붕괴를 가져왔다. 특히 GVC의 중핵인 중국에서 시작돼 주요 거점지역으로 확산되면서 '위험의 도미노 효과'가 극명히 나타났다(Cigna and Quaglietti, 2020). 팬데믹은 GVC의 공급, 수요, 유통 전 영역에 심대한 영향을 미쳤고 이들 영역간 전파와 역전파(backpropagation)가 이루어지면서(Rodrigue et al., 2020) 확산의 범위, 속도 영향력은 이전 국지적이고 일시적이었던 교란 사태와는 비교할 수 없을 정도였다. 특히 코로나19 바이러스 발생 초기 중국 내 기업들의 갑작스런 생산중단은 중국 중심의 GVC 구조에 대한 위험 및 회의론(Braw, 2020; Gertz, 2020; Linton & Vakil, 2020)이 부상하는 계기가 됐으며 '복원력' 논쟁[6](Miroudot, 2020)과 함께 기존 GVC 재편논의를 더욱 촉진시켰다. 발생 초기 중국의 자동차 부품 제조공장이 생산 중단되자 중국 부품에 의존도가 큰 글로벌 자동차업체들의 연이은 생산차질이 발생했다. 뿐만 아니라 전 세계 초국적 기업들의 상당수가 중국 공장의 생산중단으로 인해 중대한 피해가 발생했다. 전 세계적으로 적어도 51,000개 기업들이(A그룹) 1개 이상 지사 또는 1단계 공급업체(Tier 1)와 최소 500만개의 2단계(Tier 2) 공급업체(B그룹)가 중국 내 코로나19에 감염된 지역에 위치해 있었다. 이들 기업들은 전 세계 기업소득과 성장에 중요한 역할 담당한다. A그룹 중 163개 업체, B그룹 중 939업체들이 '포춘(Fortune)' 선정 세계 1000대 기업에 속하며 A그룹의 92.0%는 미국에 본사를 두고 있었다[7](Dun & Bradstreet, 2020: 5).

팬데믹 이후 쟁점화된 GVC 취약성은 다음과 같다(Brun, 2020). 첫째 재고 수준의 감소로 생산차질이 발생한 점이다. 적기(just-in-time) 제조방식은 기업의 효율성을 높이고 가치사슬 내 비용을 낮추지만 갑작스런 충격과 공급

부족에 대한 복원력이 낮다. 둘째, 경직적인(rigid) 가치사슬 문제다. 기업이 유연하고 다양화된 공급망을 가졌으면 위기 및 공급부족 시 대체 공급업체로 전환이 가능했지만 경직적인 가치사슬은 대체 공급업체를 찾고 연결할 수 없었다. 셋째, 공급망의 수동적(manual) 관리의 한계다. 가치사슬이 수동적으로 관리되면 경직성이 높아질 뿐만 아니라 주문을 변경하거나 공급업체를 이동하는 조치는 길고 복잡한 과정이 된다. 넷째, 가치사슬의 투명성(transparency)이 낮다는 점이다. 기업들은 1차 공급업체를 넘어서면 나머지 공급업체에 대한 확인이 거의 불가능했다. 즉 생산능력에 대한 위협이 어디에 있는지 관리가 불가능했다는 의미다. 마지막은 생산의 공간적 집중화가 초래한 문제이다. 가치사슬의 세계화는 특화(집적)된 생산구역과 함께 발전했다. 그러나 이 지역에서 생산이 중단되면 대체 가능한 지역이 없어 가치사슬은 순식간에 붕괴될 수 있다. 중국의 경우 세계 주요 산업의 공급업체들이 특정지역에 집적되어 있었고, 그 지역의 봉쇄는 해당 산업의 가치사슬 중단을 초래했다.

팬데믹은 중국에 과잉의존하고 있는 GVC 문제를 전 세계적으로 의제화했으며 미국을 중심으로 정치화됐다. 세계화와 GVC의 '미덕'에 대한 수십년 동안의 믿음은 미중갈등과 팬데믹을 거치면서 의문시됐고, 당시 트럼프대통령은 일부 초국적 기업들에게 비즈니스 모델을 변경하여 가치사슬을 미국 해안에 더 가깝게 재배치하라고 강요했다. 특히 의료장비, 의약품, 기타 전략물자의 공급이 부족하자 중국 중심 GVC 문제는 경제적 문제를 넘어 국가안보 문제로 격상됐고 리쇼어링(reshoring) 정책은 정치적 지지를 얻기 위한 캠페인으로 활용됐다. 그러나 팬데믹에도 불구하고 세계적으로 연결된 GVC가 전염병 대처는 물론 경제활동에도 기여한다는 주장도 제기됐다. 예를 들어, 팬데믹 시기 테스트 시약과 같은 중요한 원료는 국경을 넘어 공급이 부족한 곳으로 이동했다. 중국은 2020년 1분기에 310만대의 환자 모니터(patient monitor)를 수출했는데 이는 전년 대비 4배나 증가한 수치였다(Williamson, 2021). 팬데믹 이후 현지화된 가치사슬로 전환된다면 경제적 손실이 추가되고 국내 경제가 오히려 더 취약해 질 수 있다는 주장이다[8](Arriola et al., 2020).

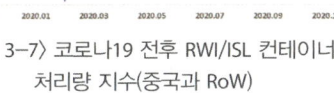

〈그림 3-7〉 코로나19 전후 RWI/ISL 컨테이너 처리량 지수(중국과 RoW)

출처: ISL 통계 기초로(2008년= 100) 저자 작성

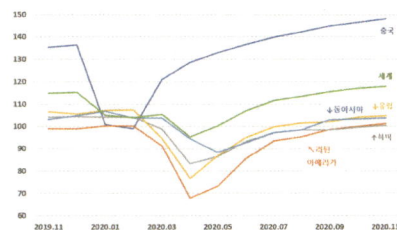

〈그림 3-8〉 코로나19 전후 세계 주요 지역의 제조생산량 지수

출처: UNIDO IAP 통계 기초로(2015년= 100) 저자작성

팬데믹으로 인한 GVC의 일시적 중단은 그 복원력을 측정할 수 있는 전례 없는 기회였다. 2020년 초 중국을 중심으로 한 GVC 순간적 붕괴는 구조적 문제라기보다 대형 위험에 따른 일시적인 현상이며 확장된 GVC는 이와 같은 충격에 비교적 높은 수준의 복원력을 보였다(Miroudot, 2020). 〈표 3-7〉 RWI/ISL 컨테이너 처리량 지수[9]와 〈표 3-8〉 제조생산량의 변화는 팬데믹 이후 GVC 중국의 복원력이 상대적으로 컸음을 보여준다. 중국의 이러한 GVC 복원력은 중국 정부의 강력한 코로나19 통제정책의 효과도 있겠지만 다른 국가에 비해 인근 국가들, 특히 아세안국가들과 무역을 꾸준히 늘려온 결과로 봐야 한다(Seric et al., 2020).

4장
—

중국의 부상과 연결성 :
모방에서 혁신으로

1. 글로벌 가치사슬 참여와 경제발전

홍호평(Hung Ho-fung)은 1970년대 이후 자본주의의 새로운 국면 진입과 함께 경험한 세 가지 전환을 진단했다(홍호평, 2012: 24-29). 이 전환의 요인은 자본주의 중심국가들의 과잉생산에 따른 수익성 및 장기적인 이윤율 하락이다. 선진자본주의 국가의 위기는 다른 한편 중국의 부상을 위한 토대를 제공했다. GVC 확산은 선진국의 노동집약적 산업들을 대거 개발도상국으로 이전시켰다. 다수의 개발도상국들은 기존에 선호했던 수입대체전략을 수출주도 산업화전략으로 선회했고 1980년 전후 신자유주의적 세계화는 이러한 흐름을 더욱 강화했다. 이로써 선진 자본주의 국가들과 개발도상국, 특히 아시아에 위치한 개발도상국 간 '협력적 연결성'이 구축됐다. 이를 통해 선진국은 이윤율 하락에 대응하는 효과를, 개발도상국들은 GVC에 통합돼 산업화의 기회를 잡았다. 또한 선진국들 내부의 경쟁이 심화되면서 미국의 주도성이 점차 약화되어 갔고, 자본 이동성의 강화로 노동계급의 권력도 뚜렷한 쇠퇴 경향을 보였다. 개발도상국으로 이동한 자본은 노동비용의 절감을 위한 '전제적 공장 생산체제'을 수출가공지역에 안착시켰다. 미국과 동아시아 국가들은 '정치적 교환관계'를 통해 연결성을 강화했다. 즉 미국은 동아시아 국가들에 안보 보호와 정치권력을 추구했고, 동아시아 '반(半)주권 국가'들은 무역과 산업화에 집중했다. 이러한 조건 속에서 선진국과 동아시아 간 노동분업은 연속적인 3단계의 과정을 경험했다(아리기, 2012: 64-65). 첫 단계는 선진국 노동집약적 산업이 아시아 '네 마리 용'으로 이전됐고, 다음 단계는 이들 국가의 경쟁우위가 낮아지면서 일본기업과 함께 인접 국가로 생산거점을 옮겼다. 마지막은 일본과 '네 마리 용' 국가들은 임금이 더 낮은 국가들로 연쇄이동을 이어갔다.

이 시기 중국은 초국적 자본의 최종 목적지로 위상을 강화하며 선진국과 개발도상국 간 협력적 연결성의 최대 수혜자가 됐다. 1980년대 이후 가공무역을 시작으로 세계 무역체제에 서서히 진입하기 시작한 중국은 2000년대까지 고성장체제를 유지하며 세계의 공장으로 성장해갔다. 이 과정에서 초국적 기업들은 자신들의 '최고 기술'과 중국의 '최저 생산비용'으로 '최대의 부가가치'를 구현하는 '최적의 조합'을 만들어냈다. 1990년대 후반에는 가공무역이 정점에 이르면서 총수입 중 가공무역 비중이 50%에 달했다. 기술과 자본이 부족했던 중국은 당시 외자유치와 기술습득을 위한 가공무역 육성이 최선의 전략적 선택이었다. 그러나 이 전략적 선택의 전환은 1990년대 말부터 이미 시작됐다. 중국정부는 1999년부터 '가공무역의 허용 제한 및 금지품목'을 관리하기 시작했고, 2000년대 들어 비효율적인 산업구조조정과 고기술, 고부가가치 산업의 수출 부가가치세 환급율을 인상했다(김진호 외, 2015: 18-20). 2001년 WTO 가입 이후에는 외국인직접투자(FDI) 유입증가 및 투자확대, 엄청난 양의 상품을 전 세계에 공급하면서 폭발적인 성장국면에 진입했다. 중국의 연평균 GDP 성장률(CAGR)은 1990년대 10.0%, 2000년대 10.4%, 2010년대 7.7%인 반면 같은 기간 미국은 3.2%, 1.9%, 2.3%로 현저한 차이를 보였다〈그림 4-1〉 참조) 또한 전 세계 제조업 수출에서 중국의 비중도 1995년 3.8%에서 2005년 미국을 추월한 후 2018년에는 16.1%로 세계 최대 수출국으로 성장했으며 독일, 미국, 일본은 1995년에 비해 모두 하락했다(〈그림 4-2〉 참조).

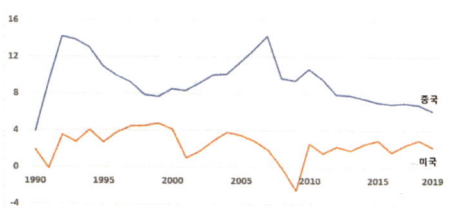

〈그림 4-1〉 중국과 미국의 연간 GDP 성장률(단위: %)

출처: World Development Indicators 통계 기초로 저자 작성

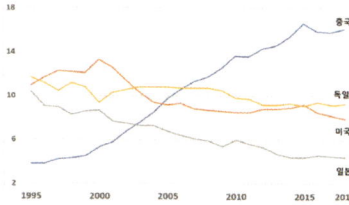

〈그림 4-2〉 전 세계 제조업 수출에서 주요국 비중(단위: %)

출처: UNIDO IAP 통계를 기초로 저자 작성

2. 글로벌 가치사슬의 진화

중국은 저부가가치 가공무역의 한계[1]를 극복하고 가치사슬 진화를 위한 산업구조 고도화 전략을 추진한 결과 GVC 중심국으로 부상했다. 미국, 일본, 독일은 2000년 각 대륙별 공급허브의 위치를 차지하고 있었으나 2017년 중국은 일본을 대체해 단순, 복잡 GVC의 허브로 부상했다. 중국은 일본, 한국, 대만 등 아시아 국가들뿐만 아니라 러시아, 브라질, 인도 등 다른 신흥국가들과도 '협력적 연결성'을 확보했다. 같은 시기 수요허브도 거의 유사한 패턴을 보여 중국은 미국에 버금가고 독일을 능가하는 중심성을 확보함과 동시에 자국 중심의 '역내 완결적 GVC'를 구축했다(WTO et al., 2019). 이를 가능케 한 요인 중 하나는 중국 내 공급망 도시들(supply chain cities)과 '혁신지역'의 발전이다. 이 공급망 도시들은 중국 특유의 '규모 중

심 전문화'로 효율성과 생산성을 높여 경쟁자를 압도할 수 있는 능력을 완벽히 보여줬다(Campbell and Doshi, 2025; Gereffi, 2009). 또한 중국기업들은 핵심부품을 중심으로 동아시아 공급업체들과 연결되고, 다른 한편 중국산 최종제조제품들을 세계시장에 출시하는 역할을 한다.

중국의 부상은 GVC 참여와 동시에 가치사슬 진화의 결과다. 중국 수출의 국내부가가치 비중(2005~2015년)은 1차(primary) 4.46%, 저기술(low-tech) 5.68%, 중상 및 첨단기술(medium high-tech)이 11.4% 상승했다. 이는 중국의 GVC 내 역할이 저기술에서 고기술 산업으로 전환되고 있음을 보여준다. 총수출에 포함된 해외 부가가치도 감소하여 최종 조립단계에서 '생산과정 전방'으로, 중간재 수입·최종재 수출에서 '원자재 수입, 중간재 수출'로 이동했음이 확인된다(이현태·정도숙, 2020). 이에 따라 중국의 GVC 참여구조도 변화했다. 2009년 이후부터 전방 참여율이 후방참여율을 상회한 것은 중국이 국내 가공 후 수출을 위해 해외에서 수입해오는 중간재보다 해외에서 가공 후 수출하기 위해 해외에 공급되는 중간재의 가치가 더 크다는 것을 의미한다[2](국제무역연구원, 2020: 20).

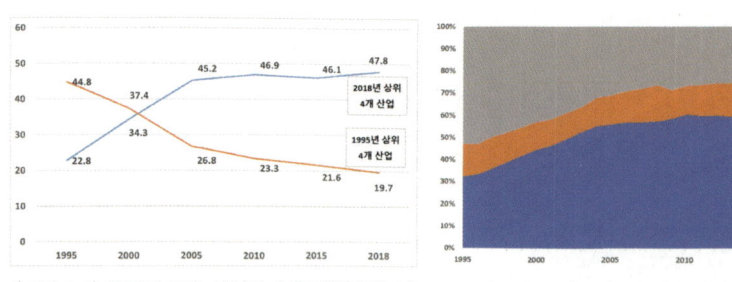

〈그림 4-3〉 중국의 주요 산업별 수출비중(단위: %) 　　〈그림 4-4〉 중국의 기술난이도별
　　　　　　　　　　　　　　　　　　　　　　　　　제조업 수출비중(단위: %)

주1: 2018년 상위 4개 산업= 통신, 기계,가전, 사무기기, 전기기기
주2: 1995년 상위 4개 산업= 의류, 직물, 가구 및 기타, 가죽 및 신발
출처: UNIDO Industrial Analytics Platform(iap.unido.org) 저자 작성.

〈그림 4-3〉은 중국의 1995년 당시 상위 4개 산업(A그룹)과 2018년 현재 상위 4개(B그룹) 산업의 수출비중 변화(1995~2018년)를 나타낸 것이다. 노동집약적 산업에 속하는 A그룹 비중은 44.8%에서 19.7%로 25.1%p 감소한 반면 B그룹 비중은 1995년 22.8%에서 47.8%로 25.0%p 증가했다. 특히 B그룹에 속한 통신산업은 같은 기간 8.2%에서 20.0%로 최고의 상승률(+11.8%p)을 보였다. 이러한 변화에도 A그룹과 B그룹에 속한 전 산업은 세계 수출비중에서 모두 1위를 차지했다. 〈그림 4-4〉는 중국의 기술난이도별 제조업 수출비중(1995~2018년)의 변화를 보여준다. 저기술(low-tech)은 52.9%에서 23.4%로 29.5%p 감소한 반면 고기술(high-tech)은 32.3%에서 62.7%로 30.4%p 증가했다. 중국은 더 이상 초기 발전단계에서 수행했던 선진국의 하청업체 역할에 머물지 않고 저부가가치 '제조대국'을 넘어 고부가가치 '제조강국'으로 도약하고 있음을 반영한 결과다. 즉 중국은 전 세계 GVC의 구조 재편을 주도하는 '결정자(maker)'의 지위를 확보해 나가고 있다. 위와 같은 중국의 부상과 가치사슬 진화가 미국을 중심으로 한 서구 선진국 기계의 단순한 톱니바퀴 역할에서 벗어나 향후 '중국의 규칙'을 주장할 수 있다는 평가(Schuman, 2020)가 나오는 이유다.

선진 국가들의 국제노동분업 및 GVC의 지리적 확산결과, 이제 중국은 사실상 세계 유일의 '제조 강국'의 반열에 올랐다. 〈표 4-1〉은 전 세계 주요국의 제조업 생산량과 부가가치 생산량 현황이다. 전자는 제조업체의 총 매출과 같고, 후자는 총 생산에서 구매한 중간재를 제외한 값이다. 총 6개국이 전 세계 총 생산량의 3% 이상을 생산하지만 선진 산업경제가 3개국(미국, 일본, 독일)이고 나머지는 신흥 경제국가들(중국, 인도, 대만)이다. 중국의 점유율은 미국의 3배, 일본의 6배, 독일의 9배에 달한다. 중국의 총 제조업 생산량은 다음 순위의 9개 국가의 생산량 모두를 합친 것보다 많다. 예전 '제조업 왕'이 마지막으로 왕좌에서 밀려난 시기는 1차 세계대전 직전 미국이 영국을 추월했을 때다. 미국이 새로운 왕좌 자리에 오르는데 약 한 세기가 걸렸지만, 중국과 미국의 자리바꿈은 약 15년~20년 사이에 이뤄졌다. 따라서 중국의 세계 최고 제조업 국가로의 성장은 역사상 전례 없는 충격적 '사건'이다. 중국은 1998년에 독일을, 2005년에 일본을, 2008년에 미국을 차례로 추월했다. 그 이후로도 중국의 세계 점유율은 두 배이상 증가한 반면, 미국의 점유율은 3%p 하락했다. 1995년 세계 제조업에서 중국이 차지하는 비중은 3%에 불과했지만 2020년 20%로 증가했다(Baldwin, 2024).

〈표 4-1〉 세계 주요 제조업 국가들의 세계 비중: 2020년(단위: %)

구분	중국	미국	일본	독일	인도	한국	이탈리아	프랑스	대만	영국	Row
총생산량	35	12	6	4	3	3	2	2	2	-	31
부가가치	29	16	7	5	3	3	2	2	-	2	31

*자료: OECD TiVA database, 2023 업데이트
출처: Baldwin, R.(2024) 데이터를 토대로 작성

중국의 경제모델 및 글로벌 가치사슬 참여방식의 진화는 대략 3단계를 거쳐온 것으로 요약된다(Ilheu, 2020; Gereffi et al., 2022). 1단계는 개방 이전 시기로 중국은 생산수단의 전면 국유화, 사회주의 블록경제에 갇힌 폐쇄경제, 중공업 투자, 수입대체를 위한 경공업 등 주로 소련 경제모델을 따랐다. 이러한 정책들은 경제적 측면에서 실패했고, 냉전 시기 중국의 연결성은 정치적 · 지리적으로 상당히 제한됐다. 2단계는 1978년 12월 덩샤오핑(鄧小平)의 개혁 · 개방 정책 발표 이후로 농업의 탈집중화, 외국인 투자개방, 내국인 창업허가 조치가 이뤄졌고 대외적 연결성도 사회주의 블록경제를 넘어서기 시작했다. 중국은 주요 지역에 경제특구를 만들어 초국적 연결성을 '예외 공간(space of exception)'을 확대해 갔으며 경공업 중심의 수출지

향적 제조산업에 집중했다. 이 시기 중국의 경쟁력은 저임금, 내륙지역에서 연안지역으로 대규모 노동력 이주, 규모의 경제, 풍부한 천연자원 등이다. 1990년 후반까지 중국 수출의 약 절반은 외국인투자기업이 차지했고 WTO 가입은 중국의 GVC 통합능력과 초국적 연결성 구축 속도를 더욱 가속화시켰다. 3단계는 2008년 이후로 글로벌 경제위기는 수출주도의 경제모델에 대한 문제인식과 함께 내수 중심의 경제로 구조 전환하는 계기였다. 국가적 산업 목표도 선진 제조업, 토착혁신 및 중국중심의 세계화 모델 구현으로 진화했다. 즉 현재 중국은 내부적 경제역량을 토대로 외부적 연결성을 높여 궁극적으로 자국의 GVC 중심성을 높이는 전략을 선택했다.

중국의 부상은 가치사슬 업그레이딩의 결과이며 이는 기존 세계화와 GVC 모델의 새로운 재편을 추동하는 핵심적 요인이다. 게리 제레피가 중국 가치사슬의 업그레이딩 과정과 내용을 분석한 결과에 따르면, 중국의 가치사슬 업그레이딩 프로세스는 중앙정부가 '기둥'을 제시하고 지역 단위에서 투자, 인적자본, 민관협력의 정책수단을 통해 실행된다. 중국의 가치사슬 업그레이딩은 5개 영역에서 체계적이고 성공적으로 이행됐다(Gereffi et al., 2022: 11-13). 첫째, 공정 및 제품 업그레이딩으로 주로 제조업의 생산 효율성 향상, 노동문제, 품질관리 및 테스트에 초점을 맞췄다. 공정 업그레이딩은 스마트공장 운영 및 제조시스템 포함한다. 둘째, 기능 및 시장 업그레이딩은 해외시장과 내수시장 모두를 겨냥한 '이중전략'의 일환이다. 마케팅 및 판매에서 새로운 역량을 개발하고 알리바바(Alibaba)와 같은 플랫폼 기업의 성장은 소규모 제조업체를 잠재적 시장과 직접 연결했다. 셋째, 부문간 업그레이딩은 기본 기술 역량을 활용하여 새로운 신흥부문으로 발전시키는 것이다. 배터리업체가 전기자동차를 생산하고(예: BYD), PC 부품 제조업체들이 스마트폰 부품 공급업체로 성장했다. 넷째, 더 높은 가치산업

으로 업그레이딩은 산업용 로봇, 의료기기, ICT를 포함한 첨단기술 가치
사슬에 직접 진출하는 것이다. 이 기업들의 R&D 집약도는 해외 최고 수준
의 기업들과 유사한 수준이다. 마지막으로 고부가가치 서비스로의 기능적
업그레이딩은 '디지털 중국 부상'의 결과다. 중국 디지털 플랫폼은 제조업
가치사슬을 제공하며 빠르게 성장했다. 알리바바와 세인(Shein)같은 유통플
랫폼은 다운스트림 전자 상거래와 업스트림 제품설계 및 개발에서 광범위
한 서비스를 제공한다. 소위 '중국형 플랫폼 기반 제조업'이 고부가가치화
및 기능적 업그레이딩을 선도했다.

3. 애플과 중국 가치사슬의 진화

애플의 아이폰은 전 세계 판매량의 90% 이상을 중국에서 생산하는
GVC의 상징적 제품이다. 몇 가지 아이폰 모델을 중심으로 가치의 배분구
조와 변화를 확인하면 주목할만한 시사점을 발견할 수 있다. 애플은 제품
디자인, 연구개발 그리고 유통 및 마케팅에 기능적으로 특화하여 스마일
곡선 양쪽에 집중해 왔다. 제조는 미국 외 지역에서 이루어진다. 2010년
출시된 아이폰 4 모델의 총 재료비(투입물)는 약 187.5달러로 한국 80.05달
러, 미국 24.63달러, 독일 16.08달러 그 외는 세계 다양한 국가들에서 중간
재를 조달했다. 최종재를 조립·생산하는 중국 내 조립비용은 6.54달러로
이는 소매가격(600달러)의 약 1%, 공장 출고가(194.04달러)의 3.4%에 불과했
다. 반면 총 부가가치 중 유통 90달러, 애플은 269달러를 가져갔다(OECD,
2011). 2016년에 출시된 아이폰 7 모델은 공장 출고가 237.45달러 중 중국
에서 벌어들인 부가가치는 여전히 전체 가치의 3.6%(8.46달러)로 매우 낮았

고 여기에는 중국 회사가 공급한 배터리와 조립에 사용된 인건비가 포함된다. 나머지 228.99달러는 중국 외 다른 곳에서 발생했다.[3] 이 모델의 소매가격 중 애플의 총 이익은 283달러에 달했다(Dedrick et al., 2018). 결과적으로 애플의 GVC 구조 내에서 중국은 노동조건이 열악하고 임금이 낮은 많은 일자리를 얻지만 부가가치의 대부분은 미국을 비롯한 다른 국가 및 기업들에 귀속된다.

애플의 부가가치 배분구조에서 보듯, 최종재만을 기준으로 무역수지를 계산하면 심각한 오류가 발생한다. 예를 들어 중국에서 아이폰을 조립·생산하여 미국으로 수출할 경우 미국은 중국이 갖는 부가가치뿐만 아니라 다른 국가에서 창출돼 중국으로 들어온 부가가치까지 수입금액에 포함할 수 있다. 이러한 전통적 계산방식은 국가별 부가가치 무역의 실체를 제대로 반영할 수 없다. GVC 무역의 확장은 기존 선진국의 첨단제품을 개발도상국으로 수출하는 것이 아니라 글로벌 생산네트워크와 고도로 전문화된 생산공정을 갖춘 중국과 같은 개발도상국들이 제품을 수출하고 선진국들은 이 첨단제품을 수입하는 무역패턴으로 역전시켰다(Xing and Detert, 2011). 애플이 미국에서 아이폰을 제조하지 않는 이유는 낮은 인건비뿐만 아니라 더 중요한 동기는 애플에 투입되는 수백 개의 부품을 공급하는 업체들이 북미가 아닌 동아시아에 있기 때문이다(Gereffi, 2014: Dedrick et al., 2008). 예를 들어, 애플이 중국을 떠나 미국에서 아이폰을 생산을 원한다면 최종 조립공장의 이전 문제보다 오랜 기간동안 최적화된 애플의 공급사슬 전체 재편해야 하는 과제가 남는다.

아이폰을 비롯한 중국 스마트폰 산업은 중국 내 가치사슬의 진화 수준을 두 가지 차원에서 보여준다. 우선 애플 GVC 내에서 중국이 차지하는 부가가치 비중이 꾸준히 높아졌다. 2017년 출시된 아이폰X는 중국 기업들이 그동안 단순 조립을 넘어 상대적으로 기술적 정교함이 개선되었음을 확인시켜줬다. 무엇보다 중국기업들의 참여와 기술수준이 눈에 띄게 개선 됐다. 가장 주목할 만한 점은 중국의 선도적인 배터리 제조업체인 선워다 (Sunwoda)가 아이폰X 배터리 팩 공급업체로 지정된 것이다. 커센 테크놀로 지(Kersen Technology)와 렌즈 테크놀로지(Lens Technology)는 각각 스테인리스 프레임과 유리 뒷면 커버의 공급업체다. 또한 크리스탈 옵텍(Crystal Optech) 은 새로운 안면 인식 시스템의 핵심 부문인 3D 감지 모듈 필터를 제공한 다. 이외에도 스피커, RF 안테나, 무선 충전기용 코일, 카메라 모듈 등은 중 국업체인 괴르텍(Goertek), 선전 선웨이(Shenzhen Sunway), 럭스쉐어(Luxshare), O-film10 등이 공급했다(Xing and Huang, 2021).

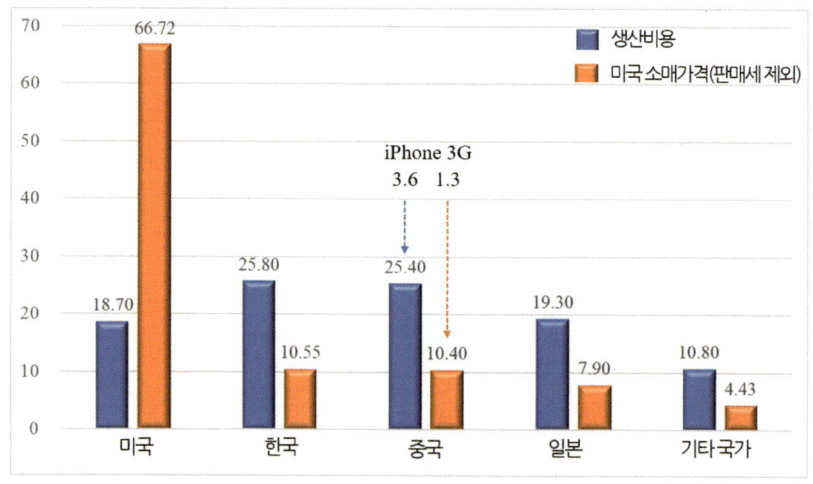

〈그림 4-5〉 아이폰X의 국가별 부가가치 점유율(단위: %)

출처: Xing, Y. and Huang, S.(2021). p. 262 데이터를 토대로 수정·보완

〈그림 4-5〉는 아이폰X의 국가별 부가가치 비중의 차이를 보여준다. 생 산비용(제조원가) 기준으로 보면 한국이 25.8%로 가장 높은 점유율을 보였

고 다음으로 중국이 25.4%로 한국과 거의 동일했다. 일본과 미국은 각각 19.3%, 18.7%, 기타 다른 국가들의 비중은 10.8%에 그쳐 이 모델은 한국, 중국, 일본, 미국 4개국이 전체 제조비용의 약 90%를 차지했다. 그러나 미국 소매가 기준으로 보면 미국 점유율이 66.7%로 매우 높은 비중을 차지하는 반면 중국 비중은 10.4%로 대폭 떨어진다. 즉 아이폰을 한 대를 판매하면 총 부가가치의 거의 70%는 미국이, 제조를 담당하는 중국은 10%만 가져간다는 의미다. 가치사슬 진화의 관점에서 보면, 2008년 출시한 아이폰 3G 모델 대비 2017년 아이폰X의 중국 부가가치 점유비중은 상당히 높아졌다. 아이폰 3G 모델에서 중국이 가져가는 부가가치 비중은 생산비용 기준 3.6%, 소매판매가 기준 1.3%에 불과했다. 이와 같은 아이폰 생산에서 중국의 부가가치 비중이 높아진 가장 큰 이유는 노동비용의 증가보다 중국 내 중간재 조달비중이 높아졌기 때문이다. 가치사슬 진화의 다른 지표는 중국 기업들이 선진 기술개발과 함께 강력한 자체 브랜드화에 성공함으로써 스마일 곡선 내 가치사슬 업그레이딩에 성공한 것이다. 샤오미(Xiaomi), 오퍼(OPPO) 등 중국 스마트폰 업체들은 중국의 거대한 소비시장 기반으로 중저소득층 고객 선호를 파악하여 모듈형 생산시스템과 기술 플랫폼의 가용성을 활용했다. 이들 업체들은 자체 브랜드를 개발하여 기술적 불리함을 극복하면서 외국 스마트폰 경쟁업체들을 '따라잡기' 시작했다.

4. 첨단 산업화를 위한 국가적 혁신

중국이 특정 첨단기술의 우위를 달성한 핵심적인 이유는 무엇인가? 무엇보다 중국 특유의 제조 및 생산능력과 촘촘한 가치사슬로 연결된 제조업

생태계에 주목해야 한다(Wang, 2023). 중국은 국내로 진출한 선도적 기술 보유 외국기업의 기술을 직접 학습할 수 있는 기회가 많았고, 중국 노동자들 역시 세계 최고 수준의 제조공정에 지속적으로 노출돼 숙련을 높였다. 다른 한편 중국은 숙련된 인력과 공급업체를 기반으로 생산규모를 거의 무제한으로 확장해 나가며 GVC 장악력을 키웠다. 이러한 중국의 '숨겨진 기술혁명'은 미국이 가치사슬 스마일 곡선 양쪽에 자원과 역량을 집중적으로 투입하며 중간부분 제조역량을 크게 축소한 것과 대조적이다. 그 결과 미국은 2000년 이후 약 500만개의 제조업 일자리(제조인력의 1/4)가 사라졌고 제조공정 지식을 거의 잃어버렸다. 반면 중국은 최고 수준의 공정 지식에 기반해 새로운 산업역량을 높여 전략 기술분야에서 미국과 선진국을 '추격' 그리고 일부 산업에서는 이미 '추월'했다.

　미국은 세계 제조업의 중심성을 '회수'하고 중국의 첨단 제조업 발전을 '저지'하기 위해 중국 산업정책을 '모방'하고 있다. 대표적인 신재생에너지 산업인 태양광 패널 제조는 중국 제조업의 특성을 잘 보여준다. 1970년 미국 지미카터(Jimmy Cater)대통령은 태양에너지 개발 의지의 상징으로 백악관 옥상에 태양광 패널을 설치했다. 1990년대 일본은 주택 소유자의 태양광 패널 설치에 획기적인 보조금을 지급했으며 2000년대 독일은 태양광 발전시스템을 채택한 소비자에게 전기를 판매하여 이익을 얻을 수 있는 혁신적인 프로그램을 개발했다. 그러나 중국의 지원규모와 정책의 지속성에 근접한 국가는 없었다(Cohen et al., 2024). 이유는 생산에 있었다. 중국은 전 세계 청정에너지 제조 투자의 85%(2022년 기준)를 차지했다. 현재 중국은 태양광 패널 제조의 모든 단계에서 세계 생산량의 80% 이상을 통제해 사실상 이 산업의 GVC를 거의 완벽히 장악했다. 서구 선진국 기술을 따라잡기 위해 노력했던 중국이 이제 이들을 추월하여 GVC 중심성을 확고히 유지하고 있다. 반면 미국, 유럽 및 선진국들은 '중국의 성공'을 따라잡기 위해 자국 기업에 막대한 보조금을 지급하고 중국 제품을 차단하기 위해서 각종 조치들을 구상하고 실행한다. 이른바 산업정책의 '역수렴' 현상이 벌어지고 있는 셈이다.

중국 가치사슬의 진화는 R&D 지출 규모에서도 그대로 드러난다. 중국 정부는 2015년부터 첨단제조업 육성을 위한 이니셔티브를 본격적으로 추진하면서 첨단산업 R&D의 예산 지출을 대폭 확대했다. 2005년 글로벌혁신 1000대 기업조사를 처음 발표했을 때 중국기업은 단 8개에 불과했으며 R&D 지출액도 미미한 수준이었다. 그러나 2018년에는 145개 중국기업이 R&D 지출 상위 1,000대 기업에 포함됐으며, 이들의 혁신 지출은 전년 대비 34.4%나 증가했다. 이 수치는 1000대 기업의 전체 증가율 대비 무려 3배에 해당한다. R&D 지출분야도 소프트웨어, 인터넷, 자동차, 컴퓨팅 및 전자제품 등에서 큰 비중을 차지하고 있다(Jaruzelski et al., 2018). 〈그림 4-6〉은 주요국의 GDP 대비 R&D 지출액 비중을 나타낸 것이다. 2000년에는 일본 2.86%, 미국 2.62%, 유럽 1.68%, 중국 0.89%로 중국이 가장 낮았으나 2021년 현재 중국은 2.43%로 유럽(2.16%)을 추월했고 미국(3.46%)과 일본(3.30%)과도 격차를 줄였다. 그러나 가파른 증가 속도를 감안하면 멀지 않아 미국과 일본 수준에 도달할 것으로 보인다. 〈그림 4-7〉은 R&D 총 지출액 규모를 보여준다. 중국은 2005년 독일, 2009년 일본, 2014년 유럽을 연이어 추월했고 2021년 현재 미국 수준에 거의 근접해 있다.

글로벌 혁신지수(GII: Global Innovation Index)는 132개 국가의 혁신생태계 성과를 평가하여 전 세계 소득그룹·지역별 순위를 제시하는 지표다. 주요 평가항목은 제도, 인적자본 및 연구, 시장 고도화, 기업 고도화, 지식 및 기술성과, 창의적 성과 등 7개다. 2007년 미국은 1위, 독일 2위, 일본 4위, 한

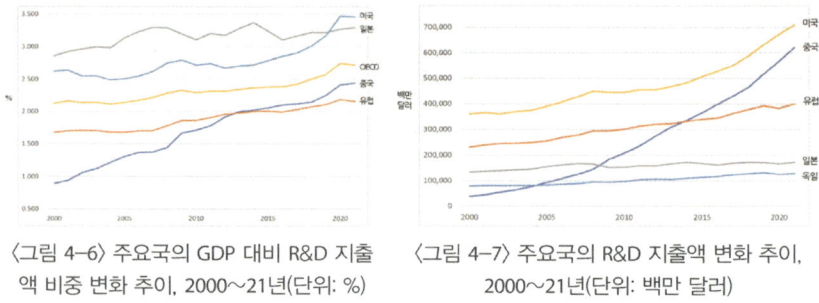

〈그림 4-6〉 주요국의 GDP 대비 R&D 지출
액 비중 변화 추이, 2000~21년(단위: %)

〈그림 4-7〉 주요국의 R&D 지출액 변화 추이,
2000~21년(단위: 백만 달러)

출처: OECD, Gross domestic spending on R&D(http://data.oecd.org).

국 19위 그리고 중국은 29위로 격차가 상당했으나 최근(2024년 기준) 평가
결과를 보면, 중국이 11위로 도약한 반면 일본은 중국보다 낮은 13위로 떨
어졌다. 중국의 영역별 혁신지수 순위를 살펴보면, 제도가 44위로 가장 낮
고, 인적자본과 연구도 22위에 머물렀다. 시장고도화(16위), 기업고도화(11
위), 창의적 성과(14위)는 양호한 수준을 보였으며 인프라(5위)와 지식 및 기
술성과(3위)는 세계 최고 수준에 도달해 있다(WIPO, 2024).

　세계 제조업에서 중국의 압도적인 우위는 미래에도 지속될 전망이다. 지
난 수십년 동안 개발도상국 일부 지역은 산업 부문을 확장하고 혁신을 가
속화하는데 성공한 반면, 다른 지역은 상대적으로 뒤쳐졌다. 특히 아시
아·태평양지역 국가들(중상위 소득국가에서 중국이 선두)의 제조업 부가가치
생산량은 높아진 반면 아프리카와 라틴아메리카는 훨씬 더딘 성장세를 보
였다. 다양한 산업 역학관계로 인해 특정 지역과 국가에 산업생산이 더욱
집중되고 있는 추세다. 2000년에는 고소득 국가(HIC)가 전 세계 산업생산
의 75%를 차지하며 MVA(Manufacturing Value Added) 비중이 가장 높았지만
2030년이 되면 이러한 집중도가 격변하여 중국이 전 세계 제조업 부가가
치 산업생산에서 차지하는 비중이 대폭 증가(2000년 6%→ 2030년 45%)할 것
으로 예상된다(UNIDO, 2024).

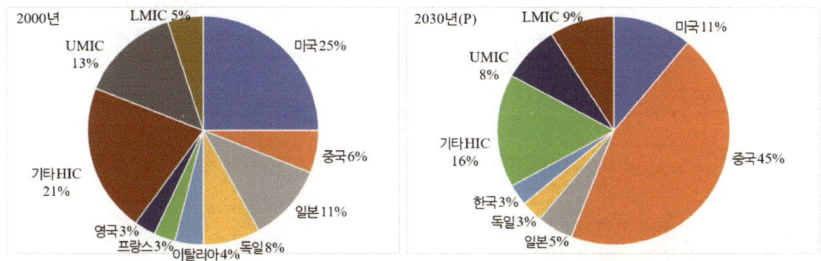

〈그림 4-8〉 세계 제조업 부가가치(MVA) 비중 및 전망(2000년 vs 2030년)

*주: HIC= 고소득 국가, UMIC= 중상위 소득국가, LMIC= 중하위 소득국가
출처: UNIDO(2024)

5장
—

미중 전략적 경쟁과
연결성의 위기

1. 미중갈등과 가치사슬 : 포스트-아메리칸 월드?

'자유무역 제국주의(free trade imperialism)'에서 '제국주의 특혜(imperial preference)'로의 순환은 반복되는가? 역사적으로 보면 19세기 영국의 무역정책은 비독점주의였다. 당시 세계 수출비중이 20%가 넘었던 영국은 자원과 시장에 대한 '우선적 접근'보다 자유무역을 추구했다. 이러한 최혜국(MFN) 또는 비차별적 자유무역 기조는 19세기 초~19세기 중반에 정점에 달했던 팍스 브리태니커(Pax Britannica)의 '자유무역 제국주의'로 정의됐다. 그러나 19세기 말 미국과 독일이 영국의 지배력을 위협하면서 영국의 무역점유율은 15% 밑으로 떨어지고 대공항을 거치면서 10%로 추락하자 '제국주의 특혜'정책과 보호무역주의 강화로 이어졌다. 2차 대전 후 미국의 무역 점유율은 20%에 달했고, 이후 세계 강대국으로 1947년 GATT 창설, 유럽경제공동체(EEC) 설립 수용, 최혜국 관세 인하를 추진하면서 팍스 아메리카(Pax America) 시대를 구가했다. 미국의 '자유무역 제국주의'는 1970년대 말 일본의 부상으로 세계무역 점유율이 15% 아래로 떨어지면서 흔들렸지만 1985년 '플라자 합의' 등의 조정으로 긴장은 완화됐다. 그러나 1990년대 후반 2000년대 들어 중국과 신흥경제국들의 급속한 경제성장은 미국의 전 세계 수출비중을 10% 미만으로 끌어내렸고 미국이 최혜국대우 정책에서 이탈하는 임계점으로 작용했다(World Bank Group, 2020). 특히 '중국의 부상'은 팍스 시니카(Pax Sinica) 시대의 도래 전망을 두고 여러 논쟁을 촉발시켰다.

이와 유사한 맥락에서 파리드 자카리아(Fareed Zakaria)에 따르면, 우리는 현재 '세 번째 권력이동(great power shift)'을 경험하고 있다(Zakaria, 2011). 첫 번째는 15세기경 '서구 세계(the Western world)의 부상'은 과학과 기술, 상업과 자본주의, 산업과 농업혁명 등 근대 자본주의를 만들어 냈다. 이는 서구 국가들의 정치·경제적 지배가 장기간 지속되는 결과를 가져왔다. 19세기 말 일어난 두 번째 전환은 '미국의 부상'이다. 미국은 강력한 산업화와 함께 초강대국의 지위로 올라섰고 탈냉전 이후까지 도전받지 않았다. 팍스 아메리카 기간 동안 세계경제는 엄청난 성장을 달성했으나 이 성장의 원동력은 세 번째 거대한 권력 이동의 흐름을 만들어냈다. 이제는 중국을 중심으로 한 '나머지(the rest) 세계의 부상'이 화두가 됐다. 이전부터 포스트-아메리카에 대한 논의는 있었지만 2008년 미국발 금융위기는 세계에서 가장 선진적이고 정교한 자본주의 형태를 운영하는 미국에 상당한 충격을 주었고, 그 영향은 상당수의 지역과 국가로 확산됐으며 결과적으로 '포스트-아메리칸 세계(post-American world)'의 도래 가능성을 앞당겼다. 이러한 위기 이후 선진국 경제는 저성장, 높은 실업률, 과도한 부채로 어려움을 겪고 있는 반면 '나머지 국가'들은 빠른 회복과 상대적으로 높은 경제성장을 구가하고 있다.

세계적인 금융·투자회사인 골드만삭스(Goldman Sachs)는 장기 세계경제 전망 관련 4가지 주요 트랜드를 제시했다(Daly and Gedmins, 2022). 우선 인구 성장률은 지속적으로 낮아져 2075년에는 거의 0에 이르고 이에 따라 경제

성장률도 둔화될 것으로 예상했다. 둘째, 아시아 강자들은 세계경제의 주도적 역할을 계속한다. 실질 GDP 성장률은 선진국과 신흥국 모두에서 둔화되지만 신흥시장(emerging market) 성장은 선진시장(developed market) 성장을 계속 앞지를 것이며 그 결과 2050년 세계 경제 5대 경제국은 중국, 미국, 인도, 인도네시아, 독일이 될 것으로 전망했다. 셋째, 미국의 잠재성장률은 대규모 신흥경제국들에 비해 낮아진다. 이는 팍스 아메리카의 종말과 '나머지 국가들'이 부상한 결과다. 마지막은 글로벌 불평등의 감소와 지역(local) 불평등의 증가다. 지난 20년간 신흥경제의 수렴(convergence)은 전 세계 소득을 보다 균등하게 분배하는 결과를 초래했다. 그러나 국가간 불평등은 감소한 반면 국가 내 소득불평등은 높아졌다. 그리고 가장 쟁점이 되는 화두인 중국경제의 미국 '추월'시기는 2035년경으로 추정했으며 인도 역시 2075년까지 미국을 추월할 것으로 전망했다.

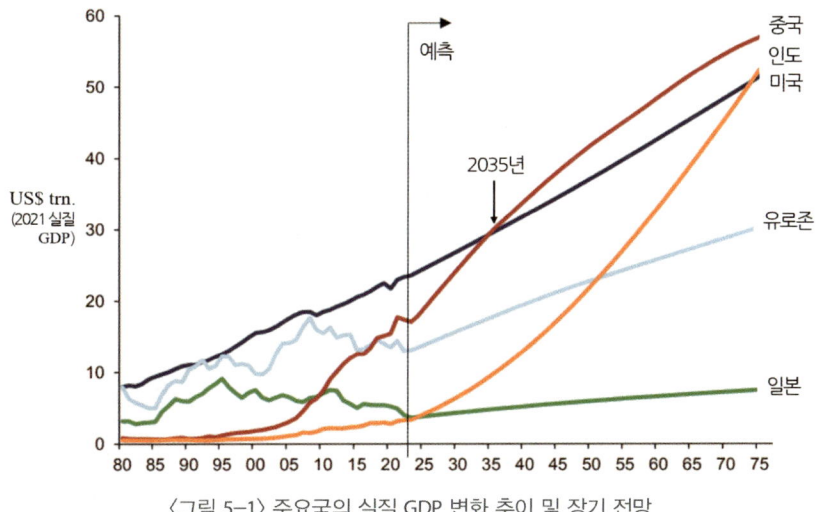

〈그림 5-1〉 주요국의 실질 GDP 변화 추이 및 장기 전망

출처: Daly, K. and Gedminas, T.(2022). p. 6.

리 싱(Li Xing)과 라울 베르날 메자(Raúl Bernal-Meza)는 현재 첨예한 미중갈등을 서로 다른 두 자본주의 내부의 '핵심 간 경쟁(intra-core competition)'으로 분석했다(Xing and Bernal-Meza, 2021). 이들에 따르면, 미중 전략적 경쟁은 자본축적 사이클의 새로운 국면에서 국가자본주의 모델이 주도하는 중국의 경쟁역학이 미국의 패권적 지위를 약화시킨다.[1] 세계경제는 끊임없이 역동적으로 변하며 각국은 위계화된 질서 속에서 자국의 위치를 높이기 위해 전력을 다하는 상호연결된 시스템이다. 차이메리카에 기초한 미중간 협력적 연결성은 2008년을 글로벌 금융위기로 전환점을 맞았으며, 2010년 전후 중국은 성장의 가치와 질을 높이는 방향으로 전략을 수정하면서 GVC 내 가치 점유율을 확대하고 스마일 곡선에서 부가가치 업그레이딩을 지향하는 '신성장모델'을 본격적으로 추진했다. 중국의 신성장모델은 미중 경제관계를 '상호보완'에서 직접적인 '경쟁관계'로 전환시켰고 무역 및 기술전쟁의 직접적 원인이 됐다(Li, 2020: 12). 자본주의 내 핵심국가 간 경쟁은 단기간에 해소될 문제가 아니며 향후 장기간 새로운 세계질서 궤도형성에 영향을 미칠 것이다.

브랑코 말라노비치(Branko Milanovic)는 미중갈등을 미국의 '자유주의적 자본주의(liberal meritocratic form of capitalism)'와 중국의 '국가자본주의(state-led, political model of capitalism)' 사이의 충돌로 정의한다(Milanovic, 2019). 양대 패권지향 국가들은 냉전 해체와 현실사회주의 몰락 이후 '홀로 선 자본주의(capitalism alone)'하에서 강렬하고 때론 파괴적인 경쟁을 반복한다. 냉전 이후 자본주의의 '보편적 승리' 선언에도 불구하고 경쟁은 끝나지 않았으며 이제 '자본주의 다양성' 사이의 투쟁이 격화되는 양상을 보인다. 말라노비치는 미중 경쟁을 두 가지 별개의 자본주의 경제유형, 즉 자유시장 자본주의와 국가자본주의 사이의 경쟁으로 개념화했다. 두 경제는 서로 밀접하게 얽혀 있지만 다른 유형이기 때문에 항상 긴장상태를 유지한다. 자유시장경제는 재화와 용역생산이 주로 민간에 의해 이뤄지고 생산의 결과물은 성과에 따라 배분한다. 대부분 자본은 사적 소유이며 생산은 분산된 방식으로 조정된다(미국). 반면 국가자본주의는 높은 경제성장에 특권을 부여하고 정치 엘리트들에게 더 높은 수준의 자율성을 부여한다(중국). 이 두 가지 자본주의 모델의 '연결과 마찰'은 자본주의와 '대안적 체제' 사이의 경쟁이 아니라, 자본주의 세계경제 내 경쟁을 지속시킨다(Milanovic, 2020).

2. 신기술민족주의 부상

미중 전략적 경쟁은 신기술민족주의(New techno-nationalism)에 기반하고 있다. 신기술민족주의는 기술혁신과 능력을 국가의 안보, 경제적 번영 및 사회적 안정과 직접적으로 연결시키는 중상주의적 사고의 새로운 유형이다(Carpi, 2019; 2020; Luo, 2022). 중국이 정부부처·공공기관에 외국산 컴퓨터와 소프트웨어 사용을 금지하는 것, 미국이 중국의 거대 통신사 화웨이의 기술 채택 방지를 위한 전 세계적인 캠페인과 수출통제조치를 취하는 것 모두 신기술민족주의의 결과다. 이는 밀라노비치가 주장하는 서구의 자유시장주의 모델과 중국의 국가자본주의 모델 간 소위 '자본주의 내 체제경쟁'시대를 반영한다. 즉 이념적 가치와 차이가 경쟁적인 기술민족주의 정책의 채택을 가속화한다(Carpi, 2019). 자유시장주의자들은 국가 산업정책을 비효율적이라 생각하고 항상 국가의 시장개입 정책을 우려했다. 이들은 '보이는 손'이 자원을 비효율적으로 배분하고 계획경제를 부패와 지대추구, 심각한 시장 왜곡의 주범으로 본다. 그러나 자유시장주의 모델은 중국의 국가자본주의 모델이 '부상'을 넘어 자유시장주의 모델을 '위협'하자 국가의 전략적 산업정책 선호하기 시작했다. 특히 기술이 국가안보 및 지정학적 이익에 직접 연계되면서 국가의 산업정책은 안보정책과 융합됨과 동시에 경쟁국의 기술적 진보를 저지하는 수단이 됐다.

〈표 5-1〉 전통적 기술민족주의와 신기술민족주의

구분	전통적 기술민족주의	신기술민족주의
세계화를 향한 시각	지역 경제를 향상시키는 중요한 수단으로 세계화를 수용	세계화를 비난하고, 특히 경쟁국가 관련 기술 유입 및 유출을 제한
지배적인 논리	발전 목표	국가 안보
전략적 의도	국내 산업의 경쟁력 강화	경쟁국의 해외 산업경쟁력 약화
경제적 가정	슘페터주의적 관점, 국가의 성공은 기술 혁신과 확산에 따라 결정된다는 가정	제로섬 경쟁, 목표 국가들과의 체계적 경쟁을 가정하고 경제적 상호의존과 잠재적인 공동경쟁의 시너지 효과 무시
R&D에서 국가의 역할	국가 R&D 노력과 효과는 국가 전체적 성장, 지속 가능성, 번영 및 경쟁력의 핵심 동인	자국의 R&D 노력과 경쟁력 촉진보다 경쟁국의 혁신과 경쟁력 약화에 초점
영토적 배타성 (exclusivity)	영토-국민국가 내에서 정책이 제한	치외법권—일부 제재는 제3국 기업이 대상 국가에서 사업 제한
정책분야	주력 제조업	ICT, 디지털화, 서비스, 금융 및 사람들의 흐름뿐만 아니라 산업의 광범위한 목록

출처: Luo, Y.(2022). p. 557.

〈표 5-1〉은 전통적 기술민족주의와 신기술민족주의의 특성을 설명한 것이다(Luo, 2022). 이 두 가지 시각은 개념상 동일한 기술민족주의로 통합되지만 내용적으로 보면 상당한 차이를 보인다. 우선 세계화를 보는 시각 자체가 상이하다. 전통적 기술민족주의는 세계화가 경제발전에 기여한다는 점을 수용하는 반면 신기술민족주의는 세계화를 비난하고 특정 국가에서 다른 국가로의 기술 유입과 유출 모두를 제한한다. 전략적 의도도 전자는 국내 산업의 경쟁력을 강화인 반면 후자는 경쟁국이 해외 산업에서 경쟁력

을 가질 수 없도록 저지하는데 일차적인 초점을 맞춘다. 경제적 가정도 다르다. 전자가 슘페터주의적(Schumpeterian) 관점에서 국가의 성공은 혁신적 기술의 개발과 확산에 따라 결정된다고 보지만, 후자는 다른 목표 국가들과의 체계적 경쟁을 가정해 경제적 상호의존과 그에 따른 시너지 효과를 무시하는 '부정적 상호주의(negative reciprocity)'를 따른다.

두 관점 모두 국가의 연구개발 역할을 모두 강조하지만 전통적 기술민족주의가 국가의 전반적인 경제성장과 경쟁력 강화에 초점을 맞추는 반면 신기술민족주의는 경쟁국의 혁신과 경쟁력을 약화시키는데 중점을 둔다. 이는 제로섬적 경쟁에 기반을 둔 '공격적 산업정책'의 일환이다. 정책의 영향 범위에서 전자는 주로 영토 내 범위에 한정되지만 후자는 일부 제재의 경우 제3국 기업이 대상국가에서 사업을 수행하는 것마저 제한하여 범위가 상당히 확대될 수 있다. 정책분야도 전자는 국내 주력 제조업을 대상으로 하는 반면 신기술민족주의는 제조업을 비롯하여 ICT, 금융 등 광범위한 산업분야를 포괄한다는 점에서 다르다. 덧붙여 전통적 기술민족주의는 과거 개발도상국의 산업화 과정에서 주로 볼 수 있지만, 신기술민족주의는 기술과 경제의 국가 안보화를 강조하는 선진국에서 채택한다. 국제정치이론적으로 볼 때 신기술민족주의는 정치적 현실주의론에 입각한 패러다임과 연결된다. 이 관점에 따르면 국제무대의 주요 행위자들은 자국의 안보와 이익을 배타적으로 추구하며 권력을 위해 투쟁하는 국가다. 따라서 국제정치는 잠재적 갈등을 특징으로 하는 '정의(justice) 없는 영역'이다.

이러한 신기술민족주의는 다음과 같은 '오해'에 기반하고 있다는 비판을 받는다(Luo, 2022). 우선 제로섬 관계를 전제하고 있지만 GVC는 기술적 상호의존성을 토대로 국가간 기술보완성을 발생시킨다. 또한 신흥경제국을 기여자가 아닌 단순한 기술후발국으로 인식하는 것도 문제로 지적된다. 즉

이 관점은 신흥시장의 주요 기업들도 글로벌 혁신가의 역할을 수행할 수 있다는 점을 간과한다. 자유시장주의 모델과 국가자본주의 모델 간 대립 전제 역시 중국 내 민간기업의 비중도 상당하다는 점에 주목해야 하며, 자국의 초국적 기업 기술이 해외로 이전될 때 대상 국가로부터 보상을 받지 못한다고 가정하지만 이는 초국적 기업의 지배력을 과소평가한 결과다. 마지막으로 신기술민족주의 정책 채택은 자국 기업의 피해와 대상국가의 무역 보복으로 '상호파괴적 효과'를 보일 수도 있다. 결론적으로 신기술민족주의는 GVC의 불안정성을 높이고 비효율적 재편을 강요해 세계경제의 불확실성을 심화시킬 수 있다. 이런 신기술민족주의 르네상스의 원동력은 팬데믹 이후 기존 GVC 복원력에 대한 우려와 반도체를 비롯한 핵심 기술산업을 국가안보의 근간으로 인식하는 경향, 무엇보다 경쟁하는 두 자본주의 모델에 의한 지정학적 긴장 심화로 기술의 시장적 '흐름' 제한 등이다(Yeung et al., 2023).

3. 신자유주의 파산선고와 뉴워싱턴 컨센서스

워싱턴 컨센서스(Washington Consensus)는 1980년대 미국의 '레이거니즘(Reaganism)'과 영국의 '대처리즘(Thatcherism)'이라 불리는 정책기조로, 그 기원은 존 엘리엄슨(John Williamson)이 남미를 비롯한 개발도상국의 경제성장을 위한 자유시장 경제 기반 개혁처방이다(Williamson, 1989). 1980년대 남미의 경제위기, 1990년대 전후 현실사회주의의 붕괴 및 중국의 '체제전환', 1995년 WTO 체제 출범과 2000년대 '차이메리카'까지 미국중심의 자본주의 세계화는 거역할 수 없는 대세로 인식됐다. 워싱턴 컨센서스의 핵심

정책은 정부의 역할과 시장개입을 최소화하는 '작은 정부', 시장의 자율성과 자본시장의 '자유화', 외환시장 개방을 포함한 '탈규제화', 공공의 역할을 축소와 '사유화'로 압축할 수 있다. 보다 구체적으로 윌리엄슨이 제시한 10가지 처방은 긴축재정, 공공투자의 우선 순위 재편, 세제개혁, 금리자유화, 경쟁력 있는 금리, 무역자유화, 외국인직접투자 자유화, 국유기업의 사유화, 규제완화, 경제발전과 투자의 핵심요소인 지식재산권 보호 등이다(Williamson, 2004: 196). 워싱턴 컨센서스의 이론적 토대는 비교우위론으로 한 국가 또는 기업이 비교우위에 있는 상품과 서비스를 교환하면 '원-윈 무역'을 달성할 수 있다는 전제다. 이와 같은 워싱턴 컨센서스는 WTO, 지역무역협정 체결을 가속화해 전 세계의 상품무역 흐름을 촉진했다.

워싱턴 컨센서스는 2001년 중국의 WTO 가입으로 정점에 달했다. 특히 미국은 중국의 WTO 가입을 지원함으로써 세계경제통합의 완성을 추구했다. 그러나 트럼프정부에서 제출된 '중국에 대한 미국의 전략적 접근(United State Strategic Approach to The People's Republic of China)' 내용을 보면, 중국이 GVC 중심으로 부상할 수 있는 계기가 되었던 WTO 가입지원에 대한 '배신감'이 그대로 드러난다. 이 시각에 따르면, 수십년 동안 중국은 자유무역을 위한 개혁추진은 지지부진했던 반면 자유롭고 개방적인 질서를 활용해 국제시스템을 자국에 유리하도록 재구축했다. 또한 중국의 국가주도의 보호무역은 미국기업과 노동자를 해치고 글로벌 시장을 왜곡했으며 환경오염의 국제기준 위반도 지적됐다. 결과적으로 WTO 가입 승인 때 약속했던 자유시장 원칙에 기반한 무역시스템 약속을 위반했고 WTO 회원 이점을 통해 세계 최대 수출국이 됐다고 비판했다(The White House, 2020). 한스 피터 마르틴(Hans-Peter Martin)은 중국이라는 '거대 제국'이 곧 전 세계를 주도하는 광경을 목격할 것이며, 중국 지도부가 옛 중국 왕조의 발자국을 따르는 현재 상황을 거스를 수 없을 것이라고 평가했다. 미국을 비롯한 서구의 정치지도자들은 중국의 WTO 가입으로 중국이 "통제 가능한 규칙으로 만들어진 코르셋"을 입을 것으로 기대했지만 중국 지도자들은 국가자본주의를 오히려 강화하면서 독창적이고 성공적인 모델을 구현해 냈다(마르틴, 2020: 139).

뉴워싱턴 컨센서스(Washington Consensus)는 기존 워싱턴 컨센서스 기반 세계질서를 '갱신(renewal)'하고자 하는 미국의 새로운 전략적 기조를 함축하는 개념이다.[2] 2023년 4월 27일은 자유시장 자본주의의 심장부인 미국에서 신자유주의의 파산선고를 이루어진 의미있는 날이다. 이날 미국 국가안보보좌관 제이크 설리번(Jake Sullivan)은 브루킹스연구소 연설에서 뉴워싱턴 컨센서스를 미국의 새로운 세계전략으로 제시했다(Sullivan, 2023). 이 연설은 향후 미국의 정치, 경제, 외교, 군사정책 추진의 청사진을 공식화했다는 평가를 받았다. 설리번은 신자유주의를 추진한 결과 미국이 직면한 4가지 근본적인 도전을 강조했다. 우선 미국은 산업 기반의 붕괴로 산업공동화가 심각한 수준에 이르렀다. 그동안 미국이 추진했던 정책의 가정은 시장은 항상 생산적이고 효율적으로 자본을 배분한다는 것이지만 그 결과 현재 미국은 전략 상품의 전체 공급망과 이를 생산하는 산업 및 일자리의 해외 이전으로 어려움에 처한 상태다. 국가 혁신능력을 결정하는 산업역량은 미국발 글로벌 금융위기와 팬데믹 충격으로 한계를 드러냈다. 두 번째 도전은 지정학적 경쟁의 심화다. 세계경제통합은 더 평화롭고 협력적 관계를 형성하고 규칙기반 질서가 잘 작동할 것이라는 전제로 추진됐다. 그러나 비시장 경제(non-market economy)가 세계경제 질서에 통합되면서 상당한 도전을 제기했다. 중국은 전통적인 산업분야뿐만 아니라 미래 핵심 첨단산업에 대한 막대한 규모의 보조금으로 시장질서를 위협하는 존재로 부상했다.

중국과 러시아는 시장질서에 협력적인 국가가 못됐고 공급망 취약성, 경제적 의존성 자체도 위기에 빠졌다. 세 번째 도전은 기후위기와 정의롭고 효율적인 에너지 전환의 시급한 필요성이다. 미국정부의 노력에도 불구하고 안정적이고 저렴한 청정에너지의 공급은 기대에 못 미쳤다. 청정에너지 경제구축은 새로운 성장의 기회로 실질적인 '국가 투자전략'의 필요성을 강조했다. 마지막으로 불평등과 그로 인한 민주주의 훼손 문제다. 무역을 통한 포용적 성장, 즉 무역의 이익이 국가 내에서 광범위하게 공유될 것이라는 가정은 사실상 실패했다고 봤다. 이익은 소수가 독점했고 노동자들에게 제대로 분배되지 않았을 뿐만 아니라 산업공동화는 가속화됐다. 이러한 문제의 원인은 낙수효과 경제정책, 즉 퇴행적 감세, 공공투자의 대폭적인 삭감, 무분별한 기업집중, 미국 중산층을 형성에 기여한 노동운동의 약화 조치 등이다. 그리고 이른바 '차이나 쇼크(China shock)'가 미치는 영향을 제대로 예측하지 못했고 그에 따라 적절한 대응이 이루어지지 않아 민주주의의 기반이 되는 사회경제적 토대를 악화시켰다고 진단했다.

설리번은 위와 같은 도전의 극복을 위한 4단계 정책 대응을 제시했다 (Sullivan, 2023). 첫 단계는 산업혁신 전략을 위한 새로운 국내 기반을 마련하는 것이다. 새로운 산업역량은 장기적인 성장의 토대가 되는 전략적 분야에 '공공투자'를 집중적으로 실행하고 공급망의 회복력과 안보를 확보하는 것이다. 두 번째 단계는 동맹국과 협력하여 이들 국가들도 혁신역량, 회복력, 포용성을 구축할 수 있도록 한다. 이 '프렌드쇼어링(friend-shoring)' 접근법은 탄력적인 첨단기술 산업 기반 및 공급망을 동맹국과 함께 구축한다는 의미며 소위 '좁은 마당에 높은 장벽(a small yard with high fence)'을 세우는 것이다. 세 번째 단계는 전통적인 무역거래를 넘어 혁신적인 새로운 국제경제 파트너십을 형성하는 것이다. 다양하고 탄력적인 공급망 구축, 청정에너지 전환과 지속가능한 성장을 위한 공공 및 민간투자 확대, 디지털 인프라의 신뢰, 안전, 개방성 보장과 노동과 환경의 보호 강화, 부정부패 척결 등이 필요하다. 이는 기존 자유무역협정이나 관세정책 등 전통적 무역정책으로는 지금의 문제해결이 어렵다는 인식에서 비롯된 것이다. 마지막 단계는 청정에너지 전환, 역동적인 신흥경제, 공급망 회복력, 디지털화, 인공지능, 생명공학 혁명 등 새로운 변화에 적응해야 하며, 이 환경에 맞는 다자무역시스템 및 다자개발은행(multilateral development banks) 운영모델이 필요하다. 이러한 정책전환 역시 기존 글로벌 거버넌스 모델에 대한 회의론에 기반한 것이다.

뉴워싱컨 컨센서스는 미국이 구상하고 있는 새로운 '연결성 전략'이며 실체적 내용은 2001 빌 클린턴(Bill Clinton)이 중국의 WTO 가입지원을 위해 했던 연설(Clinton, 2000)의 새로운 버전이다. 이 전략은 세 가지 측면에서 기존 워싱턴 컨센서스와는 다르다(Luce, 2023). 첫째, 워싱턴은 더 이상 경쟁이 없는 오늘날의 로마가 아니다. 현재 미국은 '다른 유형의 자본주의 강대국'인 중국과 마주하고 있다. 이는 글로벌 표준이 아니라 워싱턴 자체의 선언에 국한될 수 있다. 둘째 뉴워싱턴 컨센서스는 지정학적이다. 미국의 전략은 사실상 중국을 봉쇄하려는 국가 안보적 목적을 위한 수단이며 그 전제는 기존 포지티브섬(positive-sum) 게임에서 제로섬(zero-sum) 게임으로 전환을 추구한다. 마지막으로 기존 컨센서스가 낙관적 전망에 기초해 있었다면 뉴워싱턴 컨센서스는 비관적 전망이 우세하다. 특히 미국은 다자주의 정치 및 경제시스템에 대한 믿음과 신뢰를 사실상 포기한 것이나 다름없다. 이러한 기조는 자유무역의 혜택을 포기하고 나아가 미국이 지금까지 강력하게 유지해 왔던 지정학적 영향력을 침식시킬 수 있다. 이제 미국은 심각한 딜레마에 처해 있다. 설리번이 제안한 뉴워싱턴 컨센서스를 추진하면 강력한 보호무역주의와 함께 디커플링(디리스킹을 추구한다는 주장에도 불구하고)을 강화해 세계경제의 침체와 '적대적 블록세계'를 만들 것이며, 반면 빌 클린턴이 설파했던 중국과 함께 더 큰 개방과 자유로 나간다면 '중국의 부상'을 더욱 가속화할 수 있다.[3]

4. 미중 무역·기술전쟁

2016년 대선 캠페인 동안 도널드 트럼프는 중국이 '세상에서 가장 큰 절도'에 책임 있다고 비난하며 2016년 약 3,460억달러에 달했던 대중 무역적자의 원인을 불공정 무역을 일삼는 중국에 돌렸다. 트럼프는 이 기간 동안 미중 무역관계 '개혁'을 위한 전략을 선전했는데 중국을 환율조작국으로 선언, 지적 재산권 및 강제 기술이전, 그리고 수출보조금과 노동 및 환경 기준 문제 해결, 제조업 경쟁력 향상을 위한 법인세율 인하를 약속했다. 곧이어 취임한 트럼프대통령은 지체 없이 대중국 무역전쟁을 개시했다. 그는 취임연설에서 '미국 우선주의(America First)', '미국산 제품을 구매하고 미국인을 고용(Buy American and Hire American)', '미국을 다시 위대하게(MAGA)'라는 슬로건을 내세웠다. 2017년 8월 트럼프대통령은 무역법 301조(Section 301 of the 1974 Trade Act)에 근거해 중국의 '불공정한 거래' 관련 정책과 관행 문제를 무역대표부에 수사 지시했고, 2018년 3월 중국산 수입품에 500억 달러 관세부과로 본격적인 무역전쟁에 돌입했다. 관세 및 무역전쟁은 반도체를 비롯한 기술전쟁으로 확전됐고 그 배경에는 중국정부가 2015년 발표한 '중국제조 2025' 전략이 있었다. 중국은 기존 제조업을 고부가가치의 혁신적 첨단산업으로 전환해 가치사슬 진화(업그레이딩) 전략을 국가적 차원에서 추진해 왔으며 미국은 이러한 중국의 움직임을 심각한 도전으로 인식했다. 중국의 도전과 미국의 응전은 미래 4차산업혁명의 기술주도권과 국가안보 연계된 첨단기술 시장에 집중됐으며 대표적인 사례가 미국이 중국 통신업체 화웨이를 전방위적으로 제재한 것이다.[4]

〈표 5-2〉에서 보듯, 트럼프행정부 이전부터 미국 무역정책 수단에서 중국의 비중은 점차 증가하는 추세였다. 클린턴행정부 2기(1997~2000년), 미국 무역정책 결정 활동 중 중국 비중은 5%에 불과했지만 오바마정부 1기(2009~2012년)에는 중국 비중이 51.8%로 대폭 증가했다. 그 후 중국은 미국이 수입품에 징수한 관세의 절반을 차지했으며 반덤핑 및 상계관세의

〈표 5-2〉 미국의 무역정책 수단에서 중국의 비중(1997~2015년)(단위: 건, %)

구분		1997~2000년	2001~2004년	2005~2008년	2009~2012년	2013~2015년
반덤핑 제소	중국 대상	15	33	31	26	20
	모든 제소	164	177	67	55	93
	중국 비중	9.1%	18.6%	42.3%	47.3%	21.5%
상계관세 제소	중국 대상	0	0	13	20	23
	모든 제소	45	31	18	31	74
	중국 비중	0.0%	0.0%	72.2%	64.5%	31.1%
미국의 WTO 제소	중국 대상	-	1	6	8	2
	모든 제소	45	12	12	12	6
	중국 비중	0.0%	8.3%	50.0%	66.7%	33.3%
WTO에서 미국에 대한 제소	중국에 의한 제소	-	1	2	5	1
	전체	38	38	17	14	5
	중국 비중	0.0%	2.6%	11.8%	35.7%	20.0%
징수된 관세	중국으로부터 수입	$13.5bn	$18.6bn	$36.1bn	$47.4bn	$40.7bn
	전체 수입	$74.9bn	$78.9bn	$100.3bn	$105.5bn	$94.9bn
	중국 수입 비중	18.1%	23.6%	36.0%	44.9%	42.9%
종합점수	6가지 비중 평균	5.4%	10.6%	42.5%	51.8%	29.8%
비고	미국 상품무역 적자 중 중국 비중	19.1%	20.5%	27.1%	35.6%	38.4%

출처: UNCTAD(2016), p. 30.

약 절반, 그리고 WTO에 제기한 분쟁의 약 2/3에 달했다(UNCTAD, 2016). 2018년 이후 여러 차례 관세 인상과 2020년 1월 '1단계' 무역거래 서명 이후 중국 상품에 대한 3,700억 달러에 대한 미국의 관세는 7.5%~25%(평균 19.3%)였다. 또한 미국은 1962년 '무역확대법' 232조(Section 232 of the Trade Expansion Act of 1962)의 권한으로 중국, 유럽 및 다른 국가들의 수입품에도 관세(철강 20%, 알루미늄 10%)를 부과했다. 중국 역시 미국의 750억 달러 상품에 대한 관세를 평균 20.3% 인상하며 대응했지만 다른 WTO 회원국들로부터의 수입관세는 평균 6.7%(이전 8%)로 인하했다(Tran, 2021).

중국은 미국의 일방적 관세부과 조치를 WTO에 제소했고, 2000년 9월 WTO는 2,000억 달러 규모의 중국산 제품에 대한 미국의 관세는 불법이라고 판결했다. WTO 분쟁해결기구는 결정에서 중국이 지적재산권 절도, 기술이전 등의 문제로 미국의 이익을 침해했다는 미국의 주장을 받아들이지 않았다. 이에 대해 미국은 WTO가 미국을 불공정하게 대우하고 있고, 중국의 부적절한 관행을 막기에는 부적절하다고 비판하며 중국의 불공정 무역에 대한 비판을 이어갔다. 미국은 중국의 행위가 미국의 기술, 지적재산권, 상업비밀에 대한 '국가가 승인한 절도'와 '남용'에 해당한다는 입장을 고수했다(Keaten, 2020). 결국 미국은 이 판결을 거부했고, WTO 항소기구(Appellate Body)마저 작동 불능 상태에 빠져 '규칙'에 의한 미중 무역갈등 해결은 불가능해졌다.

미중 무역전쟁이 기술전쟁으로 확전된 이유 중 하나는 중국의 첨단기술 발전의 상징적 기업인 화웨이의 세계적 부상이었다. 당시 화웨이는 5G 기술 인프라와 장비분야에서 세계시장 점유율 1위였는데 미국은 화웨이가 통신망에 내장된 5G 장비를 이용해 정보수집 후 중국당국에 넘긴다고 우려했다. 이러한 우려는 2017년 중국 '국가정보법(National Intelligence Law)' 통과로 더욱 현실화됐다. 그러나 이보다 중요한 이유는 미래 핵심 기술분야에서 미국의 주도권을 상실할 수 있다는 '공포' 때문이다. 곧 이어 미국은 비중국 통신인프라 사용을 위한 '클린 네트워크'를 동맹국들에 제안했고 2018년 '외국인투자위험심의관리법(Foreign Investment Risk Review Management Act in 2018))'을 통과시켰다. 이 법은 미국 내 외국인투자위원회(CFIUS)를 강화하여 중국의 투자내용과 효과를 엄밀히 조사하기 위한 것이다. 이와 함께 '수출통제개혁법(Export Control Reform Act, 2018)'은 미국인이 사업허가를 받아야 하는 외국기업과 '수출통제대상 기업목록(Entity List)'으로 수출통제를 강화했다. 400여개 넘는 중국기업들이 포함됐으며 통신뿐만 아니라 국가안보에 위험이 있다고 판단되는 군사 및 이중용도 기술까지 광범위한 분야 기업들이 수출통제대상 기업목록에 이름을 올렸다. 이 목록은 미국기업이 아닌 미국 기술과 투입물을 사용해 중국에 수출하는 기업까지 확대 적용했다(Tran, 2021). 이러한 기술적 '연결성의 봉쇄' 조치들은 중국의 첨단기술 접근을 차단해 기술적, 군사적으로 역량을 약화시키려는 의도였다.

바이든정부에서도 GVC 문제는 미중갈등의 핵심적 쟁점이었다. 2021년 2월 바이든대통령은 미국의 공급망에서 해외 의존도가 높은 핵심품목에 대한 조사를 각 부처에 지시했다(The White House, 2021a). 이 행정명령은 첨단산업 핵심품목에 대해 사실상 중국과 디커플링까지 염두에 둔 조치였다. 또한 미국은 동맹국들과 탄력적인 공급망 구축을 내세우며 '가치사슬의 진영화'도 공식화했다. 이에 대해 중국은 세계화 시대에 모든 이해관계는 고도로 연결되어 있으며, 현재 구축된 GVC의 형성과 발전은 시장 규칙과 기업의 선택이 공동으로 작용한 결과로 인위적인 산업의 이전과 탈동조화 그리고 '정치적 힘'으로 경제적 규칙을 대체하는 것은 비현실적인 접근방식이라 비판했다(MoFA, China, 2021). 결국 '미국주도 동맹국 연합'의 압박으로

GVC에서 중국을 고립 및 분리시키려는 미국의 전략과 중국의 대응전략이 부딪치면서 양국간 갈등과 각축이 지속됐다.

중국은 미국의 '규칙기반(rules-base)' 국제질서 강조에 맞서 WTO의 국제규칙 위반자는 미국이라 비난했다. 중국 상무부는 세계경제 거버넌스인 WTO 기반 다자간 무역체제는 경제 세계화와 자유무역의 초석이며 미국은 이러한 기구의 창설자이자 주요 수혜국임에도 불구하고 2017년 이후 이러한 글로벌 거버넌스의 사실상 무력화를 시도하고 있다고 비판했다. 중국 상무부 보고서에 따르면(MoC, China, 2023), '미국 우선주의' 정책은 WTO 항소기구 회원국 선임을 저지해 기구를 마비시켰으며, 수입품 관세를 자의적으로 인상하고 무역규제 및 수출통제 조치를 남용해 왔다. 또한 미국은 차별적 보조금을 지원하고 산업 및 공급망의 디커플링과 파편화를 선동하며, 중국을 대상으로 온갖 경제적 강압 및 제재를 가했다. 중국은 미국의 이러한 행위는 WTO 핵심 가치와 기본원칙을 심각히 훼손하고 국제질서 규칙을 위반해 그동안 세계 번영을 견인해 온 다자간 무역체제에 대한 심각한 도전이라 비난했다. 양국은 서로를 향해 국제질서의 '규칙 위반자'로 비난하는 형국이다.

5. 미중 무역전쟁의 효과

미중갈등은 기존 가치사슬 구조와 질서가 한계에 봉착한 결과다. 2008년 글로벌 금융위기 이후 이완되기 시작한 GVC 구조는 환태평양 중심국들의 GVC 재편전략과 그에 따른 갈등의 증폭으로 효력이 점차 상실돼 갔다. 자유무역에 기초해 세계화를 주창했던 미국이 이제는 중국과의 경제적 디커플링 추진 등 자유무역 흐름에 역행하는 각종 조치들을 실행함으로써 '자유무역 역설'이 나타났다. 미중 무역전쟁의 결과 중국으로부터 수입액이 감소하는 등 외형적으로는 일부 효과가 있어 보이지만 실제적인 효과성 대한 면밀한 검토가 필요하다. 우선 아시아 14개 저비용 국가들(이하 LCCs)[5]로부터 제조가공품 수입액(2018~19년)은 8,160억 달러에서 7,570억 달러로 7.2% 감소했으나 같은 기간 미국 국내 제조업 총생산량(6조 271억달러)은 거의 변함이 없었다. 수입액 감소는 중국으로부터의 수입이 감소한 결과며 이는 미중 무역전쟁의 효과로 판단된다. 미국 제조업 총생산에서 LCCs로부터 제조가공품 수입비중(MIR)은 12.1%로 2011년(10.3%) 이후 처음으로 감소했다(Bossche et. al., 2020). 즉 미국 제조업 총생산량 1달러당 중 12.1센트 만큼 LCCs로부터 수입했다는 의미다. LCCs 중 중국 생산품 수입비중을 나타내는 중국 다각화지수(CDI: China Diversification Index)도 2013년 67%에서 2018년 65%, 2019년에는 56%로 떨어졌다. 그러나 중국으로부터 수입감소가 미국의 무역수지 개선에 기여했다거나 관련 수치들을 '탈중국화'의 지표로 평가할 수 있는 것은 아니다. 중국은 베트남을 비롯한 동남아 주요 국가들과 유기적인 생산네트워크를 보유하고 있으며 얼마든지 '관세회피(우회수출)'가 가능하기 때문이다.

2018년~2019년 기간 동안 중국으로부터 감소한 수입액(관세의 영향을 받은 900억 달러)은 다른 아시아 LCCs(중국 제외) 310억달러, 멕시코(130억달러), 유럽 230억달러 등으로, 아시아 310억달러는 베트남(46%), 대만(27%), 인도(10%) 등으로 분산·흡수된 것으로 추정됐다. 그러나 중국 생산자들이 중국 상품을 베트남으로 수출 후 동일한 상품 또는 사소한 가공을 거친 상품을 베트남 상품으로 미국에 재수출하면 관세회피가 가능했다. 예를 들어, 중국에서 베트남으로의 전자제품 출하량은 2018년 5월~2019년까지 78% 증가한 반면(27억달러→ 50억달러), 중국의 나머지 지역으로의 출하량은 같은 기간 19% 증가에 그쳤다. 중국 전자제품의 대베트남 수출증가와 함께 베트남 전자제품의 대미 수출도 72% 증가(10억달러→ 18억달러)했다(Bossche et al., 2020). 글로벌 공급망에서 중국 제조업의 영향력은 감소하지 않았고, 오히려 대미 완제품 수출국가들과 중국 사이의 경제-무역관계가 강화되는 경향이 있다. 인도, 멕시코, 동남아 국가들의 대미 수출 증가는 이들 국가의 대중 원자재, 부품 등의 수입을 증가시켰고 이는 결국 이들 국가의 대중 산업의존도가 높아졌다는 것을 의미한다(정재홍 · 김규범, 2023: 13-14). 결국 미중갈등과 디커플링 공방이 미국의 동맹-우방국들과 중국간 경제무역 관계를 더욱 밀착시키는 역설적인 상황을 만들었다.

브루킹스연구소는 미중 무역전쟁이 미국에 어떻게 상처를 입히고 이득보다 고통을 주었는지에 대해 보고했다. 다수의 연구에 따르면 미국은 무역전쟁으로 30만개 일자리를 잃었고, 실질 GDP의 약 0.3%~0.7%에 해당하는 손실을 입었다. 미국경제는 무역전쟁 이후 2020년말까지 3,160억 달러의 손실을, 미국기업들은 전체적으로 1조 7천억 달러의 손해가 예상됐다. 미국이 중국산 수입품에 부과한 관세로 인해 주가 하락을 경험하기도 했다. 또한 미국기업들은 관세비용을 주로 부담했는데 그 비용은 거의 460억 달러로 추정됐으며 기업들은 낮은 이윤폭을 받아들이고, 미국 노동자의 임금을 삭감하고 일자리가 줄였다. 기업들의 가격인상으로 소비자는 불이익을 받았고 미국 농민들은 중국의 보복조치로 240억달러였던 중국 시장의 대부분을 잃었다(Hass and Denmark, 2020). 양국 관세 상승은 여러 경로를 통해 미국기업의 예상 수익성에 영향을 미쳤을 것으로 추정됐다. 미국기업은 미국 수입관세 인상 비용을 거의 모두 부담했으며 이는 운영의 예상수익을 감소시켰을 가능성이 크다. 또한 직접 또는 자회사를 통해 중국에 수출하는 미국기업은 중국 관세로 인해 경쟁력이 약해서 수익성이 떨어졌을 수 있다. 마지막으로 무역전쟁으로 중국경제가 둔화되고 이는 중국이 미국기업에 새로운 장벽을 부과할 가능성과 함께 중국 시장에 대한 투자에서 기업이 얻은 수익이 감소했을 가능성도 있다(Amiti et al., 2020). 이러한 견해에 따르면 대중국 무역전쟁은 중국에 피해를 입혔을뿐만 아니라 자국 기업들에도 이윤추구 기회를 박탈한 일종의 '자해적 조치'였다.

무역전쟁에서 한 가지 주목할 점은 국가의 무역수지를 계산방식의 '착시현상'이다. 이는 GVC 발전에 따라 국가 수출입 실적을 측정하는 전통방식이 도전받고 있는 상황과 연관된다. GVC가 확산되고 심화될수록 국제무역에서 '중복집계' 문제가 발생해 총량기준 무역액과 부가가치 무역액 간 차이가 발생한다. 즉 기존 측정방식으로는 GVC 내 상품과 서비스의 흐름을 정확히 포착하지 못하며 세계 총량의 28%가 중복 집계되고 미국의 대중국 무역수지 적자 역시 부가가치 기준으로 보면 총 무역액의 60% 수준에 불과했다(최윤정 2016: 5). 애플의 GVC 구조는 전통적 무역측정과 GVC에 따른 무역측정방식의 차이를 극적으로 보여준다(Backer, 2011; WEF, 2012; Dedirck et al., 2018). 아이폰은 터치스크린 디스플레이, 메모리칩, 마이크로프로세스 등으로 구성되며 인텔, 소니, 삼성, 폭스콘과 같은 미국, 일본, 한국 및 대만기업이 가치사슬로 결합되어 있다. 2016년 출시된 애플의 아이폰 출고가는 237.45달러였지만 중국 내에서 창출된 부가가치는 8.46달러(전체 3.6%)에 불과했다. 나머지 228.99달러는 다른 국가에서 발생한 부가가치다. 단순히 계산하면 중국이 아이폰을 미국으로 수출하면 무역적자는 237.45달러가 아니라 8.46달러다. 이러한 부가가치 무역의 특성을 감안하면, 트럼프정부의 무역전쟁은 GVC의 특성[6]을 반영하지 못하고 전통적 무역방식 사고에 기초한 효과성이 크지 않은 대응이었다(Dedrick et al., 2018).

2022년 미국의 수입은 팬데믹 이전 수준에 근접하여 양적으로는 리쇼어링 개념을 거의 뒷받침하지 못했다. 트럼프정부 시기 무역갈등과 관세부과에도 불구하고 2022년 미국의 중국산 상품수입은 2017년 수준보다 30% 증가했다. 미중 디커플링과 관련하여 다양한 수사가 난무하고 있지만 몇 가지 사실은 분명히 나타났다(Freund et al., 2023). 첫째, 2018년부터 미국 수입에서 중국 점유율이 감소하기 시작하면서 외형상 디커플링 경향을 보였다. 이 비중은 2017년 21.6%에서 2022년 16.3%로 하락하여 2007년 수준으로 돌아갔고, 미국이 첨단기술 제품으로 지정한 전략물자도 이 기간 36.8%에서 23.1%로 13%p 감소했다. 둘째 관세부과 품목의 미국 수입 비중 역시 감소했다. 2022년 미국의 중국산 관세부과 품목 수입은 2017년보다 12.5% 감소했지만 같은 품목의 다른 국가로부터의 수입은 오히려 증가했다. 셋째, 중국의 미국 시장 점유율 감소 자리는 베트남, 대만, 캐나다, 멕시코, 인도, 한국 등 다른 국가들이 빠르게 대체했다. 특히 전략 제품의 경우 베트남과 대만이 미국 시장 점유율을 크게 높인 것으로 나타났다. 넷째, 미국 수입구조의 재편은 수입원의 다변화 증가와 크게 관련 없다고 알려진다. 마지막으로, 대미 수출 증가 국가들의 중국 연결성은 크게 증가했다. 이는 미국 시장에서 중국이 다른 수출국으로 대체되고 있지만, 미국의 대중국 의존도는 여전히 문제가 될 수 있다는 증거다. 즉, 수출 측면에서 중국을 대체하기 위해 각국은 산업 전반에 걸쳐 중국과 공급망을 수용하고 있다. 결국 대중국 상품들에 관세부과는 미중 디커플링을 표방하지만 중국에 대한 의존도를 크게 낮추지는 못했다는 의미다. 미국은 관세정책으로 전체 무역적자를 줄이기보다 '무역구조 전환'의 결과를 초래했다.[7]

6. 중국의 연결성 무기화 : 핵심광물 수출통제전략

중국이 미국의 봉쇄전략에 대응해 자국중심의 핵심광물 공급망의 통제로 반격하면서 '미-동맹국 vs 중국' 간 자원전쟁 위기가 고조되고 있다. 세계 광물 공급망을 장악하고 있는 중국이 수출통제 목록에 핵심광물을 추가할 수록 글로벌 수준의 산업위기와 GVC 교란은 심화된다. 유럽연합 조사에 따르면 핵심 광물 51종 가운데 중국은 34종에 대해 세계시장 1위를 기록했다. 특히 중희토류 10종의 경우 중국이 100%를 장악하고 있다. 경희토류도 점유율도 85%에 달한다(EU, 2023). 희토류는 전기차 구동 모터, 풍력 터빈 등에 들어가는 영구자석을 비롯해 석유화학 촉매, 렌즈가공, 의료용 등에 주로 쓰인다. 전기차 배터리의 핵심 소재인 천연 흑연 점유율도 67%로 만약 중국이 희토류와 흑연을 완전히 통제하면 전기차의 생산 차질은 감당할 수 없는 대란으로 확산될 것이다. 그동안 중국은 사회주의 특유의 통제력으로 핵심 광물에 대한 전 세계적인 통제력을 빠르게 확보해 나갔고 그 결과 전 세계적인 시장점유율이 높아졌다. 다른 나라의 경우 경제성과 환경문제 등으로 생산을 포기했지만[8] 중국은 낮은 인건비와 고도화된 가공기술을 확보해 가면서 세계시장에서 압도적인 위상을 확보했다.

〈표 5-3〉 핵심 광물 그룹 공급국가 및 비중(단위: %)

광물 그룹	광물	단계*	주요 공급국가	비중(%)
중희토류 (HREEs)	디스프로슘, 어븀, 유로퓸, 가돌리늄, 홀뮴, 루테튬, 터븀, 툴륨, 이터븀, 이트륨	가공	중국	100
경희토류(LREEs)	세륨, 란타넘, 네오디뮴, 프라세오디뮴, 사마륨	가공	중국	85
백금족(PGMs)	이리듐, 백금, 로듐, 류테늄	가공	남아프리카	75
백금족(PGMs)	팔라듐	가공	러시아	40

*주: 단계는 추출(E)과 가공(P) 단계로 구분됨.
출처: EU(2023), p. 23 내용을 토대로 작성.

2023년 8월 중국정부는 갈륨과 게르마늄 관련 품목,[9] 10월 '흑연 관련 항목 임시 수출통제조치의 개선·조성에 관한 공고'를 발표했다. 미국은 같은 달 경제안보를 이유로 미국의 첨단반도체 수출 및 자본투자 규제 등을 실시했는데 중국의 수출통제조치는 이런 미국 조치에 대한 대응의 일환이었다(김경숙·홍건식, 2023: 3-5). 미국은 중국이 핵심광물을 무기로 경제적 '강압' 수단을 활용하고 있다고 비판했지만 중국 수출통제의 장기적 효과에 대한 평가는 엇갈린다. 미국과 동맹국들이 희소 광물에 대한 대체재 확보와 이에 대한 글로벌 공급망의 재조정으로 오히려 중국의 경쟁력을 약화시킬 수도 있다. 미국은 2022년 6월 핵심광물 공급망이 안정과 다변화를 위한 국제협력 파트너십으로 '핵심광물안보파트너십(MSP)'을 출범시켰다. 이 파트너십은 핵심광물의 채굴, 제련 및 재활용 분야에서 높은 환경·사회·거버넌스 기준에 부합하는 방향으로 투자 견인을 목표로 한다. 현재 미국을 포함한 14개국 정부와 EU가 참여하고 있으며 회원국들의 주요 광물개발 프로젝트를 지원하기 위해 금융지원 네트워크를 제공한다(산업통상자원부, 2022; 외교부, 2024). 그러나 중국이 희소광물에 대한 공급망의 거의 완벽하게 장악하고 있고, 경제적 효율성 및 가공기술을 감안할 때 단기간 공급망의 전환은 쉽지 않을 것이다. 미국이 동맹국을 이념적·정치적으로 동원해 대중국 봉쇄전략을 취하는데 맞서 중국은 미국과 동맹국들이 주로 첨단산업에 사용하는 핵심광물에 대한 수출통제조치를 구사함으로써 미국과 동맹국들을 압박하고 균열을 조장하며 나아가 동맹국이 미국의 대중국 조치를 수정하기 위한 압력을 기대하고 있다.

6장
—

제국들의 연결성 재편전략

1. 미국의 연결성 재편전략

1) 내부화

리쇼어링 · 온쇼어링

리쇼어링 정책은 세계화와 GVC 발전에 따라 해외로 이전했던 생산기지를 다시 본국으로 회귀시키는 것이다. 일반적으로 리쇼어링의 발생은 해외진출로 인한 비용절감 이점이 사라지거나 국내생산으로도 낮은 거래비용 유지가 가능할 경우, 진출한 해외시장 규모나 판매성과가 기대 이하일 경우, 현지에서 필요한 요소자원이나 인적자원을 충분히 공급받지 못할 경우 이뤄진다. 또한 4차산업혁명 기술 기반 제조혁신으로 국내 생산비용을 절감하여 경쟁력을 가질 수 있는 경우에도 리쇼어링 동기가 커질 수 있다. 다른 한편 오프쇼어링(offshoring)으로 인해 자국 내 소비위축, 산업공동화에 따른 일자리 소멸 등이 심각한 사회문제를 초래할 경우 정부가 파격적인 지원 정책을 제시하면서 리쇼어링을 촉진할 수도 있다. 어떤 경우라도 해외생산보다 국내생산이 효율적이거나 효과적일 때 리쇼어링 유인이 발생한다.

미국도 1990년대 의류, 신발, 전자제품 등 노동집약적 제조업체들이 GVC 발전에 따라 동아시아 및 라틴아메리카로 생산기지를 이전했다. 그 이후 제조업 취업자 수가 지속적으로 감소하고 2008년 글로벌 금융위기 발발로 실업률이 10% 수준으로 급상승하자, 2011년부터 제조업 경쟁력 강화를 위한 '미국 제조업 부흥'(renaissance of the U.S. manufacture) 정책을 추진했다(김종규, 2020). 이에 따라 정부는 세제혜택, R&D 강화, 인력육성 정책을 패키지화하여 지원하기 시작했다. 법인세 상한선을 35%에서 28% 이하로 낮추고(국내 생산 제조업체의 경우 최대 25% 특별세율 적용), 트럼프정부에서는 2017년 법인세 최고세율을 단율세율 21%로 인하, 최저 한도세 폐지, 기업 설비투자 경비 100% 공제 등 기업의 추가 세금경감 조항을 마련했다. 팬데믹 이후에는 리쇼어링 유도를 위해 제조업 지원자금 6천억 달러를 배정하고 '국립제조업원'(NIM) 신설 계획과 GVC의 중국의존도를 줄여 가치사슬의 내부화를 위한 250억달러 규모의 리쇼어링 펀드 조성계획을 발표했다.

최근 미국 리쇼어링 현황은 몇 가지 지수를 통해 확인해 볼 수 있다. 우선 AT Kearney 리쇼어링 지수(KRI)[1]에 따르면, 2019년 리쇼어링 지수는 +98로 당시 역대 최대치를 기록했다가 팬데믹 시기 감소했지만, 2022년 +39, 2023년에는 +196으로 다시 최고치를 갱신했다(〈그림 6-1〉 참조). 2023년에는 국내 제조업 총생산(MGO)대비 아시아 저비용 국가 및 지역(LCCR)의 대미 수입비율이 감소함에 따라 KRI가 크게 상승했다. LCCR로부터 미국 수입은 2022년 1,022십억 달러에서 2023년 878십억 달러로 143십억 달러 감소했으며 감소액의 대부분은 중국 수입이 20%(105십억 달러) 감소한 데 따른 것이다(Bossche et al., 2024). 그 외 LCCR도 수입이 다소 감소한 반면 멕시코가 중국 본토를 제외하고 처음으로 대미 최대 수출국으로 부상했다. 여기서 주목할 점은 중국이 이미 리쇼어링 및 니어쇼어링 영향을 받는 글로벌 시장 추세에 빠르게 적응하고 있다는 것이다. 미국에 수출하는 아시아 국가들에 대한 중국의 수출은 꾸준히 증가하고 있다. 예를 들어, 2022년 베트남의 중국 본토로부터 수입은 2018년에 비해 75%나 증가했다. 즉 중국을 제외한 아시아 LCCR로부터 미국의 수입증가와 이들 국가의 중국으로부터 수입액은 거의 정비례한다. 따라서 미국의 수입측면에서 LCCR이 일부 중국을 대체한 것으로 보일 수 있지만 상당부분은 중국이 이들 국가들을 대미수출의 중간 기착지로 활용한 것이다. 또한 중국은 제조업체들은 국내 최종 제품 생산에서 벗어나 동남아시아, 나아가 멕시코와 같은 국제 제조허브 지역을 활용하고, 국내는 첨단 고부가가치 제조업 중심으로 전략적 전환 중이다.

〈그림 6-2〉는 리쇼어링을 나타내는 다른 지수다. CRI(CPA Reshoring Index)는 미국 제조업체의 국내 시장점유율의 변화추이를 파악하기 위한 것이다. 2002년 CRI는 77.3%에 달했으나 2017년에는 68.8%까지 떨어졌다. 미국은 제조업체들이 2002년 수준의 국내 시장점유율을 회복하면 제조업체 매출이 5,000억 달러 이상 추가되고 수백만 개의 일자리가 늘어날 것으로 전망하고 있다. 2020년 CRI가 다소 개선된 것은 팬데믹 기간 수입이 감소했기 때문이다. 2020년 미국 제조업 무역적자는 897십억 달러로 GDP의 4.29%에 달해 사상 최고치를 기록했다. 19개 제조업 하위 부분 중 자동차, 컴퓨터, 화학, 기계 등 16개 부문이 적자를 보였으며 2002년 이후 거의 모든 제조업 부문에 수입업체의 점유율이 높아지면서 CRI가 지속적으로 하락했다. 중국산 제품의 미국 시장 수입 침투율 2017년 7.7%로 가장 높았지만 2020년 6.2%로 하락해 대중 관세가 미국이 대중국 의존도를 일부 낮춘 것으로 평가됐다. 그러나 다른 국가들이 이 자리를 차지하고 있어 미국의 수입은 여전히 증가한 것으로 나타났다(CPA, 2021).

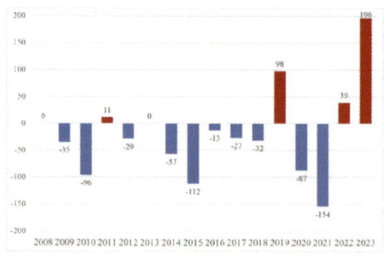

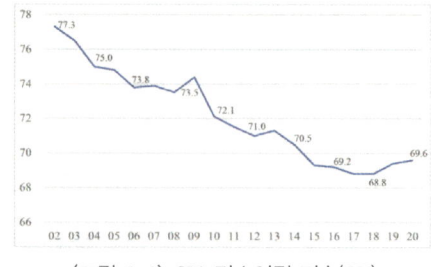

〈그림 6–1〉 미국 AT Kearney 리쇼어링 지수(KRI)

〈그림 6–2〉 CPA 리쇼어링 지수(CRI)

출처: Bossche, P. et al.(2020; 2024) 데이터를 토대로 작성

출처: CPA(2021). CPA Reshoring Index(CRI)

　　리쇼어링 이니셔티브(Reshoring Initiative)는 매년 미국에 본사를 둔 기업의 리쇼어링 동향과 해외 생산 또는 소싱을 미국으로 이전하는 해외 본사를 둔 기업의 외국인 직접투자(FDI) 데이터에 대한 분석결과를 제공한다(Reshoring Initiative, 2024). 2023년에는 819건의 리쇼어링 및 FDI로 287,299개의 일자리가 창출된 것으로 조사됐다. 이는 2013년 64,283개의 일자리 창출에 비하면 크게 증가한 수치다. 2023년 비율은 2019년 대비 191% 증가했으며, 제조업 경기가 저점을 찍고 리쇼어링 추세가 시작된 2010년이 비해 무려 2,500% 증가했다. 2010년 이후 국내로 돌아온 누적 일자리 수는 약 200만개로 추정되며 이는 오프쇼어링으로 잃은 일자리의 약 40%에 해당한다. 누적 데이터를 기준으로 보면 처음 100만개의 일자리를 추가하는데 11년이 걸렸지만 두 번째 100만 개를 추가하는 데는 3년밖에 걸리지 않았다. 최근 이러한 경향은 매우 가속화되고 있는데 그 원인은 IRA 및 CHIPS와 같은 대규모 정부 자금지원의 영향과 지정학적 위험에 대한 기업들의 인식 때문이다. 일자리는 전기차 배터리가 주도하는 전기장비와 반도체, 태양광 투자가 주도하는 컴퓨터 및 전자분야가 크게 기여했다. 이러한 '필수산업'과 화학은 정부의 자금지원과 부양책으로 인해 2023년 리쇼

어링과 FDI가 크게 증가했다. 팬데믹 이후 필수제품의 리쇼어링과 FDI로
인해 약 50만개 이상의 일자리가 발표됐으며 전기차 배터리와 반도체 일
자리가 거의 3/4를 차지하고 있다.

〈표 6-1〉 미국 기술 수준별 리쇼어링 및 외국인 직접투자 일자리 현황(2023년)(단위: %)

생산기술 수준	리쇼어링		FDI		리쇼어링+FDI	
	일자리	기업	일자리	기업	일자리	기업
상(H)	65	38	33	23	49	33
중(M)-상(H)	24	31	52	48	38	37
중(M)-하(L)	9	18	13	23	11	20
하(L)	3	13	2	6	2	10
H+MH	89	69	85	71	87	70
ML+L	11	31	15	29	13	30

출처: Reshoring Initiatives(2024), p. 20.

〈표 6-1〉는 미국의 기술 수준별 리쇼어링 및 FDI 일자리 현황을 나타낸
것이다. 리쇼어링과 FDI는 보조금을 받는 국가 필수산업 중 상당수가 이
범주에 속하기 때문에 저기술 일자리보다 하이테크 일자리를 더 많이 창출
하고 있다. 국가별로 보면 한국이 73건에 20,360개의 일자리를 제공해 기
여도(전체 창출 일자리의 14%)가 가장 크며 다음으로 중국(71건, 12%), 일본(69건,
12%), 독일(71건, 11%) 순이다. 한국과 일본은 중국 리스크에 비교적 많이 노
출된 대형 수출국으로 미국 내 생산량을 늘리고 있다. 리쇼어링으로 돌아
오는 일자리 대부분(87%)은 아시아지역이다. 결과적으로 리쇼어링과 FDI
동인은 지정학적 위험요인, 정부의 산업정책 등의 결합 효과다. 앞서 살펴
본 리쇼어링 지수에는 신규 해외진출 기업의 수와 투자규모를 반영하지 못
하는 한계가 있다. 리쇼어링 지수가 높아지더라도 해외 진출기업의 수와
규모가 커지면 리쇼어링 원래의 목적이 퇴색되기 때문이다. 결국 리쇼어링

을 좌우하는 핵심요인은 오프쇼어링 원인과 기대효과가 모두 해소되는가 여부에 따라 달라질 것이다.[2] 즉 지정학적 요인과 산업정책을 비롯한 해당 기업들의 비용, 시장접근성, 기존 GVC의 효율성(현지 기술활용도 포함), 노동비용 절약형 자동화 기술 수준 등 다양한 요인들이 기업의 전략적 선택에 영향을 미칠 수 있다.

인플레이션 감축법(IRA)

미국은 리쇼어링과 온쇼어링(onshoring)을 위해 국가차원의 대규모 지원 방안을 마련했다. 대표적인 프로그램이 '인플레이션 감축법(IRA: Inflation Reduction Act of 2022)'과 반도체 및 과학법('CHIPS and Science Act')이다. 여기서는 IRA를 중심으로 살펴본다. IRA는 바이든정부 집권 초기 추진했던 '더 나은 재건법(BBBA: Build Back Better Act)'를 수정 및 축소한 것으로 미국 제조업 부활 및 전기차를 포함한 청정 에너지산업 가치사슬을 자국중심으로 재편하고자 하는 새로운 연결성 전략이다. 기후변화 대응 등을 위해 7천 400억 달러(약 992조원) 투자를 내용으로 하는 이 법안은 미의회 내 진통 끝에 2022년 8월 양원을 통과하여 실행됐다. 법안의 목적은 중국이 전 세계 시장에서 상당한 지배력을 보유하고 있는 청정 에너지산업의 영향력을 제어하고, 다른 한편 중국의 가치사슬과 분리된 온쇼어링 및 프랜즈쇼어링(friendshoring)을 촉진하기 위한 것이다(Majkut, et al., 2023). IRA가 제공하는 세액공제와 보조금은 미국 내 높은 생산비용을 상쇄하는 효과가 있어 단기적으로는 해외생산 동기를 낮추고 국내 생산을 유인할 수 있다.

〈표 6-2〉 인플레이션 감축법(IRA) 주요 인센티브

분야	인센티브		주요 내용
	금액(억달러)	방식	
청정 제조시설 투자	63	세액공제	전기차·배터리 및 관련 소재부품 제조시설을 미국 내 설치·확장할 경우 투자액의 6~30% 투자세액공제 지급
첨단제조 생산	160	세액공제	미국 내에서 생산 및 판매되는 배터리·태양광·풍력 등 첨단부품과 핵심광물 등에 대해 생산비용의 약 10% 세액공제 지급
일반 친환경차	75	세액공제	북미 내 최종조립, 친환경차에 배터리 부품요건 충족시 3,750달러 광물요건 충족 시 3,750달러 지급
상업용 친환경차	36	세액공제	상업용 친환경차를 구매하는 소비자에게 최대 7,500달러 또는 차량 가격의 30%에 해당하는 세액 공제 지급
청정전력 투자 및 생산	112	세액공제	기존 차량을 친환경 대형차량으로 교체시 추가되는 비용, 친환경 대형차량 부품의 수리비용 등에 보조금 지급
첨단기술 차량 제조시설	30	대출	태양광·풍력 등 청정전력 생산시설 투자 또는 해당 시설에서 전력 생산시 세액공제 지급
에너지부 지원	43	대출보증	전기차 생산시설 등 첨단기술을 사용해 온실가스 배출을 방지하는 투자 시 에너지부 심사를 거쳐 대출보증

*주: 미 의회 예산처(CBO) 발표자료(22.9.7)
  출처: 김경훈·고성은(2023). p. 2.

IRA는 청정 제조시설 투자, 첨단제조 생산, 친환경차, 청정전력 투자 및 생산에 대한 세액공제와 첨단기술 차량 제조시설 및 첨단기술 사용을 통한 온실가스 배출 방지시설 투자시 대출 또는 대출보증을 지원한다. 미국 소비자들이 친환경차 구매 시 세액공제를 받기 위해서는 다음과 같은 조건을 충족해야 한다(김경훈·고성은, 2023: 4-18). 우선 차량이 북미에서 최종 조립되어야 한다. 여기서 북미지역은 미국, 캐나다, 멕시코이며 USMCA(미국-멕시코-캐나다 무역협정)의 원산지 기준과 동일하게 규정하고 있다. 둘째, 배터리에 포함된 핵심광물 40% 이상이 미국 또는 미국의 FTA 체결국에서 채굴 또는 가공(extracted or processed)됐거나 북미에서 재활용(recycling)된 것이어야 한다. 이 비중은 2023년 40%를 시작으로 2029년 80%까지 단계적으로 높아질 예정이다. 셋째, 배터리 부품의 50% 이상이 북미에서 생산돼야 한

다. 이 비중 역시 2023년 50%를 시작으로 2029년에는 100%까지 상향 조정하기로 했다. 마지막으로 해외우려기관(FEOC: Foreign Entity of Concern)을 출처로 하는 핵심광물 및 배터리 부품은 사용할 수 없다. 여기서 해외우려기관은 미국 '인프라투자고용법(IIJA)' 규정을 준용하는데 중국, 러시아, 이란 또는 북한이 소유 통제하거나 해당국 정부의 관할 또는 지시를 받는 외국기업을 의미한다. 그러나 구체적 해석기준에 있어 차이가 있을 수 있는데, 예를 들어 미국 상무부의 '반도체법(CHIPS Act)' 가드레일 조항은 FEOC 범위를 폭 넓게 해석해 중국기업으로부터 조달뿐만 아니라 중국의 그 어떤 형태의 소유(ownership)가 포함된 미국 또는 제3국 기업으로부터 조달을 제한한다. 이와 같은 수요 측면의 인센티브는 국내 생산제품의 가격을 하락시켜 구매력을 높일 수 있는 장점이 있다(Shin, 2023). 첨단제조 생산 관련 세액공제는 공급측면의 인센티브이다(김경훈 · 고성은, 2023: 19-23). 태양광과 풍력에너지의 주요 부품, 인버터, 배터리 부품, 핵심광물의 미국(미국령 포함) 내 생산에 대한 세액공제 규정(Section 45X)을 신설해 청정에너지 분야 핵심산업을 육성하고 미국 내 제조 확대를 추진하고 있다.

IRA의 효과성은 여러 변수 및 기간 등으로 아직 정확한 평가가 쉽지 않지만 몇 가지 지표로 확인할 수 있다. 로디움그룹(Rhodium Group)과 MIT 에너지환경정책연구소(CEEPR)의 공동조사(Bermel, et al., 2024)에 따르면, IRA 시행 2년간 청정에너지와 전기차 관련 미국 내 제조업 투자는 약 890억 달러 규모로 추정되며 이는 IRA 시행 2년간 투자 규모(220억 달러) 대비 4배 수준이다. IRA 투자효과를 모니터링하고 있는 미국청정전력협회(ACP: The American Clean Power Association)는 법안 시행 후 2024년 12월까지 청정에너지 제조 프로젝트는 280개에 달하며, 이 중 94개 프로젝트는 운영을 시작했고, 나머지 186개 프로젝트는 건설 중이거나 계획을 발표한 상태다. 이를 통해 새로운 제조업 일자리 10만 5천개 이상이 창출되고 계획된 전체 투자 금액도 5,500억 달러 이상(실행된 투자 1,450억 달러)이다(ACP).[3] 2년간의 성과를 분석한 다른 조사도 IRA가 상당한 효과를 보인 것으로 평가하고 있다 (E2, 2024).

〈표 6-3〉 IRA 제정 이후 프로젝트 및 투자 금액(2022년 8월~2024년 8월)

연차	프로젝트 (개)	주(States) (개)	일자리 (Est.)(개)	투자 금액 (Est)(10억 달러)
1년차(~23년 8월)	216	38	74,678	85,125
2년차(~24년 8월)	118	30	34,600	40,835
IRA 이후 전체	334	40	109,278	125,961

*주: 334건의 발표 중 99건은 투자금액, 98건은 일자리 추정치를 포함하지 않음.
　출처: E2(2024).

〈표 6-3〉에 따르면, 법 제정 이후 최소 334개의 새로운 청정에너지 및 전기자동차 생산 관련 프로젝트가 발표됐다. 이중 278개 프로젝트는 일자리 또는 투자금액 추정치를 공개했다. 이 정보에 따르면, 109,278개 일자리 창출과 1,260억 달러의 투자가 이루어질 것으로 추정된다. 주목할 점은 2년차 성과가 1년차 성과보다 현저히 감소했는데 핵심적인 이유는 2024년 대선국면에서 이 제도의 효과성에 대한 정치권 논란이 확산돼 불확실성이 높아졌기 때문이다. 선거 기간 동안 공화당 트럼프 진영에서는 IRA의 폐지를 공약하는 등 이 제도의 효과성을 공격했다. 산업군별 프로젝트 수는 제조 271개(1162억 달러), 발전 42개(92억 달러), R&D 14개(5.1억 달러), 재활용 7개(1.2억 달러)로 제조분야가 64.7%(전체 투자금액의 92.2%, 일자리의 95.1%)를 차지해 이 분야에 집중투자가 이뤄졌다.

트럼프대통령은 재집권과 동시에 IRA에 따른 연방정부 예산집행을 중단하고 화석연료 생산확대 정책기조를 밝혔다. 2025년 4월 연방법원이 연방의회가 통과시킨 법률을 행정부에서 중단할 권한이 없다며 제동을 걸었지만 여전히 제도의 불확실성은 존재한다. 트럼프정부의 청정에너지 정책 후퇴로 집권 이후 100일 동안 미국 내 95개의 청정에너지 프로젝트가 중단되거나 폐기된 것으로 알려졌다. 풍력과 태양광 발전, 전기차, 배터리, 수소 등 분야의 약 712억 달러가 넘는 투자가 중단 또는 철회되었으며 이에 따라 62,554개 일자리도 불안하게 됐다[4](Climate Power, 2025). 다른 조사 역시 IRA를 폐지할 경우 2030년까지 직접고용 13만개, 간접고용 31만개 등 총 44만개 일자리가 사라질 것이라 추산했다(ICCT, 2025). 이러한 전망들은 미국 내 제조업 일자리 창출을 전면을 내세우고 있는 트럼프행정부에 제도 유지를 위한 압력요인으로 작용할 것이다. 특히 청정에너지 프로젝트의 상당수는 트럼프 지지세가 강한 지역에 집중돼 있다.

제도의 불확실성과 별개로 IRA는 중국 청정에너지 관련 업체들의 '전략적 포지셔닝'의 변화를 초래할 것이다. 그 하나의 경로는 미국 내 현지화 전략을 추진하는 것이다. 실제 중국 태양광 페널업체들이 IRA 세금공제를 활용하여 미국투자를 늘리고 있으며 이는 미국 내 기업들의 경쟁력 위협과 함께 오히려 중국업체들의 시장지배력을 보다 강화시킨다는 우려가 내부적으로 제기됐다(Sunburn, 2024). 다른 하나의 경로는 유럽시장에 더욱 집중하는 것이다. 이는 IRA에 따른 미국시장 진입이 차단될 수 있다는 전제이며 현재 중국 다수 기업이 헝가리를 비롯한 유럽에 집중투자에 나서고 있는 것으로 확인됐다(대외경제정책연구원 북경사무소, 2022). 그러나 IRA에도 불구하고 이 분야에서 '탈중국화된 가치사슬' 구축은 쉽지 않을 것이다. 왜냐하면 중국은 청정에너지산업 기술과 비용에서 상당한 우위를 보이기 때문에 보조금에도 불구하고 단기간 내 중국을 넘어서는 가치사슬의 내부화를 달성하기 어려워 보인다. 예를 들어, IRA 시행 이후에도 2024년 상반기 기준 전기차용 리튬이온 배터리의 70%를 중국에서 수입했으며 이는 2020년 대비 약 30% 증가한 수치다. 태양광 패널의 경우 80%가 아세안 국가들에서 이루어졌는데 이 역시 중국 관련 기업들이 미국의 높은 관세를 피해 동남아시아 경유 전략을 취한 결과다(채영식, 2024; 대외경제정책연구원 북경사무소, 2022). 그러나 IRA가 어떻게든 유지된다면 청정에너지 산업의 GVC는 북미를 중심으로 재편될 가능성도 배제할 수 없다.

2) 지역화

자유무역협정 : TPP와 USMCA

GVC 형성 초기는 글로벌 생산과정의 분업화에 강조점이 있었다면, 세계화에 따른 GVC 확산은 국가간 생산분업 단계를 점점 더 세분화·정교화했다. 즉 단계별 상호연계성을 높이기 위해서는 무역, 투자, 서비스가 복합적으로 결합된 하나의 시스템 필요성이 높아졌으며 그 결과가 복수 국가들 간 누적 원산지 규정을 적용할 수 있는 다자간 메가(Mega)-지역 자유무역협정이다(김형주·이지홍, 2016; 최윤정, 2016). 이는 다수의 양자간 FTA를 맺음으로서 오히려 무역비용의 증가하는 이른바 '스파게티 볼 효과(Spaghetti bowl effect)'를 해소하고 보다 넓은 생산과 소비시장을 통해 메가-지역 내 GVC를 발전시키는 전략적 노력의 산물이다. 따라서 환태평양 중심국의 GVC 재구축 과정에서 다자간 지역자유무역협정은 매우 중요한 변수로 작용할 수 있다. 지역자유무역협정은 역내 가치사슬에 참여하는 기업들에게는 유리한 조건을 제공하지만, 반대로 역내 가치사슬에 참여하고자 하는 역외 기업들에게는 높은 진입장벽으로 작용할 수 있다. 나아가 새로운 경쟁단위인 GVC도 지역자유무역협정을 매개로 이루어질 가능성이 높다.

2009년부터 미국주도로 추진한 환태평양경제동반자협정(TPP: Trans-Pacific Strategic Economic Partnership) 타결 직후, 오바마대통령은 "중국과 같은 나라에 세계경제 규칙을 쓰게 할 수 없다"는 성명(The White House, 2015)을 발표했다. TPP는 환태평양 가치사슬에서 미국의 영향력을 확대하고 중국을 견제하기 위한 전략적 선택이었다. 19차례의 공식협상 결과 2015년 10월에 타결된 TPP는 다음해 2월 정식 서명까지 이루어졌으나 트럼프대통령 취임 이후 탈퇴를 선언하여 일본과 호주 주도로 11개국이 참가하는 메가-지역 자유무역협정(CPTTP: 포괄적·점진적 환태평양경제동반자협정)으로 재탄생했으며 2018년 12월 공식 발효되었다. 당시 TPP는 상품관세 인하를 비롯해 금융 및 서비스 개방, 경쟁정책, 지적재산권, 가치사슬의 원산지 규정, 투자, 외환, 노동, 환경, 국영기업 등 높은 수준의 자유무역화 내용을 담은 협정으로 평가받았다. 특히 누적 원산지 조항에 따라 역내에서 수입된 중간재를 사용해도 원산지로 인정받아 국가 간 가치사슬 활성화가 기대됐다. 협상과정에서 핵심 쟁점 중에 하나는 역내가치함유비율(RVC)이었다. 미국과 일본은 역내가치함유비율을 순원가법(NC) 기준 45%로 합의[5]했으나 멕시코와 캐나다 그리고 미국자동차부품업계는 50%, 전미노조연합(AFL-CIO)은 NAFTA 수준인 62.5%를 요구했다. 트럼프정부가 TPP를 탈퇴한 이유 중 하나도 TPP의 약한 원산지 규정 때문으로 알려졌다(김병우, 2015).

트럼프정부는 TPP 탈퇴 이후 기존 북미자유무역협정(NAFTA) 재협상을 공식 선언했다. 8차례 협상 결과 2018년 9월 미국·멕시코·캐나다 협정(US-Mexico-Canada Agreement, 이하 USMCA)으로 재출범했다. USMCA도 북미지역 가치사슬을 미국의 의도대로 재편하고자 하는 목적이다. 주요 내용은(이주미, 2020) 역내산 부품사용비율을 기존 62.5%에서 75%로 단계적 인상 조치하고 특히 핵심부품(엔진, 변속기 등)은 반드시 역내산 비율을 75% 이상으로 규정했다. 이는 일본 및 유럽 자동차회사들의 북미 내 직접 생산을 유도하기 위한 조치다. 다음으로 노동규정은 역내산 부품 중 40~45%는 시급 16달러 이상의 노동자에 의해 생산돼야 한다. 2018년 멕시코 자동차업종의 시간 평균 임금은 4.14달러에 불과해 대부분 이 규정을 충족하지 못한다. 결국 미국으로의 리쇼어링을 강제하는 조치로 볼 수밖에 없다. 철강과 알루미늄 역내 조달율도 70% 이상으로 높게 합의했으며, '비시장경제국'과 FTA 체결 제한규정은 사실상 중국의 북미시장 가치사슬 참여를 봉쇄하기 위한 조치다. 트럼프 정부는 그동안 무역협정들이 낮은 임금을 활용하기 위한 아웃소싱을 촉진했고, 이는 결국 미국의 제조업 쇠퇴와 일자리 감소를 초래했다고 판단했다. 이러한 상황을 종합해 보면, USMCA는 미국의 리쇼어링 전략의 일환이자 최소한 니어쇼어링을 위한 지역무역협정으로 평가할 수 있다.

USMCA 제32장 10항에는 비시장국가와 FTA 규정을 명시하고 있다.[6] 비시장국가란 협정 서명 일에 당사국이 자국 무역구제법(Trade remedy laws)의 목적상 비시장경제(non-market economy)로 결정한 국가를 의미한다. 만약 회원국이 비시장국가와 자유무역협정 협상을 개시할 의사가 있다면 협상개시 3개월 전에 다른 회원국가들에 통보해야 하며, 협상 목적과 내용에 대해서도 가능한 많은 정보를 제공해야 한다. 협상이 진전되면 서명일 30일 전에 다른 회원국이 협정 내용과 그에 따른 잠재적 영향을 검토할 기회를 제공해야 한다. 당사국이 비시장국가와 자유무역협정을 체결하면 다른 당사자는 USMCA를 해지하고 이 협정을 양자 협정으로 대체할 수 있도록 했다. 결국 협정 당사자들인 3개국 중 한 국가가 비시장국가와 FTA를 맺으면 나머지 두 나라는 USMCA를 폐기하고 양자간 FTA로 전환할 수 있다는 의미다. 여기서 비시장국가는 사실상 중국을 겨냥한 것이다. 이 조항은 상대국의 조약체결권을 제한하여 주권침해 소지가 있다는 비판을 받기도 했다. 중국은 USMCA 이 '독소조항'이 WTO의 틀을 벗어나 '시장경제'와 '비시장경제'라는 개념을 만들어 낸 것으로 일부 국가의 패권적 행동과 경제적 자율성을 제한하는 협정 내용은 중국에 무역제한 조치를 취하는 것이라 비판했다(Chinese Embassy in Canada, 2018). USMCA의 이 조항은 중국이 캐나다나 멕시코와 우선 FTA를 맺고 이 나라들에 무관세나 낮은 관세로 상품을 수출한 뒤 미국으로 되파는 이른바 '우회 수출' 전략을 무력화하는 효과도 있다. 중국은 USMCA 협정 발효일 전까지 이 3개국들과 FTA를 체결하지 않은 상태였다.

비시장국가 개념의 기원은 미국을 비롯한 서구 자본주의가 사회주의 계획경제체제 아래 국가가 덤핑 수출하는 것을 규제하기 위해 도입된 것이다. 비시장국가로 지정된 국가의 상품은 정상 가격보다 낮은 가격으로 수출된 것으로 평가돼 반덤핑이나 상계관세 판정에 불리할 수밖에 없다. 중국, 러시아, 베트남 등은 WTO에 가입하면서 몇 년 동안 비사장경제임을 인정하고 경제체제를 변화시키기로 합의했었다. 중국은 2001년 WTO 가입 당시 이후 15년간 비시장경제지위를 인정했다. 그러나 이 기간을 기다리기 어려웠던 중국은 개별 국가와 통상협상을 벌여 시장경제 지위를 인정받는 전략을 추진해 70여개 국가가 중국의 시장경제 지위를 인정했다. 반면 2017년 트럼프대통령이 중국 방문을 앞두고 미국 상무부는 중국의 비시장경제 지위를 재확인했다(DoC U.S., 2017). 이는 중국시스템이 충분한 시장원리에 의해 작동하지 않았기 때문이었다. 미국은 중국경제가 '당-국가 체제' 하에서 정부 소유권, 주요 경제주체들에 대한 통제 및 지시 등의 수단을 통해 자원이 배분된다고 판단했다. 이러한 통제는 제조업, 에너지 및 인프라 분야의 최대 금융기관과 선도기업을 포함한 중국경제 전체에 만연해 있다고 봤다. 미국은 시장에 대한 중국정부의 통제가 환율, 투입가격

(input price) 형성에서부터 노동의 이동, 토지이용, 국내외 투자배분, 시장 진입과 퇴출까지 광범위한 영역에서 이뤄지는 것으로 인식한다.[7]

초국적 연결성을 위한 인프라 구축 경쟁

'글로벌 사우스(Global South)'는 '연결제국'들의 초국적 연결성을 위한 인프라 구축 경쟁의 장이 되고 있다. 남반구는 사회경제적, 정치적 맥락에 따라 정의되곤 하는데 일반적으로 경제발전 수준이 낮고 사회불평등이 심하며 역사적으로 식민지와 불평등한 권력을 경험한 국가들을 지칭한다. 지정학적 관점에서 GVC를 봤을 때, 현재 미국과 중국의 전략적 경쟁은 글로벌 사우스를 자국주도의 가치사슬에 편입시키려는 전략적 의도이자 결과물이다. 이 과정에서 초국적 인프라 구축은 필수적인 '연결자산'의 역할을 한다. 미국은 중국의 BRI를 '중화주의 세계화(Sinnocentric globalization)'를 실현하는 수단으로 보고 이에 대한 대응전략을 추진해 왔다(Simonov, 2025). 즉 미국은 BRI를 중국의 정치적, 경제적 영향력을 확대하는 도구일뿐만 아니라 중국중심의 기준과 규범에 기반한 새로운 세계화 모델로 판단한다. 미국주도의 초국적 인프라 구축전략은 부침을 거듭하고 있지만 2019년 이후 '블루 닷 네트워크(BDN: Bule Dot Network)', '더 나은 세계 재건(B3W: Build Back Better for the World)', '글로벌 인프라 및 투자 파트너십(PGII: Partnership for Global Infrastructure and Investment), 가장 최근에는 '인도-중동-유럽 경제회랑(IMEC: India-Middle East-Europe Economic Corridor)'까지 이어지고 있다. 이러한 초국적 인프라 구축 프로젝트는 내용은 다르지만 중국의 BRI에 대응하는 '미국판 일대일로'의 특성을 갖는다.

BDN은 2019년 11월 아세안정상회의 기간 인도-태평양 비즈니스 포럼에서 미국이 일본, 호주와 함께 공식화한 구상이다. 목표는 미국(OPIC: 해외민간투자공사), 일본(JBIC: 일본 국제협력은행), 호주(외교통상부)가 합작해 인도-태평양지역과 전 세계에 시장주도적이고 투명하며, 재정적으로 지속가능한 인프라 개발을 촉진하는 것이다(OPIC, 2019). 이는 중국의 BRI가 국가주도, 불투명, 재정적으로 지속불가능한 사업으로 글로벌 사우스 국가들의 발전이 되기보다 중국의 패권추구를 위한 도구이자 해당국가를 '부채의 덫'에 빠뜨릴 수 있는 위험한 프로젝트라는 인식에 기반하고 있다. BDN은 중국의 초국적 인프라 정책을 '억제' 혹은 장기적으로는 중국과 글로벌 사우스 국가들간 연결성을 '봉쇄'하기 위한 것이다. 이 프로젝트는 초국적 인프라에 대한 공공 및 민간 투자에 대해 신뢰할 수 있는 표준, 재정 투명성, 환경 및 경제적 영향을 토대로 사업의 평가 및 인증을 보장한다. 초국적 인프라 프로젝트에 대한 품질인증을 한다는 점에서 BDN은 '미슐랭 가이드(Michelin guide)'에 비유되기도 한다(ABC News, 2019). 이에 따르면 중국의 BRI는 물류개선을 위해 항구를 건설하지만 군사적 전초기지 역할을 하고, 종종 자금조달과 조건에 대한 투명성이 부족하며 건설, 환경 및 노동기준도 무시한다. 반면 BDN '인증'을 받은 프로젝트는 자금조달이 투명하고, 높은 환경 및 노동기준들을 충족하여 개발도상국들의 고품질 인프라 수요를 충족시킬 수 있다.[8] 미국은 BDN이 BRI의 약탈적 행위로부터 국제사회를 보호하기 위한 미국의 리더십을 투영하는 장으로 자평한다(Arha, 2021).

2021년 6월 영국에서 열린 제47차 G7 정상회의에서 B3W 이니셔티브가 발표됐다. 이는 도로, 교량, 공항만, 발전소 등의 건설에 대한 신용금융으로 초국적 인프라 네트워크 구축에 중점을 둔 BDN의 연장선상에서 추진됐다. B3W는 BDN의 원칙을 공유하며 더 높은 연결성으로 경제 및 무역을 통해 개발도상국에 투자 효과를 제공한다는 목표를 내세웠다. 또한 중국 BRI에 대응하는 새로운 형태의 혁신적이고 탄력적인 '고품질 인프라

(quality infrastructure)'⁹의 지향도 강조했다. G7 국가들은 정상회의에서 중국과의 전략적 경쟁을 논의하고 개발도상국들의 인프라 수요의 충족을 위한 구체적 행동에 합의했다. B3W는 개발도상국에 2035년까지 40조 달러 이상의 인프라 구축 자금을 지원하기 위해 '민주주의 국가'들이 주도하는 '가치 중심(value-driven)', '높은 표준', '투명한 인프라' 파트너십이다. 바이든정부는 이를 통해 미국 일자리 계획에 따른 국내 인프라 투자를 보완하고, 미국 경쟁력을 해외에서 입증함과 동시에 국내 일자리 창출을 위한 새로운 기회를 만든다는 목표를 제시했다(The White House, 2021b). B3W의 원칙은 〈표 6-4〉와 같이 요약할 수 있다.

〈표 6-4〉 B3W 원칙

원칙	주요 내용
가치 주도형	• 재정적, 환경적, 사회적으로 투명하고 지속가능한 방식으로 인프라 개발 • 수혜국에 긍정적 비전과 투명한 자금원 제공
좋은 거버넌스와 강력한 기준	• 환경적 기후, 노동과 사회적 안전장치, 투명성, 자금조달, 건설, 부패 방지 등과 관련하여 높은 기준과 원칙 • 업데이트된 블루닷 네트워크
기후 친화적	• 투자는 파리 기후협정의 목표와 일치하는 방식
강력한 전략적 파트너십	• 수혜자와 파트너십 구축 • G7 및 다른 주체들과 영향력과 효과 범위 확장을 위한 TF 설립
개발금융을 통한 민간자본 동원	• 자금지원 및 조달을 위해 대규모 민간자본 동원 • 공적 자금과 함께 시장 주도적인 민간 부문에 의한 인프라 투자
다자간 공공금융의 영향력 제고	• 다자개발은행을 비롯한 국제금융기구들과 엄격한 기준 마련 및 협력 • 국제금융기구들과 협력하여 인프라 투자에 필요한 공공 및 민간 자본동원

출처: The White House(2021b). 내용을 토대로 저자 작성.

B3W에 대한 평가는 다양하다. 미중 갈등 속에 선진 G7 국가들이 대중국 '봉쇄'전략에 동참했다는 점에서 BDN보다 참여주체가 확대되었다. 그리고 좋은 거버넌스, 환경 및 사회적 영향에 대한 고려, 투명성에 대한 강조는 긍정적 측면임이 분명하다. B3W는 개발도상국을 지원하는 효과뿐만

아니라 참여국들의 국내 일자리 창출 및 수출증대 등으로 경제성장에 기여할 수도 있다(Savoy and McKeown, 2022). 그러나 G7 국익을 위한 것인지, 수혜국의 이익을 중심으로 실행될지는 향후 실행과정에서 판단해 볼 문제이다. 또한 대규모 민간자본을 동원한다는 계획인데, 민간자본이 긴 투자 회수기간을 가진 프로젝트에 적극적으로 참여할지는 미지수다. 이와 별개로 중국은 B3W를 '해적판 BRI'로 평가절하했다(Lin, 2021). 중국 내 평가에 따르면 B3W는 BRI와 경쟁할 수 없을뿐만 아니라 어떻게 운영·실행되는지도 불분명한 상태로 일종의 슬로건에 가깝다. 따라서 B3W은 개발도상국의 이익에 부합하지 않으며 본질적 목표는 개발도상국들을 BRI 사업에서 분리하고 협력하지 않도록 하는 것이라 비난했다. 2035년까지 40조 달러 이상의 투자금액도 현실성이 없다고 본다. 왜냐하면 이 투자규모는 G7의 국가들의 2020년 기준 GDP를 합친 금액보다 더 많은 금액이고 미국과 영국을 비롯해 참여국들이 과도한 국가부채에 시달리고 있기 때문이다.

B3W는 2022년 6월 독일 G7 정상회의에서 PGII로 명칭 변경과 함께 보다 구체화됐다. 미국은 중국 BRI와 개발도상국에 대한 세력 확장을 견제함과 동시에 세계 공급망을 강화하여 국가안보의 견고함을 높이고자 했다. 이 프로젝트는 BRI 핵심 거점으로 지목되는 앙골라, 인도네시아 등을 초기투자대상국으로 선정해 대중국 견제 의도를 드러냈다. PGII는 2027년까지 총 6,000억 달러(780조원)의 막대한 투자를 제공한다. 재원조달 방안은 미국 2,000억 달러(약 258조원), 유럽이 3,000억 달러(약 409조원)를 투자하며, 다른 협력국, 다자개발은행 및 금융기관, 국부펀드 등으로부터 추가자금을 모집한다는 계획이다(글로벌 과학기술정책 정보서비스, 2022). 4대 우선 투자분야는 기후변화 대응, ICT 네트워크 및 인프라, 성평등, 보건 시스템 인프라와 세계 보건안보를 포괄한다. 핵심투자 분야로 제시한 태양광, 5G 이동통

신 설비, 핵심 광물 정제 및 처리, 배터리 제조시설 등은 중국이 글로벌 시장을 장악하고 있는 산업으로 이는 PGII가 개발도상국을 위한 인도주의적 사업보다 '경제·안보'문제와 직결되어 있음을 나타낸다. 2023년 일본 G7 정상회의에서도 공공 및 민간 자본 유치와 함께 이 프로젝트의 확장을 위한 기회발굴 노력을 천명했다[10](The White House, 2023a).

미국은 PGII 출범 이후 2023년 상반기까지 보조금, 재정지원, 민간 부문 투자 활용 등을 통해 300억 달러를 투입했다. 백악관은 이러한 글로벌 '고품질 인프라' 구축을 통해 개발도상국의 포용적 성장 지원, 경제안보 보장, 글로벌 공급망의 다변화, 미국 노동자와 기업을 위한 혁신 인프라 생태계 조성이 가능하다고 밝혔다. PGII는 BRI에 비해 범위가 작고 민간투자에 의존하는 경향이 크다. 또한 G7은 일대일로가 지정학적 경쟁의도가 강하다고 비판하지만 PGII 역시 BRI의 전략국가에 대한 집중투자한다는 점에서 같은 맥락이다. 다만 PGII는 G7 국가들과 민간부문이 협력적 거버넌스 모델에 기초하고 있는 반면 BRI는 중국정부 및 국유기업 참여를 토대로 한 계층적 거버넌스 모델이라는 차이를 보인다. 〈표 6-5〉는 중국의 BRI와 G7 PGII 내용을 비교한 것이다.

〈표 6-5〉 중국 BRI와 G7의 PGII 비교

	BRI	PGII
시작 연도	2013	2022(B3W-2021)
목표 완료 연도	2049	최종 완료 연도는 미공개. 2027년까지 6천억 달러 조달 목표
개발 영역	하드 인프라: 도로, 철도, 항만, 디지털, 그린, 건강 영역, 에너지 및 기술	소프트 인프라: 기후, 건강과 보건 안전, 현대화된 디지털 기술, 성공정(gender equity) 및 평등
주요 자금 조달계획	공적 자금	민간 자금
현 상태	진행 중	개발 중

출처: Simonov, M.(2025). p. 3.

2023년 9월 G20 정상회담에서 공개된 IMEC도 '미국판 일대일로'로 평가된다. 이 초국적 인프라 투자계획에는 사우디아라비아, 유럽연합, 인도, 아랍에미레이트, 프랑스, 독일, 이탈리아 그리고 미국이 참여한다. 목표는 아시아, 아리비아만(Gulf of Arabia) 그리고 유럽 간의 연결성 개선과 경제적 통합을 통한 역내 경제발전이다. 이 계획에 따르면, 인도와 아리비아만을 연결하는 동쪽 회랑과 아라비아만을 유럽으로 연결하는 북쪽 회랑 등 두 개의 분리된 회랑이 구축될 예정이다. 이 경제회랑이 완성되면 비용효율적인 국경 간 해운, 철도 물류 네트워크를 제공할 수 있고 철도노선을 따라 전기와 디지털 연결을 위한 케이블, 청정 수소 수출을 위한 파이프라인의 부설도 이뤄진다. 이 회랑은 지역별 공급망을 확보하고 무역 접근성을 높이며 아시아, 유럽 및 중동의 경제적 통합과 온실가스 배출 저감, 일자리 창출 등을 기대하고 있다(The White House, 2023b). 〈그림 6-3〉은 IMEC 연결성 계획의 루트를 나타낸 것이다.

〈그림 6-3〉 인도-중동-유럽 경제회랑(IMEC) 계획

출처: Lowy Institute (https://www.lowyinstitute.org/the-interpreter/)

IMEC의 현실화 가능성에 대해서는 아직 논쟁 중이다. 왜냐하면 중동에 대한 중국의 영향력이 이미 크게 작용하고 있기 때문이다. IMEC의 중요한 연결고리는 동유럽에서 가장 큰 항구인 그리스 피레우스(Piraeus) 항구로 이스라엘 하이파(Hiifa) 항구에서 들어오는 물류를 받게 된다. 그러나 중국 국영 해운회사인 코스코(COSCO Shipping, 中国远洋海运集团有限公司)는 그리스정부가 회사 지분의 2/3를 매각한 2016년부터 이 항구의 최대 주주다. 중국은 그리스 부채위기 이후 피레우스 항구 투자를 BRI '모범적 프로젝트'로 평가할 정도로 전략적으로 중요한 물류 거점지역이다. 중국은 페레우스 항구를 중국과 유럽의 빠른 육-해연결, 아시아와 유럽간 연결을 위한 허브로 인식하고 있고 중국 국영선박이 이곳으로 집중되면서 현재 이 항구는 지중해에서 가장 중요한 환적 허브다. 코스코는 초기 페리우스 항구 지분의 51%를 인수했지만 이후 67%까지 증가했다. 따라서 중국은 이 항구의 미래를 결정할 수 있을 정도로 강한 영향력을 보유하고 있다(Bail, 2022). 더욱이 중국과 아랍만 사이의 깊은 재정적 유대로 IMEC 구상은 심각을 도전에 직면할 가능성이 크다. 중국과 사우디아라비아 무역액은 미국-사우디아라비아 무역액의 거의 두 배에 달한다(2022년 기준). 중국은 사우디아라비아 최대 항구인 홍해 게이트웨이터미널(Red Sea Gateway Terminal) 지분 20%를 인수했으며 UAE 북동부 푸자이라(Fujaira) 도시와 사우디아라비아 국경 연결을 목표로 하는 에티하드(Etihad Rail)에도 투자하고 있다. 이러한 투자는 UAE의 주요 산업 중심지, 제조기지, 물류 허브 및 주요 항구를 연결하는 최대 규모의 철도 동맥이 될 것이다(Khan, 2023).

메가-지역 경제통상협력체 IPEF

2022년 5월 미국주도로 인도-태평양 경제프레임워크(IPEF: Indo-Pacific

Economic Framework)이 출범했다. 이 정책의 기원은 2019년 11월부터 트럼프 정부가 추진했던 경제번영네트워크(EPN: Economic Prosperity Network)다. EPN 은 중국을 배제하고 미국주도의 GVC 및 경제동맹을 구축하는 전략이며 핵심은 '가치사슬의 진영화'로 일차적으로 강한 대중견제가 목적이다. 이 프로젝트는 '동맹국들'을 중심으로 디지털 비즈니스, 에너지 인프라, 무역, 교육 그리고 상업분야에서 동일한 표준화 틀(시장 표준화) 속에서 운영되는 기업, 시민사회 그룹 등을 포함한다. 참여국 범위도 인도-태평양 동맹 국 가들뿐만 아니라 라틴아메리카 포함도 언급됐다(Pamuk and Shalal, 2020). 내 용적으로 보면 중국의 BRI 전략에 대응하는 구상으로 알려졌지만, 발표 당시 중국을 배제한 GVC 구축의 실효성과 함께 이미 TPP를 탈퇴한 트럼 프정부의 정책 일관성이 문제점으로 제기됐다. 트럼프 1기에 이은 바이든 정부는 인도-태평양지역에 대한 중요성을 더욱 강조하며, 2022년 2월 미 국의 핵심적 이익이 존재하는 인도-태평양지역에서 중국이 영향력 확대 를 견제하고 미국의 역내 리더십 유지 및 강화를 위해 '인도-태평양 전략 (Indo-Pacific Strategy of United States)'을 공개했다(The White House, 2022a). 핵심 내용은 미국과 '가치를 공유하는 동맹들'과 함께 '보다 연결되고(connected), 번영·안전하고, 회복력 있는(resilient), 자유롭고 개방된(free and open) 인도-태평양지역 구축이다. 이러한 흐름들이 2022년 5월 IPEF로 집약됐다.

　IPEF는 2017년 TPP 탈퇴로 상징되는 트럼프정부의 아시아-태평양지역 에서의 '후퇴'를 새롭게 '복원'하고자 하는 시도다(Khalid 2023). 이 지역에서 미국이 '후퇴'하는 동안 중국은 2020년 11월 세계 최대 지역자유무역협정 인 '역내포괄적경제동반자협정(RCEP)'을 주도하며 아시아-태평양지역에서 영향력을 확대해 나갔다. 따라서 IPEF는 경제적 동맹의 특성과 더불어 이 지역에서 중국의 영향력을 견제하고 미국의 리더십을 강화하고자 하는 지정학적 전략 실행을 위한 도구로 봐야 한다(Chen, 2024; Whiteside, 2022). IPEF 의 구성은 무역, 공급망, 청정경제, 공정경제의 네 개의 필라(Pillars)로 이뤄 졌으며 2024년 현재 무역을 제외한 3개의 필라는 타결 및 서명을 완료된 상태다. 무역은 미국 무역대표부(USTR)가, 나머지 필라들은 미국 상무부가 주도하여 협상을 추진했으며 전체 14개국 중 인도는 우선 필라 2~4만, 그 외 국가들은 모든 필라협상에 참여했다. 인도가 무역필라에 참여하지 않는 이유는 미국과 시장개방 등 무역파트너로 협상하기에는 아직 시기상조고, 무역분야에서 정하게 될 환경규제, 국경 간 데이터 이동을 통한 디지털 무 역에 대한 준비 미비 등으로 알려졌다(윤소연, 2022). 현재 무역필라 협상이 중단된 이유는 베트남과 인도네시아를 포함한 일부 참여국들이 노동과 환 경기준 수용을 거부했고, 미국 역시 국내 정치적 조건과 디지털 무역 문제 에 있어 국내 이해관계자들의 이해관계 조정을 이유로 유보적인 태도를 보 였기 때문이다(강선주, 2024: 6-7).

IPEF는 지역자유무역협정이 아니라 '연성법적 협력체' 수준이다. 따라 서 의회승인이 필요하지 않은 행정협정(executive agreement)이고 이 협정을 주 도한 미국도 IPEF는 전통적이 자유무역협정이 아니라고 이미 밝혔다. 즉 협정 규칙의 준수를 대가로 관세 인하나 '시장접근(market access)'이 주어지 지 않는다. 따라서 IPEF는 CPTTP나 RCEP처럼 지역자유무역협정으로 볼 수 없고 협정 내 표준과 목표도 CPTTP에 훨씬 못 미친다(강선주, 2022: 6). 또한 참여주체와 내용도 지정학적 고려가 상당히 반영됐다. 결국 이 협 의체는 미중갈등이 본격화된 시기에 중국의 영향력을 견제하기 위해 출범 한 것이다. 미국의 안보조약 동맹국 호주, 일본, 필리핀, 한국, 태국이 모두 참여하고 있고, 미국-호주-인도-일본 4자 안보대화 그룹(Quad)과도 유사 한 중첩이 있다. 이는 전통 안보와 경제 안보의 융합이 증가하는 최근 상황

〈표 6–6〉 IPEF 부문별 주요 의제 및 평가

분야	주요 의제	평가
1. 무역 (USTR) *협상중단	• 규범 고도화: 노동, 환경, 디지털경제, 농업, 투명성/모범규제관행, 서비스 국내 규제, 경제정책, 무역원활화 • 포용성(노동자 존중) • 기술지원과 경제협력	• 관세 인하 등을 통한 시장접근 개선 의제를 배제함에 따라, 규범의 고도화에 대해 개도국이 동의할 유인 부족(단, 기술지원과 소규모 경제협력은 포함) • 규범의 구속력 확보를 위한 분쟁조정 기제 부재 • 수출통제 및 투자심사 논의 축소
2. 공급망 (상무부) *타결/서명 2023.11.16	• 중요(critical) 부문 및 물자의 기준 마련 • 중요 부분 및 물자에 대한 회복력과 투자 증대 • 정보공유 및 위기대응 기제 부족	• 중요 부문 및 물자에 대한 회복력과 투자 증대를 위한 참여국의 협력 유인 불분명 • 공급망 관련 정보공유 및 위기 대응을 위한 민간기업 협력 유인 불분명
2. 공급망 (상무부) *타결/서명 2023.11.16	• 공급망 물류 강화 • 노동자 역할 강화 • 공급망 투명성 개선	• 공급망 관련 문제를 포착하고 해소하기 위한 비참여국과의 협력 기제 불분명 • 공급 급감이 아니라 수요 급등에 의한 수급 차질 문제 대응 불분명
3. 청정경제 (상무부) *타결/서명 2024.06.06	• 에너지 안보 및 에너지 전환 • 우선순위 부문 온실가스 배출 감축 • 육지, 물, 해양에서의 지속가능 해법 도출 • 온실가스 제거를 위한 혁신기술 개발 (CCS 등) • 청정경제 전환을 위한 유인책 도입	• 수소 이니셔티브를 제외하면 전반적으로 기술협력이나 제도개선에 관한 세부 내용 부족 • 지속가능 기반시설 투자와 재원 마련에 관한 논의 축소(주: 2차 대전 후 서유럽을 재건하고 공산주의의 확산을 차단하기 위해 추진된 마셸플랜처럼 참여국의 결속을 다지고 기후변화 대응을 촉진하는 그린 마셸플랜과 같은 대규모 협력 사업 부재)
4. 공정경제 (상무부) *타결/서명 2024.06.06	• 반부패 • 조세 • 역량배양 및 혁신 • 협력, 포용적 공동작업, 투명성	• 유엔반부패협약(UNCAC), 금융행동작업반(FATF) 기준, OEDC 반부패 협약 등을 언급하지만 반부패 관련 세부 과제 불분명 • OECD/G20 BEPS 프레임워크를 언급하지만 조세 관련 세부 과제 불분명

출처: 경제인문사회연구회(2023). p. 일부 추가.

을 반영한 전략적 행위의 결과이다(Ward, 2022). IPEF는 중국에 어떤 영향을 미칠 것인가? 미국은 참여국들의 협력으로 역내 중국중심의 가치사슬 및 공급망 관계를 줄이거나 차단함으로써 '탈중국화'된 GVC 구축을 바란다. 어떤 방식이든 이러한 미국의 지향은 중국에 부정적 영향을 미칠 수 있다. 다른 한편, IPEF의 규칙과 기준은 국제시스템의 균열을 촉진할 수 있다. 미국의 관점에 따르면, 기존 다자간 무역시스템은 '국가자본주의'에 침식당했으며 이는 미국 무역불균형과 산업공동화의 근본적 원인이다. 미국은 노동, 환경, 디지털 표준 등에 대한 규칙을 제정하여 IPEF를 자국의 통제하에 두려고 할 수 있다(Chen, 2024).

중국은 미국주도의 IPEF에 대해 '경제적 협력'의 외피를 쓰고 있지만 중국 견제하는 위한 '정치적 프레임워크'에 불과하고 그 실제 목적은 중국과 '분리'된 아시아-태평양지역 가치사슬 및 공급망이라 비판한다. 또한 '행정협정'인 IPEF는 미국 내 정치권력이 교체되면 언제든지 내용이 변경되거나 더 나아가 폐기까지 이를 수 있는 불안정한 협정이라는 점도 지적한다. 협정의 한계는 무엇보다 '관세완화' 및 '시장접근' 관련 내용이 사실상 없기 때문에 회원들이 실질적으로 참여에 따른 혜택이 상당히 제한되는 것이다. 중국은 미국이 내세우는 IPEF의 긍정적 비전은 이와 같은 '선천적 결함'을 은폐하기 위한 위장에 불과하다는 입장이다. 결국 이러한 '블록 대립적 사고방식(bloc confrontational mentality)'과 '지정학적 사악함(geopolitical evil)'에 기반한 IPEF는 예정된 실패의 운명을 맞이할 것이라 비난한다(Global Times, 2022; 2024; Peisong, 2024). 실제 이 협정의 실효성에 대한 의문은 끊임없이 제기됐다. 관세인하와 시장접근 문제 이외에도 예를 들면, 지난 수십년 동안 이 지역내 구축된 중국중심의 가치사슬 및 공급망 체계를 IPEF로 재편한다는 것은 거의 불가능에 가깝다. 상당수의 국가들에서 중국은 최대무역국 지위를 가지고 있으며, 동아시아 및 태평양 경제의 대외무역 대부분은 역내 무역(55%)이며, 북미와 관련된 무역은 12%에 불과해 역내 경제활동의 대부분은 미국보다 중국과 더욱 밀접한 연결성을 가지고 있다는 점도 이 협정의 실효성을 낮게 보는 이유다(Chow, 2023: 16). 더불어 미국이 자국중심의 보호무역주의 시각을 과잉 반영하고자 할 경우 인도-태평양지역 내 협력을 강화하여 공급망의 회복력을 높인다는 목표는 좌초될 가능성이 높고 다중연결성을 지향하는 다수의 국가들[11]은 협의체의 원심력으로 작용할 수 있다.

2. 중국의 연결성 재편전략

1) 내부화

신형거국체제 : 국가-시장 하이브리드 시스템

신형거국체제는 미중 기술패권 전쟁이 가속화되는 과정에서 과학기술사업의 독자성을 강조하며 '부활'한 개념이다. '거국체제(whole nation)'는 중국의 계획경제 시대에 지배적이었던 오래된 방식으로, 국가의 강한 자원배분 능력을 바탕으로 한다. 국가는 이러한 능력으로 우선 순위가 높은 분야에 자원을 집중배치해 발전의 속도를 높일 수 있었다. 중국의 개혁 · 개방 이후 사회주의 '시장경제'로 전환하면서 '거국체제' 개념은 사라지는 듯 했으나 미중 전략적 경쟁이 본격화된 2019년, 제19기 중국공산당 중앙위원회 4차 전체회의 후 '거국'이라는 용어가 활성화되기 시작했다. 당시 시진평주석은 기술발전과 혁신을 추진하기 위해 '신형 거국체제(new type whole nation system, 新型举国体制)' 구축을 제안했다(Tan and Song, 2022). 거국체제의 필요성은 이전부터 제기됐다. 2006년 중국 학계와 정책결정자들은 그동안 추진해 왔던 수출중심적 발전방식에서 벗어나 사회주의 유산을 재창조하여 기술혁신과 독립 달성해야 한다는 의견을 제안했다. 이러한 논의는 2008년 글로벌 금융위기를 거치면서 힘을 받기 시작했고 미국과의 무역 및 기술전쟁을 거치면서 정치적 정당성을 높여갔다.

2022년 27차 중앙전면개혁심화위원회(CCDR, 中央全面深化改革委员会)에서 시진핑주석은 과학기술 역량을 총동원해 반도체를 비롯한 주요 분야에서 핵심기술을 빠르게 확보하기 위한 새로운 체제를 선언했다. 이 회의는 "사회주의 제도는 역량을 집중해서 큰 일을 처리하는 데 두드러진 우세"를 가지고 있어 사회주의 시장경제 조건 아래 중대한 핵심기술 난관을 돌파하기 위한 신형거국체제 완비에 대한 의견(가이드라인)을 심의·통과시켰다[12](Xinhua, 2022). 위원회는 '정부, 시장, 사회를 유기적으로 결합'해 과학적인 계획을 수립하고, 국가적 역량을 집중하여 목표를 달성한다는 방침을 세웠다. 중국이 추진하는 이 신체제는 중국과 서구를 대립시키는 이분법적 내러티브(narrative)를 넘어서기 위한 시도다(Zhang and Lan, 2022). 첫째, 시장과 국가의 대립구도는 더 많은 시장은 자동적으로 더 적은 국가를 의미하고 그 반대도 마찬가지라는 인식인데 현 단계에서는 이 구도를 넘어서야 한다는 입장이다. 둘째, 서구의 민주적 자유시장(democratic free-market) 자본주의와 동양의 권위주의적(authoritarianism) 자본주의의 이분법에서 후자는 일탈적인 '타자'로 재현된다. 이러한 인식은 세 번째로 인식으로 이어지는데, 이는 중국의 민족주의적 상상력을 오해할 뿐만 아니라 전 세계적으로 부상하는 '국가-시장 하이브리드(state-market hybrids)'의 다양한 연속체와 국가자본주의의 시공간적 특성을 간과한다. 이에 따르면, 영미식이든 유럽식이든 자본주의 역사적 과정에서 국가가 주도적으로 시장을 창출하고 규제 및 개입해 왔다는 점을 상기시킨다. 즉 국가는 자본의 촉진자(promoter), 감독자, 직접 소유자로서 역할을 확대할 수 있고 이는 국가자본주의를 자유시장 자본주의 예외나 일탈로 볼 것이 아니라 자유주의적 형태를 포함한 자본주의 국가의 특정한 표현양식으로 봐야 한다는 의미다. "국가자본주의는 자본주의 국가 형태에 포함되어 있는 DNA에 내재된 충동"(Alami and Dixon, 2023: 85)이다.

이 이분법적 내러티브에 따르면 신형국가체제는 모순적으로 보일 수 있지만 개념적으로는 '당-국가', 시장, 사회를 융합하여 전략적 목표를 달성하기 위한 새로운 체제이다. 예를 들어 국영기업에는 시장 논리를, 민영기업엔 당-국가 논리를 상호 침투시켜 각 영역의 장점을 최대한 활용하고 사회적 자원을 집중시킨다. 이 체제의 전제는 국영기업은 더욱 효율적으로, 민간기업은 산업정책을 수행하는 도구다. 이 과정에서 국영기업은 '더 강하고, 더 크고, 더 나은'기업으로 재탄생하고 공공과 민간기업의 중국 공산당 조직(cells)을 통하고 국가 지도펀드(guidance investment funds)로 기업의 공공 소유권 행사를 '기업관리'에서 '자본관리'로 전환해 공공과 민간을 혼합한다(Tran, 2021). 이 '공사혼합기업(mixed ownership)'하에서는 국영기업이 민간부문의 투자를 끌어들이고, 민간기업은 국영 파트너를 찾아내길 바란다. 이러한 상호침투를 통해 국영기업은 민간의 창의적 아이디어를, 민간기업은 국가와의 연계로 자본을 더 쉽게 모을 수 있다. 결국 신형거국체제는 기존 이분법적 사고를 뛰어넘어 상호 경계가 흐려지거나 사실상 무의미해지고 있다는 평가를 받는다.[13]

〈표 6-7〉은 1950년대 구형 거국체제부터 현재 신형 거국체제로의 이행 과정을 설명한 것이다. 신형거국체제는 1960년대 거국체제를 중국의 핵 및 위성 프로그램과 연결해 전략적 기술을 발전시키기 위한 금융도구와 산업정책을 사용하는 현대 국가주도의 노력에 긍정적 의미를 부여한다. 이 체제는 세계적 불황 이후 세계적 도전에 대한 '중국적 해결책'을 모색하

구분	구형 거국체제(OWSS) (1950년대~1970년대)	전환적 기간 (1980년대~2000년대 초)	신형거국체제(NWSS) (2000년대 중반~현재)
주요 목표	자원을 집중하여 핵심 프로젝트 수행	수익 창출 및 혁신 촉진	핵심 산업발전을 위한 자원 집중
거버넌스 구조	더 많은 중앙집중	더 많은 탈집중	중간수준의 중앙집중화
지정학적 조건	냉전과 중국-소련 분할	미-중 협력과 차이메리카	미-중 무역과 기술전쟁
새로운 정책도구	중앙 특별위원회, 국가 계획위원회, 당 지부와 대중동원	대학 출자기업(USOs), 주주 개혁, 주식시장 및 지방정부의 토지금융	혼합소유 개혁(MOR), 정부 지도자금(GGF), 지방정부 금융 수단(LGFV), 해외 진출 정책, 당 권력의 재공고화
금융화의 수준	낮음	중간	높음
주요 사례	핵과 우주 프로그램	부동산 분야의 칭화대 기업 비즈니스	반도체산업에서 칭화대 기업 비즈니스

출처: Zhang, L. and Lan, T.(2022), p. 9.

기 위한 것이며, 당-국가의 자원동원력과 유연한 힘을 정당화하기 위해 과거 사회주의로부터 아이디어와 경험을 발굴했다(Zhang and Lan, 2022). 구형 거국체제는 냉전 시기 어려운 중국의 입장에 대한 대응이었다. 1960년대 중-소 분열 이후 중국은 미국과 소련으로부터 군사적 위협과 경제적 제재에 직면했고 전략적 방위산업의 돌파구를 주도하기 위해 국가가 경제발전에 대중의 참여를 동원하고 모든 부문의 자원을 추출하도록 선도했다. 그러나 1980년대~90년대 구형 거국체제는 점차 해체되었고 경제발전에 우선 순위를 두면서 당-국가는 시장의 힘으로 경제성장을 촉진하고 수익창출을 유인하는 도구로 재출발했다. 이 시기 '인내 자본(patient capital)'[14]은 부족했고 빠른 수익창출 압력에 '쉬운 돈(ease money)' 기회에 집중하는 경향이 강해졌다. 2008년 글로벌 금융위기는 신형 거국체제의 공식적 승인을 위한 '과도기적 순간'이었다. 저부가가치 상품에 대한 외부 수요의 붕괴는 GVC에서 고부가가치 점유의 필요성을 더욱 절실하게 만들었다. 2012년 취임한 시진핑주석은 전략적 신흥산업과 자금지원 계획을 승인하고, '중국 제조 2025', '인터넷 플러스(Internet Plus)'와 같은 기술민족주의 전환을 가속화했다. 2013년 제18기 중앙위원회 3차 전원회의에서는 당-국가 리더십과 시장세력을 모두 강화하는 중국경제 구조조정의 청사진을 제시했다. 이 청사진은 '혼합소유 개혁'을 재도입하고 국영 자본을 활용하여 민간기업 고도화, 공기업의 효율성 개선, 민간자본을 신흥·첨단산업으로 유도하는 것을 목표로 했다. 이어 미중 무역 및 기술전쟁의 심화는 신형 거국체제의 정당성을 강화했다.

중국제조 2025 : 미중갈등의 씨앗

'중국제조 2025(Made in China, 中国制造 2025)'는 2015년 5월, '제13차 5개년 계획(2016~2020년)'으로 공식 발표된 중국의 야심찬 제조업 육성전략이다. 핵심은 '제조대국'에서 '제조강국'으로, 선진국에 대한 '추격전략'에서 '추월전략'으로 이행이다.[15] 중국은 독일의 Industry 4.0(2012년) 등 선진국의 제조업 혁신전략 추진과 중국보다 저렴한 노동비용을 앞세운 신흥 개발도상국의 빠른 성장으로 비교우위가 침식되면서 이를 돌파하기 위한 국가적 비전이 필요했다. '중국제조 2025'는 이러한 대내외적 조건변화 속에서 제조강국 실현을 위한 30년 대계(大計)로 세계 최고 첨단제조업 강국으로 도약 비전을 공식화했다(국제무역연구원, 2019; 박석중·최원석, 2020).

추진목표는 1단계(2016~2025년)는 IT와 제조업 융합을 통해 산업고도화 기반을 마련하여 '제조강국 대열에 진입'하고(일본 제조업 경쟁력 추월), 2단계(2026~2035년)는 혁신능력 제고로 '제조강국 중간수준'의 지위를 확보한 후(독일의 제조업 경쟁력 추월), 3단계(2036~2045년)에는 제조업 분야의 경쟁우위, 선진기술 및 산업시스템 완성으로 세계적 '제조업 선도국가'로 발전하는 장기 로드맵이다(미국의 제조업 경쟁력 추월).[16] 이러한 전략적 로드맵의 목표는 신중국 건국 100주년인 2049년에 '중국특색 사회주의 현대화 강국'을 건설하여 중화민족의 위대한 부흥인 '중국몽' 실현이다. 주목할 점은 이른바 '자국 완결형 가치사슬'인 홍색공급망(Red supply chain) 구축을 전면화한 점이다(유기자, 2016). 홍색공급망을 위해 핵심부품 국산화율을 2020년 40%에서 2025년 70%까지 달성하고 그 중심에는 연간 2000억달러 이상을 수입하고 있는 반도체산업이 있다. 하나의 반도체기업에는 16,000개의 공급업체가 있을 정도로 GVC가 가장 잘 발전되어 있는 미래의 핵심 첨단산업이다. 요약하면 '중국제조 2025'는 가치사슬 진화와 내부화(홍색공급망)를 동시에 추진하여 세계 제조강국으로 도약하는 전략이다.[17] 중국이 홍색공급망을 구축하여 자급비율을 높일수록 부가가치 무역의 흐름은 축소될 수 있다.

그동안 미래 첨단산업을 주도해 왔던 미국과 유럽 등 선진국들은 '중국제조 2025'를 상당한 위협으로 인식했다. 이 계획을 통해 육성하는 첨단산업분야는 선도국인 미국과 상당부분 중복되면서 선도국과 도전국 간 치열한 기술패권 경쟁이 예고됐다. 이러한 중국의 제조혁신전략은 트럼프정부 출범 이후 개시된 무역전쟁의 도화선 중 하나였다. 미국은 무역전쟁 과정에서 '중국제조 2025'를 직접 겨냥했다. 트럼프대통령이 2018년 3월, 이른바 중국의 매우 차별적이고 불공정한 무역관행으로부터 미국의 기술과 지적재산을 보호하기 위한 조치에 서명한 후, 2018년 4월 미국 무역대표부(USTR)는 중국에서 수입되는 500억 달러 규모의 추가관세(25%) 상품목록(1,300개)을 발표했다. 공식 발표에서 '중국제조 2025'는 미국의 기업의 기술 및 지적 재산권을 중국에 이전하도록 강요하고, 특정 첨단기술 부문의 경제적 지배력을 강화하려는 의도라고 비판했다(USTR, 2018). 이는 '중국제조 2025'가 미중 무역전쟁의 주요 공격대상이 됐다는 의미다.

'중국제조 2025'는 GVC 변화 트랜드를 잘 반영한 것이며, 'Made in China'에서 'Creat China'로, '속도'에서 '품질'로, '제품(products)'에서 '브랜드(brand)'로 강조점을 전환했다. 결국 중국정부의 의도는 가치사슬의 진화전략을 통해 '중진국의 함정'을 피하면서 자국 기업을 GVC 고부가가치 주역으로 자리매김시키는 것이다(Ilheu, 2020). '중국제조 2025'를 추진한 지 10년이 지난 지금 목표대비 얼마나 달성했을까? 발표 당시 제시한 260여 목표를 분석한 한 조사결과에 따르면(Tone and Peng 2024), 목표대비 달성률은 86%에 달했다. 일부는 기한 내 목표달성이 가능할 것으로 전망됐다. 특히 중국은 전기차, 5G 기술, 스마트공장 등 첨단분야에서 상당한 진전을 이뤘다. 예를 들면, 전기차는 300만대 판매를 목표로 세웠지만 2024년 이미 1,000만대 이상을 판매(전 세계 판매량의 2/3 수준)했으며, 태양광 패널과 베터리의 80%를 국산으로 만들겠다는 목표도 이 분야의 시장 점유율이 90%, 70%(발표 당시 각 65%, 47%)에 달해 매우 성공적인 성과를 보였다(조성호, 2025). 드론도 세계적인 경쟁력을 확보하고 있으며 이제 규모의 경제를 통한 가격경쟁력 확보를 넘어 압도적 기술력까지 더해지자 시장점유율이 급등한 것이다. 이러한 성과는 미국과 서구의 대중국 기술봉쇄 및 제재가 오히려 중국의 기술자립화 수준을 높인 촉매제 역할을 했고 이른바 '제재의 역설'이 나타났다는 의미다.

신품질 생산력 : '중국제조 2025' 최신버전

최근 중국정부가 전면에 내세우는 제조혁신 전략은 '신품질 생산력(New Quality Productive Force, 新質生産力)'으로 이는 '중국제조 2025'가 진화한 최신 버전이다. 중국정부는 신품질 생산력을 통해 '추격자' 단계에서 벗어나 기술'선도자(first mover)'로 도약을 선언했다. 이 전략은 2023년 9월 시진핑주석이 중국 동북부 헤이룽장성 시찰에서 처음 제시한 비교적 새로운 개념이며 미국의 기술봉쇄 및 디커플링 시도에 맞서 미래 첨단산업의 발전을 강조한다. 신품질 생산력은 기술혁신이 주도적인 역할을 하는 생산력이며 대량자원 투입, 많은 에너지를 사용하는 생산력 발전방식과는 다르다. 핵심 내용은 과학기술 혁신, 특히 창조적이고 '파괴적(disruptive) 혁신'[18]으로 당면한 기술난관을 극복해 자립자강을 실현하는 것이며, '디지털 경제와 실물 경제의 심층통합'을 강조한다. 중국정부는 2024년 양회(兩會)에서 '신품질 생산력'을 키워드로 제시하고 10대 주요 업무 중 가장 우선적인 사업으로 선정했다. 이에 따르면 중국은 산업시스템을 현대화하고 신품질 생산력을 빠른 속도로 개발하며, 이를 위해 파괴적·첨단(frontier)기술에 대한 연구를 강화하고 '인공지능 플러스 이니셔티브(AI Puls initiative)'를 시작한다. 전략적 신흥산업(7개)은 차세대 IT, 신소재, 첨단장비 제조, 신에너지, 바이오, 친환경, 인공지능 산업이며 미래산업(6개)은 미래 제조, IT, 소재, 에너지, 공간, 건강이다.

신품질 생산력 전략을 관통하는 핵심은 과학기술의 혁신이다. 과학기술의 혁신을 통해 산업혁신을 이루고, 신산업화를 추진으로 총요소생산성을 높여 미중 대결의 시대 새로운 성장동력을 만들겠다는 의도다. 리창(Li Qiang) 국무원 총리가 중국공산당 중앙위원회에 보고한 내용에 따르면(Qiang, 2024), 이 전략은 세 축으로 추진된다. 첫째 산업공급망 업그레이드로 공급망의 복원력과 경쟁력을 강화하기 위해 '취약한 고리'를 보강하고 강점을 강화해 새로운 역량을 육성한다. 여기에는 신산업 국가시범지구 개발도 포함된다. 둘째 신흥산업과 미래지향적 산업을 적극 육성하는 것이다. 주요 부문에 대한 조정, 계획 및 투자 '지도'를 강화하여 과잉생산과 질 낮은 중복 개발을 방지한다. 셋째는 디지털 경제의 혁신적인 발전을 추구한다. 디지털 기술로 전통산업을 혁신하고 실물경제와 기술 통합을 강화한다. '인공지능 플러스 이니셔티브'는 제조부문 디지털화를 가속화하기 위한 노력의 일환이다.

〈표 6-8〉 경제사회발전을 위한 신품질 생산력(NQPF) 개발계획

구분		추진내용
목표		• 과학기술 자립도와 강도를 높이고 전방위적 혁신을 위한 기반 시스템 마련 • 신산업화 적극 추진, 주요 분야 핵심기술의 획기적 발전 가속화 • 혁신사슬과 산업사슬 간의 연계 촉진으로 총요소생산성 향상
세부 추진 과제	과학 및 기술혁신 역량 강화	• 기초연구에 대한 미래지향적이고 전략적 · 체계적인 계획 강화 • 국가과학기술 프로젝트 배치 및 시행 • 기업-대학-연구기관-사용자 간 혁신컨소시엄 구축
	전통산업 혁신과 업그레이드	• 국가 첨단제조 클러스터 배치 개선 및 신산업화 시범지역 구축 • 제조업의 기술혁신 및 고도화 추진, 첨단기술 공정의 광범위한 사용 촉진 • 제조업 부문의 고급화, 스마트화, 친환경화 전환 • 글로벌 명성을 갖는 중국 브랜드 발굴
	신흥산업과 미래 산업 육성	• 국가전략 신흥산업 클러스터 개발 프로젝트 시행 • 신에너지차(NEV), 바이오제조, 상업용 우주항공, 신소재, 저고도경제 육성 • 미래산업 발전을 위한 양자기술, 생명과학 등 새로운 분야 개척 • AI+ Initiative 추진, 수소 및 기타 미래 에너지 산업의 혁신적 발전 가속화, 핵융합과 같은 첨단기술 연구개발 지속
	디지털 기술을 실물경제에 통합	• 국가통합 컴퓨팅 시스템 발전 가속화 • 데이터의 승수효과를 발휘하기 위한 「데이터 X」 initiative 구현 • 디지털 산업화와 산업 디지털화의 조화로운 추진
	최신 서비스 개발	• 서비스 산업의 고품질, 디지털화, 통합화, 친환경화, 국제화 촉진 • 생산자 서비스의 전문화와 가치사슬의 상위단계로 나아가도록 유도
	최신 인프라 구축	• 인프라의 배치, 구조, 기능, 시스템 통합 최적화 • 국가 인프라 네트워크의 원활한 흐름 보장으로 효율적인 연결과 조정 촉진

출처: National Development and Reform Commission(2024). pp. 42-47 내용을 요약 · 정리.

〈표 6-8〉은 국가발전계획위원회가 제14기 전국인민대표회의 2차 회의에 보고한 신품질 생산력 내용이다. 신품질 생산력은 기존 투자주도 성장 모델에서 혁신주도 성장모델로의 중요한 변화를 의미하며, 첨단기술 및 산업 분야의 '글로벌 리더'로 도약하기 위한 비전을 제시했다. 각 지방정부들도 이와 같은 비전을 토대로 경제발전계획을 제출했다. 예를 들어, 2025년 상하이정부는 세포 및 유전자 치료, 뇌-컴퓨터 인터페이스, 6G, 양자컴퓨팅, 핵융합 에너지 등 첨단분야의 과학기술 역량강화를 발표했다. 상하이 3대 선도 산업은 반도체(IC), 바이오의약, 인공지능으로 이 분야 산업규모가 2,456억 달러, 연구개발 지출도 도시 GDP의 4.4% 달한다. 또 다른 경제 중심지인 광둥성도 신품질 생산력으로 세계 제조업의 주도적 위치를 공고히 한다는 계획을 발표했다. 반도체, 신에너지차(NEV), 인공지능, 저고도 경제, 신소재, 바이오의약품 등 신흥산업과 바이오제조, 양자기술, 구현지능(embodied intelligence), 6G 등 미래산업을 집중육성한다[19](Global Times, 2025). 이러한 신품질 생산력은 신형거국체제와 연계돼 새로운 중국 특색 발전체제의 형식과 내용을 이룰 것으로 예상된다.

이중순환 전략 : 국내순환과 국제순환의 상호촉진

2020년 10월 '중국공산당 제19기 제5차 중앙위원회 전체회의'(5중전회)에서 채택된 '이중순환(雙循環, dual circulation)'은 세계경제의 침체와 불확실성 증가, 미중갈등의 장기화 국면에서 중국 가치사슬의 구조적 전환을 재확인시켰고 세계화와 자력갱생(自力更生)을 병행하는 경제발전전략으로 '위험 줄이는 통합(hedged integration)' 노선이다(Blanchette and Polk, 2020). '이중순환' 전략은 국내 대순환을 중심으로 국제순환(순환 1)과 국내순환(순환 2)이 상호 촉진하며 발전하는 방식으로 중국의 거대한 내수시장을 활용하여 자체적인 선순환 구조를 구현한다(현상백 외, 2020). 국내 대순환은 생산-분배-유통-소비의 흐름을 개선하여 내수 선순환체계를 구축하고, 국내 수요에 적합한 공급구조, 국내 상·하류 가치사슬의 효율적 결합을 추진한다. 또한 전면적 소비촉진으로 내수를 통해 비교우위를 선점하고 이를 토대로 수출고도화로 나아가 세계 최고, 최대의 무역강국을 달성하는 목표이다. 주요 정책은 양적 성장에서 질적 성장으로 전환을 통한 중고속성장 유지, 공급측 개혁과 신성장동력 확보, 수출의 내수전환과 수입기술 국산화로 수출입의존도 축소, 고품질의 외자유치 및 위안화 국제화를 포함한 개방형 신체제 구축 등이다.

이중순환의 역사적 맥락을 보면, 이 전략은 중국 산업화의 발전단계와 연계될 뿐만 아니라 때로는 상당히 논쟁적인 주제이기도 했다. 중국정부는 1980년대 후반 노동집약적 상품수출, 농촌노동의 국제적 사이클로 이전, 농업과 공업의 순환관계 실현을 위한 국제순환 경제발전전략 개념을 제시했다. 이 개념은 '연안지역 경제발전전략' 추진의 토대가 됐지만 성공 이면에는 그에 따른 대가도 따랐다. 국제순환은 기술과 자원의 제약 하에서 규모의 확대를 특징으로 하는 수출주도형 전략을 채택했는데, 이는 대외리스크뿐만 아니라 '대국의 경제적 이점'을 상실했다는 비판에 직면했다. 특히 1997년 아시아 금융위기는 중국의 대외지향적 경제발전에 경종을 울렸고 처음으로 '내수확대와 인프라 가속화' 등의 정책제안이 제시되기 시작했다. 11차(2006~10년)~12차(11년~15년) 5개년계획에는 '내수를 확대하고 투자와 소비 관계를 조정하며 경제성장에서 소비의 역할을 제고'해야 한다는 내용이 포함됐다. 이는 중국 경제정책 초점이 점차 국제순환에서 국내순환으로 전환되고 있다는 신호였다. 미중갈등, 팬데믹, 보호무역주의 강화 흐름은 이중순환 정책의 정당성을 더욱 강화시켰다(Dong and Li, 2020: 17-18).

2020년 5월 14일 중국공산당 중앙정치국회의에서 시진핑 주석이 "중국 경제는 국내 경기순환을 중심으로, 국내외 경제순환을 상호 촉진하는 새로운 발전방식을 모색해야 한다"고 발언함으로써 '이중순환'이라는 용어가 최초로 언급됐다. 이후 5월 23일 정치협상회의와 7월 30일 중앙정치국회의에서 다시 강조되면서 중국경제의 새로운 발전구도를 위한 전략적 개념으로 부상했다. 2021년 양회에서 발표된 14차 5개년 규획(2021~25년)에서도 '이중순환' 전략을 구체화한 세부 경제정책이 발표됐다. 이중순환 전략은 2013년 원자바오(Wen Jiabao) 전 총리가 연설에서 간명하게 경고한 중국의 '불균형((unbalanced)), 부조화((uncoordinated), 지속 불가능(unsustainable)' 성장패턴의 해결하기 위한 이전 이니셔티브를 토대로 한다. 그는 퇴임 연설 및 최종 업무보고에서 '내수 확대를 경제발전의 장기 전략'을 확고히 하고 '국민의 소비 능력과 의욕'을 높여야 한다고 강조했다(Branigan, 2013).

GVC 측면에서 보면, '이중순환'은 미중갈등 속에서 지속적인 디커플링을 전제로 세계화와 자력갱생의 균형을 맞추고 세계경제의 불확실성 속에서 중국경제의 복원력을 강화하려는 전략이다. '위험을 줄이는 통합'이란 국가안보 문제 또는 글로벌 경제주기 변동으로 인해 발생하는 위험에 대처하기 위해 외부경제에 대한 과잉의존을 벗어나 내수시장의 강점과 역량을 강화하고 이를 근거로 비교우위를 갖는 세계시장에 진출한다는 의미다. 이 통합노선의 토대가 되는 것이 중국의 거대한 내수시장의 잠재력이다. 중국은 거대한 내수시장을 미국이 주도하는 GVC 고립 · 배제(디커플링)전략에 가장 효과적으로 대응할 수 있는 무기로 인식하고 있다. 왜냐하면 해외자본들은 중국의 매력적인 내수시장이 존재하는 한 사실상 경제적 단절이 쉽지 않기 때문이다. 또한 BRI와 연계하여 미국이 아니라 아시아와 유럽 방향으로 GVC를 효과적으로 구축할 경우 미국의 가치사슬 디커플링 위험도

상쇄 가능하다고 판단했다.[20] '중국제조 2025'와 '이중순환' 전략에서 공통적으로 발견되는 가치사슬 전략은 기존 가치사슬의 고부가가치화와 궁극적으로 미래 첨단산업에서 가치사슬의 최상단부를 차지하는 것이다. 이러한 의미에서 '이중순환'전략은 일부에서 제기하고 있는 수입대체화, 국내 내수중심 경제만을 지향하고 세계경제에서 디커플링을 추구하는 자기폐쇄적인 전략이라기보다 미국과 순차적 디커플링(위험) 가능성을 염두에 둔 전략적 프레임의 재구성 및 전환이다.

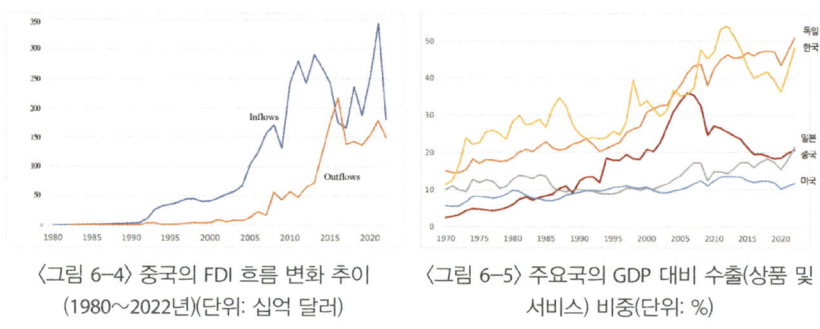

〈그림 6-4〉 중국의 FDI 흐름 변화 추이   〈그림 6-5〉 주요국의 GDP 대비 수출(상품 및
(1980~2022년)(단위: 십억 달러)   서비스) 비중(단위: %)

출처: The World Bank, Data(http://data.worldbank.org) 자료를 토대로 저자 작성.

〈그림 6-4〉는 지난 40여년 동안의 중국 FDI 흐름의 변화를 나타낸 것이다. FDI 유입은 1990년대부터 본격적으로 증가하기 시작하여 2008년 글로벌 금융위기 전후를 제외하고는 2010년 초까지 꾸준한 상승곡선을 그렸지만, 2011년 280십억 달러에서 2012년 241십억 달러로, 2017년에는 166십억 달러로 감소했다. 이후 FDI 흐름은 등락 폭을 거듭하고 있지만 이전처럼 지속적인 상승세를 유지하지 못하고 있다. 〈그림 6-5〉는 주요국의 GDP 대비 수출비중의 변화(1970~2022년) 곡선이다. 중국의 수출비중은 1980년 5.9%에 불과했으나 1990년 12.5%, 2000년에는 처음으로 20%대

에 진입했다. 2006년에는 36.0%로 최고치를 기록했으며 한국(35.6%)보다 높은 수치를 보였다. 그러나 이후 지속적으로 비중이 감소해 2022년 현재 한국(48.3%)은 물론 일본(21.5%)보다 낮은 20.6% 수준이다. 내수시장이 확대되면 중국경제의 수출의존도는 지속적으로 하락할 가능성이 높다. 중국은 국내 및 국제적 도전에 능동적으로 대응하기 위해 국내순환이 주도적역할을 하고 국제순환이 지원역할을 하며 상호 촉진하는 이중순환 전략을 발전시키고 있다(Yifu and Wang, 2020). 이는 세계화와 자립화(self-sufficiency)의 균형을 맞추려는 전략적 의도이자 가치사슬 상향이동을 거국적으로 추진한다는 점에서 '현명한 수입대체' 전략으로 평가되기도 한다(Tran, 2021).

2) 지역화

중국주도의 다자간 메가-지역무역협정 : RCEP

역내포괄적경제동반자협정(RCEP: Regional Comprehensive Economic Partnership)은 2011년 동아시아정상회의(EAS)를 계기로 협상 선언 이후 31차례의 공식협상과 8차례의 장관회의를 거쳐 2020년 11월 정식 서명된 '중국주도'의 메가-지역 자유무역협정이다. 참가국은 한국, 중국, 일본을 비롯한 아세안(ASEAN), 호주, 뉴질랜드 등 총 15개국이며, GDP 25조 8천억 달러(전 세계 비중 29.5%), 인구 22억 7천만명(29.5%), 무역 교역액 12조 5천억 달러(25.4%)로 생산, 인구, 무역 측면에서 세계 최대 규모의 메가-지역 자유무역협정이다. RCEP 내 교역량도 상당하다. 2020년 기준 전 세계 FDI의 37%가 RCEP 내 국가로 유입되어 다른 경제무역 블록을 크게 앞섰다. FDI는 자본과 노하우를 투자유치국에 이식시켜 경쟁력을 강화할 수 있다는 점에서 상호이익을 실현시킬 수 있다(Jianga and Yu, 2021). 또한 전 세계 GVC

교역량의 26%를 차지할 정도로 GVC에 고도로 통합되어 있다. 역내 원산지 규정과 관련하여 '원산지 자율증명제도'를 도입하여 절차를 대폭 간소화했고 역내에서 재료를 조달, 가공하더라도 재료 누적을 인정했다. 역내 원산지 상품으로 인정받기 위해서는 당사국에서 완전하게 획득 또는 생산되거나, 하나 이상의 당사국으로부터 당사국의 원산지 재료로만 생산되어야 하며, 당사국 이외의 비원산지 재료를 사용하여 당사국에서 생산되는 경우 품목별 규정에 적용된 적용 가능한 요건을 갖춰야 한다. 원칙적으로 역내가치포함비율은 40% 이상으로 규정하고 있다(오수현 외, 2020: 5). 이러한 원산지규정은 역내 산업간 연계성을 강화하여 지역가치사슬 형성 및 활성화에 기여할 수 있다.

RCEP은 팬데믹과 그리고 미중갈등으로 인한 신보호무역주의가 확산되고 상황에서 체결되었다는 점, 미국의 다자주의 훼손 복원과 함께 중국 최초의 다자간 자유무역협정이자 한중일 간에도 최초의 자유무역협정이라는 점에서 상당한 상징적 의미를 갖는다. (CP)TPP가 비교적 높은 수준의 메가-지역 자유무역협정이라면 RCEP은 상대적으로 규범적 수준이 낮고 느슨한 편이다. 이는 참여국의 다양한 경제발전 단계와 개별요구들을 포괄적으로 반영했기 때문이다. 또한 농업, 노동, 환경문제도 거의 포함되지 않았고, 국가의 산업보조금이나 국영기업에 대한 규제도 논의되지 않았다. 국영기업 문제는 중국 이해관계가 특별히 반영된 것으로 보인다. 즉 (CP)TTP와 비교할 때 RCEP은 역내 협정 참여를 위한 강제된 구조개혁을 거의 유발하지 않는다. 그럼에도 불구하고 미중갈등 상황에서 RCEP은 중국의 '지정학적 승리'라는 평가(Ward, 2020)가 나오고 있다. 일본이 균형자의 역할을 할 수 있겠지만 중국은 역내 '규칙 형성자(rule shaper)'로서 역할을 강화할 것이다. 이는 역내 국가들이 중국의 경제궤도에 더 근접한다는 의미다. 또한 중국은 미중갈등 속에서 가치사슬에서 '분리' 위험에 대한 복원력을 확보하는 기회로 삼고 있다. 세계에서 가장 빠른 성장속도와 규모가 큰 아시아의 주요 국가들이 대거 참여함으로서 역내 가치사슬은 이전보다 분명히 공고해 질 것이다. 이는 미국과의 일정한 디커플링이 발생하더라도 역내에서 탄력적으로 조정이 가능하다는 의미다.

미국 내에서도 2019년 11월 참여국들간 협정문이 타결되자 "TPP를 탈퇴한 트럼프대통령이 관세장벽을 쌓을 때 아시아는 자유무역에 배팅"했다는 비판이 제기됐다(Johnson, 2019). 특히 미국은 '동맹국'인 일본, 한국, 호주와 같은 국가들이 협정체결을 계기로 중국과의 상호의존성이 높아질 것으로 우려했다. 반면 중국은 역내 가치사슬의 혁신으로 참여국들의 동반 성장을 가능케 하는 포용적이고 상호이익이 되는 다자간 협정으로 평가했다(Xiahong, 2020). 중국은 RCEP로 미국의 동맹국들을 포함한 아시아국가들이 미중갈등 속에서도 일방적으로 미국을 따르지 않는다는 메시지 전달과 트럼프정부의 신보호무역주의 영향력을 차단했다는 성과를 거뒀다. 한편에서는 '미국 없는 중국주도의 메가-지역무역협정'으로 이 지역에서 "미국의 패권은 끝났다"는 선언적 평가도 있었다(Jiangyu, 2020). 결과적으로 중국 중심의 지역 가치사슬 블록이 형성되었다는 점에서 최대 수혜자는 중국이라는 점에 별다른 이견이 없다.

일대일로 이니셔티브 : 인류운명공동체론 vs 21세기 중국형 신식민주의

2013년 5월 이후 추진 중인 BRI는 중국 정부가 주도하는 '메가-지역 가치사슬' 구축 프로젝트다. BRI의 추진목표는 중국 내 동서지역 개발격차, 과잉생산 및 설비, 에너지 자원확보 등 국내문제 해결과 더불어 지경학(geoeconomics)적 메가-경제권을 형성하여 지정학적으로 중국의 영향력을 확대하는 것이다. 내용적으로는 중국과 아시아, 아프리카 및 유럽의 일부를 육상과 해상 실크로드로 연결하여 중국과의 경제적 연결성과 통합성을 높인다. 중국정부는 이러한 구상을 구체화하기 위해 2015년 3월 '실크로드 경제벨트와 21세기 해상실크로드 공동건설 추진의 비전과 행동'을 발표해 육상 실크로드 3개 노선, 해상 실크로드 2개 노선으로 세분화[21]했으며 6개의 경제협력 회랑과 철도, 도로, 수로, 항로, 송유관 및 정보통신망 6개 통로 건설 계획을 제시했다. 또한 2020년 5월에는 '신시대 서부대개발 정책'을 통해 그동안 낙후되어 있는 서부지역을 BRI 추진의 핵심 플랫폼으로 발전시키는 계획을 제출했다(최재희, 2020; 최재덕, 2020; 허흥호, 2019). BRI 기반 메가-경제권 형성을 위해서는 개발도상국들에 대한 대규모 인프라투자가 필수적이다. 이를 위해 설립된 중국 주도의 국제금융기구가 아시아인프라투자은행(AIIB)이다. 2016년 출범 당시 참여국은 57개국 수준이었으나 2022년 기준 152개국, 32개 국제기구로 확대됐으며, 협력 프로젝트 3,000여건, 누적 투자액도 9,620억 달러에 달한다. 참가국간 교역액은 2013년 1조 6290억 달러에서 2022년 2조 8446억 달러로, 수출액 규모는 10년간 연평균 8.6% 증가했다(손일선, 2023).

중국의 BRI 추진은 이른바 '인류운명공동체론'에 입각해 있다. 이 관점에 따르면, 천년의 실크로드는 연대와 상호신뢰, 평등과 호혜, 포용과 상호학습, 상생협력 속에서 서로 다른 민족, 신념, 문화적 배경을 가진 국가들이 평화를 공유하고 공동발전을 이뤘다. 이 '실크로드 정신'은 '모든 국가가 화합과 평화로 단결한다'는 이상과 '자신의 성공을 추구하면서 남의 성공을 돕는다'는 평화와 발전, 상생협력이라는 시대적 요구와 연결된다. 1990년대 이후 경제적 세계화는 무역, 투자, 인적 흐름과 기술적 진보를 이루었지만 세계적인 빈부격차와 개발도상국들은 혜택에서 소외되거나 독자적 발전능력을 상실하기도 했다. 소수의 국가들만 세계경제 발전을 지배하는 시대를 넘기 위해서 BRI는 더 개방·포용·균형적인 경제의 세계화로 모두를 위한 세계화를 표방한다. 그동안 중국은 경제적 세계화의 혜택을 받았을뿐만 아니라 세계화에도 기여한 바 BRI를 통해 글로벌 연결성의 강화는 새로운 세계적 발전을 추진하는 원동력이 될 것이라 강조했다(SCIO, 2023). 이를 위한 BRI는 '경제통합, 지역적 영향력, 글로벌 지정학적 경쟁'이 모두 혼합돼 있는 중국 주도의 글로벌 연결성 구축전략이다. 기업은 이윤을 위해 연결되며, 국가들은 협력적 연결성 하에서 국내경제의 활성화를 추구하고 이러한 경제적 의제는 지정학적 목표와 자연스럽게 연계된다 (Flint and Zhu, 2019).

중국이 BRI를 통해 달성하고자 하는 목표는 다면적이다. BRI의 전략적 의도는 중국의 과잉생산 능력에 대한 해외 출구 제공, 동서항로를 통한 무역확대로 중국의 부유한 동부 연안지역과 저발전된 중부 및 서부 내륙간 통합과 격차완화, 세계무역 비중 확대, 외교 및 안보 목표 달성과 더불어 'BRI 포럼', '실크로드 기금'과 같은 새로운 기관설립으로 유엔에서 APEC에 이르기까지 기존 국제기구에 연결함으로써 글로벌 통치체계 '개혁'을 선도하는 것이다(Kendall-Taylor et al., 2022). BRI는 중국 연결성의 정치와 '전략적 결합'의 특징을 잘 보여준다. 우선 적극성과 능동성이다. 적극성은 정치 수사학에서 개방적인 외교정책을 표방하기 때문에 중국의 제안을 거부하는 상대국은 고립주의자(isolationist)로 묘사될 수 있다. 즉 중국은 '개방'을 핵심 문구로 중국의 연결성에 참여하도록 독려하고 있다. 다음은 중국 연결성이 갖는 '다차원성(multimensionality)'이다. BRI는 물류경로의 통합을 강조하지만 장기적으로 데이터 전송과 같은 새로운 기술표준을 추진하길 바란다. 예를 들어, BRI의 경로를 따라 중국기업의 5G 이동통신망을 구축하면 기술표준 지배하는 시장지위를 확보할 수 있다. 담론권력(discourse power) 추구도 중요한 특징이다. 담론권력은 표상-전략적 의미에서 적극적이고 이데올로기적 연결성에 기반을 둔다. 중국 정부는 서구 자유주의 질서의 어떤 개념이 중국 자신의 '담론체계'와 연결될 수 있는지를 신중하게 고려했다. '개방성', '포용성'과 같은 중립적인 용어나 '탈세계화'에 대한 중국의 노력은 서로 다른 정치적 가치체계들간 경첩으로 작용할 수 있다. 마지막으로 암묵적 (당)규칙이 국제화이다. 데이터 보호 및 정보 접근과 같은 당의 특권이 기존 계약 및 협정보다 우선한다. BRI 투자에 따른 분쟁해결을 위한 국제중재위원회 설치 노력 등은 장기적으로 국제적 규칙 전환의 가능성을 높이고 있다(Kohlenberg and Godhardt, 2018).

무엇보다 BRI는 메가-지역 가치사슬 구축 측면에서 상당히 의미있다(Butt et al., 2020; Ruta, 2018). 우선, BRI가 포괄하는 있는 메가 경제권의 엄청난 크기와 범위다. 'BRI 경제권'은 세계 GDP와 무역의 1/3를 차지하고, 세계 인구의 2/3를 포괄한다. 인구는 곧 생산과 소비시장의 규모를 알리는 지표이다. 경제권의 크기와 범위가 크고 넓을수록 역내 가치사슬의 효율성과 복원력도 커진다. 가치사슬에 참여자가 많을수록 적시에 가장 효과적인 방식으로 '연결성 위기'에 대비하고 대응할 수 있다. 또한 육상 및 해상 운송 네트워크를 구축하여 연결성이 개선되면 가치사슬의 '가시성(visibility)'이 높아지고 이는 복원력과 효율성 강화로 이어진다. 그리고 가치사슬 내 인프라 구축 및 연결성 개선은 무역비용을 줄이는데 결정적이다. 운송비용과 시간이 줄면 기업들은 더 넓은 범위에서 활동할 수 있다. 즉 공급기업의 최적 구성 에서 지리적 선택 범위가 넓어지고 BRI 내 제조업체와 공급업체 간 새로운 상호작용의 길이 열린다. 마지막으로 BRI 내 국가들의 큰 잠재력이다. BRI 경제권의 많은 국가들은 그동안 낙후된 인프라, 국가정책

역량 및 각종 격차로 성장 잠재력은 크지만 기회가 부족했다. 초국적 인프라 개선을 통해 BRI 가치사슬에 진입하면 국가간 투자 및 무역증가로 경제성장의 전기를 마련할 수 있다.

〈표 6-7〉 중국 일대일로 이니셔티브(BRI) 10년의 주요 성과

구 분		주 요 성 과
정책 소통	전략적 연결 과 정책협조	• 다양한 국제기구 및 지역과 일대일로 협정체결 • 양자 및 다자관계를 통해 일대일로 공동 건설의 연결 추진
	장기효과 메커니즘 형성	• 2017년 제1회 일대일로 국제협력 정상포럼: 140여개 국가, 80여개 국제기구 대표 1,600여명 참석. 5개 분야 279건 실무성과 • 2019년 제2회 일대일로 국제협력 정상포럼: 150여개 국가, 92개 국제기구 대표 6,000여명 참석. 6개 분야 283건 실무성과
	다자협력 진전	• 철도, 항구, 에너지, 금융, 조세, 환경보호, 재해방지, 싱크탱크, 미디어 등 20개 이상 전문분야에서 다자간 대화협력 메커니즘 구축
	규칙 및 표준 연결성	• 65개 국가 표준화 기구와 국제 및 지역 기구와 함께 107개 표준화 협력문서 체결 • 일대일로 정보플랫폼(표준정보플랫폼) 운영. 149개 일대일로 협력국가 대상 59개 국가와 6개 국제 및 지역 표준화 기구의 표준화 항목 정보서비스 제공(1,400개의 국가표준과 1,000개 산업표준)
인프라 연결	6대 경제회랑	• 중국-몽골-러시아, 새로운 유라시아 대륙교, 중국-중앙아시아-서아시아, 중국-인도차이나, 중국-파키스탄, 방글라데시-중국-인도-미얀마 경제회랑 구축
	6대 도로	• 6대 도로는 철도, 고속도로, 해운, 항공, 파이프라인 등 포함 • 중국-라오스 철도 완공(10만개 일자리 창출, 총 소득 21% 증가 예상), 자카르타-반둥 고속철도(51,000개 일자리 창출), 아프리카 몸바사-나이로비 철도 • 실크로드 해운노선: 전 세계 43개국 117개 항구 도달 • 104개 협력국가와 양자 항공운송협정 체결, 57개 협력국가와 직항 항공운송 달성
	중국-유럽 화물열차	• 유럽 25개국 200개 이상의 도시에서 운행 • 2023년 6월말까지 총 74,000량의 중국-유럽 열차를 통해 700만TEU 운송 (화물가치 3천억 달러 초과)
무역 원활	무역규모 확대	• 협력국가 간 수출입 총액(2013-2022년)은 19조 1,000억 달러로 연평균 성장률 6.4%
	양방향 투자	• 협력국가 간 양방향 투자 누적액(2013-2022년)은 3,800억 달러, 중국의 FDI는 2,400억 달러 초과

구분		주요성과
무역 원활	산업협력 단지 건설	• 40여 개 국가와 생산능력 협력 체결 • 중국 기업이 협력국가의 정부 및 기업과 협력하여 건설한 해외 산업단지 70 개 이상
	제도 환경 건설	• 135개 국가 · 지역과 양자투자협정, 112개 국가 · 지역과 이중과세방지 협약, 14개국과 제3국 시장협력 체결, 35개 협력국가와 공인경제운영자 (AEO) 달성
자금 융통	자금지원	• AIIB, 실크로드 펀드 등 다자간 금융협력기관 설립 • AIIB는 106개 회원을 보유해 투자액이 436억 달러에 달하는 227개 투자 프로젝트 승인(세계 2위 규모의 국제 다자기구로 성장) • 실크로드 펀드는 총 75건 투자 프로젝트 체결, 투자약정금액 약 220억 4천 만 달러
	금융협력	• 13개 중국 자본은행이 50개 협력국가에 145개 1급 기관 설립, 131개 협력 국가의 1,770만 개 상점에서 유니온페이 카드 서비스 개설 • 74개 협력국가에서 유니온페이 모바일 결제 서비스 오픈
민심 상통	문화관광 협력	• 144개 협력국가와 문화 관광분야 협력문서 체결 • 44개국에서 46개 해외 중국문화센터 설립(이 중 32개는 일대일로 협력국 가에 설립) • 18개국에 20개 관광사무국 설립(이 중 8개는 일대일로 협력국가에 설립)
	교육협력	• 45개 협력국가–지역과 고등교육 학위 상호인정에 관한 협정체결
	민간교류	• 협력국가 내 60여 개의 도시는 중국의 많은 도시와 1,000여개의 자매도시 형성 • 72개 국가 · 지역의 352개 민간 조직은 실크로드 연성 민간 조직 협력네트 워크 구축

*자료: 중국경제시보(中国经济时报)
 출처: 조동진(2023) pp. 13–14 일부 수정.

BRI의 의미가 제대로 구현되기 위해서는 몇 가지 위험요인이 해결돼야
한다. 가치사슬의 범위가 넓어지면 새로운 규칙과 관행이 필요하며 모든
참여국이 이를 수용해야 한다. 그러나 참여국의 많을 수록 관세, 통관, 투
자, 물류시스템의 차이가 커 흐름의 마찰이 심해져 효율성을 저해할 수 있
다. 향후 BRI 경제권 내 새로운 규칙과 관행의 표준화가 큰 문제로 대두될
가능성이 크다. 참여국의 거시경제 위험이 높아지는 문제도 쟁점이다. 일
부 국가에서 인프라 투자로 인한 지속불가능한 부채규모가 심각한 수준에
이르렀다. 마지막으로 향후 인프라 관리 및 유지 문제는 자칫 가치사슬의

복원력을 오히려 저해할 수 있다. 이른바 인프라의 '느린 침식과 파괴'는 효율성과 떨어뜨리거나 심할 경우 흐름의 중단을 야기할 수 있다.

미국 및 서구 국가들은 위와 같은 중국의 BRI를 미국의 대중국 봉쇄에 대한 돌파를 넘어 패권적 이익을 추구하는 도구로 인식한다. 주요 비판 및 우려의 내용을 정리하면 다음과 같다. 가장 광범위하게 퍼져 있는 우려는 '부채의 덫'이다. 중국 자금지원을 받은 일부 개발도상국이 부채를 감당하지 못해 구축된 인프라 운영권을 중국에 넘기는 사례가 발생하면서 BRI는 '빚으로 만들어주고 빼앗는 사업'이라는 비판에 직면했다. 둘째, BRI가 중국특색 사회주의의 확산 경로로 활용된다는 우려다. 중국이 내세우는 '인류운명공동체론'은 결국 서구 자유주의 자본주의에 맞서 중국특색 사회주의 논리를 전 세계적으로 전파하려는 의도로 의심받고 있다. 셋째, BRI는 '21세기 중국형 신식민주의' 전략의 일환이라는 가혹한 평가도 있다. 미국과 서구는 인프라 구축의 의도도 중국산 상품수출을 위한 것으로 궁극적으로 전 세계의 이윤을 중국으로 빨아드리는 파이프라인에 불과하다고 비난한다. 넷째, 독재와 부패의 증가다. 중국의 '내정불간섭' 구호는 독재와 부패가 많은 국가들의 합류에 기여했다. 특히 중국의 디지털 감시체계의 수출은 이들 국가의 비민주적 통치체제를 강화할 가능성이 높다. 마지막으로 서구는 중국이 BRI를 통해 인도-태평양지역을 장악한다면 군사안보적 측면의 위협요인으로 본다. 중국 특유의 민-군융합체계 전략은 BRI 플랫폼을 중심으로 군사작전, 물류, 정보네트워크 역량을 강화해 인민해방군의 군사적 능력을 높일 수 있다는 우려도 제기됐다.

상하이협력기구 : 연결망의 그물망

상하이협력기구(SCO: Shanghai Cooperation Organization)는 2001년 중국과 러

시아, 중앙시아의 구 소련 연방국가들이 주축이 되어 결성한 정치·경제·안보 협력체다. SCO는 1990년대 구소련의 붕괴로 국경선 문제가 대두되자 이를 논의하고자 1996년 설립(Shanghai Five: 중국, 러시아, 카자흐스탄, 키르키스스탄, 타지키스탄)됐고 2001년 우즈베키스탄이 합류하면서 현 체제의 모양새를 갖췄다. 중국은 2천년 전부터 실크로드를 통해 중앙아시아와 밀접한 관계를 맺은 역사적 궤적이 있었고, 19세기 중반 이후 중앙아시아 대부분 국가들이 러시아제국과 이후 소련의 일부로 편입되면서 직접적인 연결성 '차단됐다가 소련 해체 이후 다시 연결의 기회를 맞이했다(Guang, 2013). 현실 사회주의 붕괴 전후 중국과 중국 서쪽 이웃국가들간 관계는 상호 적대감, 의심, 공포가 가득했다. 중국과 구소련 국경은 분쟁지역과 부정확한 경계, 분쟁의 역사와 불공정 조약 유산이 얽혀 있었다. 1990년대 초 중국이 과거의 부정적인 짐을 미래의 긍정적 자산으로 전환하기 위한 '외교적 연금술 (diplomatic alchemy)'의 착수는 이와 같은 불투명하고 불안정한 조건 속에서 이뤄졌다(Akiner, 2010).

중국은 이 시기 신장자치구의 분리주의 운동이 새롭게 독립한 중앙아시아 국가들의 지지를 얻는 것을 우려했다. 따라서 이 지역에 대한 통제력을 강화하기 위해 '테러리즘, 분리주의, 극단주의 위협'에 맞서는 것이 협력체의 우선 과제였다. 즉, 초기 중국의 조직설립의 주요 동기 중 하나는 중앙아시아의 폭력과 불안이 중국, 특히 소수민족 위구르족이 거주하는 서부 신장지역으로 확산되는 통로가 될 수 있다는 불안감이었다. 1996년 '상하이 5개국'은 '국경지역에서의 군사적 신뢰 심화에 관한 조약', 1년 후 국경 지역에서 군사력 감축에 관한 협정에 서명했다. 3천km가 넘는 옛 중-소 국경 서쪽 구간의 모든 분쟁이 완전히 해결된 국제관계 역사상 드문 사례다(Guang, 2013). 2001년 SCO 창설은 회원국의 확대와 조직의 목표도 점차 넓어지는 계기였다. 중국과 국경을 공유하지 않는 우즈베키스탄을 처음으로 회원국에 포함시킨 것은 '국경 안정화'라는 초기 목표를 넘어선 의제의 확장을 의미했다. 곧이어 경제협력에 관한 협약을 체결함으로써 우즈베키스탄의 가입은 더 넓은 유라시아로 연결되는 신호탄이었고 이후 '지역의 안보 및 안정'과 더불어 국방, 정치, 경제, 법 집행, 문화, 인적교류 등 다면적 협력을 새로운 목표로 설정했다[22](Southerland et al., 2020).

시린 아키너(Shirin Akiner)는 SCO가 표방하는 지역평화, 안보, 안정의 강화 추구방식을 다음과 같이 설명한다(Akiner, 2010: 6). 첫째, SCO의 개념적 기반은 정치적 이데올로기를 배제하는 대신 '상하이 정신(Shanghai Spirit)'으로 알려진 '문명적 접근(civilization approach)' 방식이다. 이 접근방식의 필수 요소는 조화, 문화적 다양성에 대한 존중, 좋은 이웃, 상호신뢰 등을 포함한다. 둘째 안정에 대한 총체적 관점 속에 문화 및 교육과 같은 소프트 상호작용 영역을 안보 및 국방과 동등한 수준으로 설정했다. 셋째, 공식적 조직이지만 다양한 연계(linkages)와 클러스터를 포용하고 장려하는 느슨한 네트워크의 특성을 갖는다. 이러한 개방성과 유연성은 공통의 관심사와 상호보완성을 가진 회원 간 관계를 촉진 및 확대하여 시너지를 창출할 수 있다. 특히 다른 조직과 지속적으로 관계를 맺어 '연결성의 연결성'을 확장해 나간다. 그 결과 상호이익과 실용성에 기반을 둔 조밀하고 끊임없이 확장해 나가는 '연결성의 그물망(web of connectivity)'이 만들어진다.

SCO 회원국은 2001 출범 당시 6개국에서 현재 9개국으로 늘었다. 인도와 파키스탄이 2017년, 가장 최근에는 이란이 정식 회원국으로 가입했다. 이란은 2005년부터 SCO 옵서버 자격으로 참가하다 2023년 7월 정상회의에서 정식회원국으로 승인받았다. 이란은 SCO 가입과 함께 '반미연대'를 강화하고 달러 패권에 대항하여 새로운 '탈달러(dedollarization)' 경제시스템 구축을 강조했다. 이란은 미국의 제재에 따른 국제적 고립을 탈피하기 위해 SCO 회원국들과 교류확대에 공들여 온 것으로 알려졌다. 2023년 3월 중동의 강국 사우디아리비아도 SCO 가입을 결정하고 절차를 진행 중이다.[23] 사우디아리비아 입장에서 SCO 가입은 서구와의 관계를 보완할 수 있는 '다중 연결성' 구축전략의 일환이다. 사우디아리비아는 내부적인 가입결정과 동시에 석유화학 관련 대규모 대중 투자계획을 발표했고, 원유 대금의 위안화 결제 흐름도 가속화시켰다. 튀르키예의 가입 가능성도 주목해야 한다. 튀르키예 대통령은 2022년 SCO 정상회의에 참석 후 회원가입이 목표라고 밝힌 바 있다. 만약 협상이 성공하고 가입절차가 마무리되면 NATO 가입국 가운데 SCO에 참여하는 첫 번째 회원국이 된다. 사우디아리비아와 튀르키예 모두 SCO 가입을 서구와의 관계에서 지렛대로 활용하려는 의도이다. 2023년 현재 SCO 참여국가들의 인구규모는 32억명(세계 41%)이고 국가들의 면적은 3300만km^2(세계 25%), GDP는 23조 3천억(세계 24%)에 이르며 공식·비공식 핵보유국만 4개국에 달한다(조기원, 2023).

미중갈등이 심화되면서 중국은 SCO를 미국 등 서구의 포위망을 뚫고 '반미연대' 협력을 강화하는 발판으로 활용하고 있고, 러시아와 이란 등 미국과 심한 갈등을 겪고 있는 국가들 역시 마찬가지다. 중국은 SCO를 '테스트 베드'로 이러한 외교적, 군사적 노력과 효과를 복제하여 향후 다른 지역으로 확대하려 한다(Southerland et al., 2020). SCO의 회원국 및 협력분야 확대에 대해 서구의 의견은 NATO나 유럽안보협력기구(OSCE)의 '위험하고 비민주적 경쟁자'로 간주하거나, 실패할 수밖에 없다는 '경멸적 무관심', 반서구적일 수밖에 없다는 '편집증적 적대감'까지 다양하며(Akiner, 2010: 6) 최근 이란의 가입과 사우디아리비아 가입 노력에 대해서는 상당히 경계하고 있다.

SCO는 가치사슬의 재편과 관련하여 의미 있는 블록으로 부상할 가능성이 크다. 2022년 9월 상하이협력기구 정상회의(제22차)에서 지역의 경제협력을 심화시키고 SCO 회원국 간이 상호 무역과 각국이 산업발전 잠재력을 높인다는 성명서를 채택했다(SCO, 2022). 성명서에는 물류인프라 개발, 무역촉진 및 장벽 축소, 핵심 생산요소 및 필수품의 원활한 이동보장, 자국 통화 결제 확대, 전자상거래 발전 여건 조성, 첨단 기술형 생산 공급망 및 가공수준이 높은 가치사슬을 위한 협력 강화, 녹색경제 및 기속가능한 투자협력 등이 포함됐다. 2023년 5월 인도 고아에서 열린 SCO 외교장관 회의에서 중국 외교부장은 다중적 위기 직면한 세계에서 냉전과 일방적 보호주의, 패권주의, 강권정치에 맞서 산업망과 공급망의 안정적 흐름을 수호해야 한다고 강조했다. 이는 미국주도의 반(反)중국 공급망 재편시도에 따라 중국의 '우군' 결집 노력으로 평가된다(조준형, 2023). 2023년 인도에서 개최된 정상화의 발표 선언에서는 "중국의 일대일로 이니셔티브 구상에 대한 지지를 재확인하면서 유라시아경제연합(Eurasian Economic Union) 건설과 BRI와 연계하는 노력을 포함하여 이 프로젝트를 공동으로 이행하기 위한 지속적 노력"에 합의했다[24](SCO, 2023).

에너지 가치사슬은 SCO 회원국들간 가장 중요한 의제 중 하나며 중국은 이 기구를 통해 선구적인 '에너지 지역주의(energy regionalism)'를 구축했다(Tufekci and Aksu, 2024). SCO 회원국들은 상류의 에너지 생산 및 운송에서 하류 정류에 이르기까지 에너지 가치사슬의 통합력이 높다. 현재 회원국 간 에너지 무역은 자본, 시장, 기술 및 자원과 같은 상호보완적인 장점이 있는 역내 순환이 형성돼 있다. 러시아와 중앙아시아 국가들은 석유와 천연가스의 주요 공급국가이고, 중국과 인도는 주요 에너지 소비국이다. BRI와 지역 국가간 자유무역지대 설립 제안과 같은 프로젝트는 역내 '에너지 동맹'을 구축하는 노력으로 평가된다. 역내 에너지 무역은 SCO 내 수출국의 GDP에 크게 기여하고 수입국의 지속가능한 발전에도 긍정적 영향을 미친다. 동시베이라-태평양 송유관, 중앙아시아-중국 가스관 등 광범위한 에너지 파이프라인 네트워크는 회원국들간 에너지 무역관계를 이끄는 인프라 투자임을 강조한다.

브릭스 : G7에 대항한 균형추?

브릭스(BRICs) 용어는 2001년 미국 골드만삭스 투자전문이사 짐 오닐(Jim O'Neill)이 향후 세계 경제전망 분석 보고서에서 브라질(B), 러시아(R), 인도(I) 그리고 중국(C) 4개국의 경제의 중요성을 강조하면서 처음 사용했다 (O'Neill, 2001). '비공식 국가협의체'인 브릭스 창설을 주도한 국가는 러시아다. 2006년 9월 유엔총회 기간 중 러시아 푸틴대통령은 장관급 회의 개최를 제안했고 당시 참석자들은 다자간 협력에 관심을 보였다. 2009년 6월 러시아 예카데린부르크(Yekaterinburg)에서 4개국 정상들이 모여 첫 정상회의를 개최했다. 이 시기는 글로벌 금융위기로 세계경제의 충격이 심한 상황이었다. 이들 국가들은 국제금융기구 개혁과 대표성 확대에 논의 초점을 맞췄다. 또한 다각화된 국제통화시스템의 필요성, 다자무역체제의 안정적 유지, 개발도상국에 대한 지원과 시장접근 및 기술이전 노력, 에너지와 기후변화에 대한 공동대처, 첨단기술 기초연구 및 개발, 테러리즘 반대, 유엔의 포괄적 개혁 등에 합의했다. 또한 '민주적이고 정의로운 다극적 세계질서(multi-polar world order)'를 지지하며 이를 위해 점진적이고 적극적이며, 개방적이고 투명한 방식으로 국가간 대화와 협력을 지속해 나가기로 했다 (BRICs, 2009). 이 최초의 공동성명의 내용은 현재까지도 브릭스 운영과 활동의 기본 골격을 이루고 있다.

2010년부터는 남아프리카공화국(S)이 추가 가입하면서 5개국을 정회원으로 하는 브릭스(BRICS)로 재탄생했다. 브릭스 설립의 문제의식은 기존 국제기구들이 서구 강대국에 의해 지나치게 지배돼 신흥국 및 개발도상국의 낮은 대표성과 이해관계 반영이 제대로 이루어지지 않는다는 것이다. 브릭스는 2015년부터 개발도상국들의 인프라개발과 지속적인 성장을 지원하기 위해 신개발은행(New Development Bank)과 1,000억 달러 규모의 위기대응기금도 조성했다. 이러한 노력은 글로벌 사우스에 대한 개발자금 지원에서 기존 IMF, World Bank와 경쟁하고자 하는 전략적 대응이다. 2017년 브릭스는 개발도상국들의 협력을 위한 '브릭스 플러스(BRICS Plus)'을 발족시켰으며 2022년, 2023년 정상회의에서는 역내 공동화폐 논의를 본격화했다. 현재는 회원국 외 다수의 개발도상국들이 옵서버로 참여하면서 '글로벌 사우스 포럼' 역할까지 하고 있다[25](심성은, 2023: 1-2). 2023년은 브릭스 발전에 있어 역사적인 전환점이었다. 이 정상회의에서 신규 6개국(아르헨티나, 이집트, 에티오피아, 이란, 사우디아라비아, UAE)이 정식회원국으로 승인됐다. 그러나 아르헨티나는 정권이 바뀌면서 "공산주의자들과는 동맹을 맺지 않겠다"며 탈퇴했고, 사우디아라비아는 가입승인과 활동은 하고 있지만 공식적인 가입절차는 지연되고 있다(Ferragamo, 2024). 2025년 1월부터는 동남아시아 국가로는 처음으로 인도네시아가 정식회원국으로 가입해 '공식적' 회원국은 10개국(사우디아리비아 포함 시 11개국)이다.

브릭스는 설립 초기 러시아가 주도했지만 최근 중국이 강력한 정치·경제적 자원을 바탕으로 협의체 내 영향력을 강화하고 있다. 회원국이 확대됨에 따라 내부적 이질성도 비교적 높아졌다. 중국과 러시아는 회원국 확대를 선호하지만 브라질과 인도는 자국의 영향력 감소를 우려해 상대적으로 소극적이다. 특히 인도는 중국의 지나친 영향력 확대를 견제하면서 내부 긴장도를 높이는 선택을 자주 하기도 한다. 중국은 미국과의 전략적 경쟁 틀에 갇혀 있고, 러시아는 미국의 확고한 적대국이다. 이란의 가입은 대외적으로 브릭스의 '반미 동맹'의 모습을 강화했다. 그러나 브릭스를 단순히 '반미 동맹'으로 규정할 수 없다. 이들 국가들과 달리 브라질, 인도, 남아프리카공화국은 상대적으로 미국과 우호적인 관계를 유지하고 있고 사우디아라비아와 UAE 역시 마찬가지다. 무엇보다 인도는 미국주도의 인도-태평양지역 안보협의체인 쿼드(Quad)에 속해 있다. 브릭스의 부상은 전통적인 서구 동맹과 브릭스 간 새로운 균형의 필요성을 높이고 있고 기존 동맹과 신흥동맹 간 복잡한 국제정치적 방정식을 만들어 냈다(Earle, 2025; Gabuev and Stuenkelk, 2024). 브릭스가 2022년 이후 회원국 확대에 본격적으로 나선 이유는 미중 전략적 경쟁이 심화되고, 러시아-우크라이나 전쟁으로 러시아의 '고립'을 타개하는 지정학적 요인도 크게 작용했다. 현재 40개국 이상이 공식적으로 가입을 신청했거나 희망하고 있어 브릭스의 규모는 지속적으로 커질 것이 분명하다. 지리적으로도 유럽, 아시아, 남미, 중동, 아프라카 등 북미와 오세아니아를 제외한 전 대륙을 포괄하고 있어 특정 지역중심의 다른 협의체들과는 차별적이다. 이와 같은 브릭스의 외연확장 추세를 두고 일부에서는 G7에 대항하는 지정학적 특성을 반영하여 중국과 러시아의 '지정학적 승리'로 평가(강선주, 2023: 3)한다.

브릭스 설립 이전부터 짐 오닐이 예견했듯이, 세계 정치 · 경제구조에서 브릭스의 영향력은 빠르게 확대되고 있다. 〈표 6-8〉은 기존 브릭스 5개국 및 2024년 기준 신규 가입국 5개국 포함한 10개국과 G7 국가의 사회경제적 비중을 요약한 것이다. 인구는 브릭스가 압도적 다수를 차지하고 있으며 GDP(PPP기준)도 브릭스 5개국이 G7국가들을 이미 추월한 상태다.[26] 2025년 인도네시아의 신규가입 그리고 향후 상당수의 국가들의 합류를 감안하면 그 격차는 더 벌어질 것이다. IMF의 세계경제전망에 따르면, 2024년~29년 기간 동안 세계 경제성장 기여도는 브릭스 10개국은 44%(중국 21.2%, 인도 14.2%)인 반면 G7국가들은 20.1%(미국 11.9%, 일본 1.8%, 독일 1.7%)에 그쳤다(Global Times, 2024). 이러한 브릭스의 성장세는 기존 G7 중심의 세계정치·경제질서의 재구성을 상징적으로 보여주며, 새로운 '균형추'가 커지면서 다극화 체제의 진입을 알리는 신호다.

〈표 6–8〉 브릭스와 G7의 사회경제적 비중 비교(2022년 기준)(단위: %)

구분		BRICS(5개국)	BRICS(10개국)	G7
인구		40.9	45.5	9.7
GDP	구매력기준(PPP)	31.5	35.6	30.3
	명목(Nominal)	25.8	28.4 *	43.7
상품교역		18.3	21.9	30.9

*주: BRICS 10개국= 기존 5개국에 사우디아리비아, UAE, 이집트, 이란, 에티오피아.
출처: 강명구(2024) p. 2 데이터를 기준으로 작성

브릭스의 잠재력을 평가할 때 최대 이슈 중 하나는 향후 브릭스 국가들을 포괄하는 메가-FTA 체결, 그리고 이를 플랫폼으로 '다중연결성'이 최대화될 수 있을지 여부다. 이러한 쟁점은 브릭스 개별국가들이 지역경제블록을 주도하는 현실에 기인한다. 우선 브릭스 국가들은 2022년 '공급망 협력 강화를 위한 브릭스 이니셔티브'를 발표했고(BRICS, 2022), 이 협정의 토대는 2020년 채택한 '브릭스 경제동반자전략 2025(Strategy for BRICS Economic Partnership 2025)'이다(BRICS, 2020). 이 협정 참여국들은 역내 공급망의 병목지점을 파악해 공급망의 효율적인 운영 보장과 연결성 강화를 합의했다. 팬데믹이 전 세계적인 공급망 교란사태를 초래했기 때문에 당시 당면 과제는 역내 공급망의 개방성, 효율성, 안정성 및 복원력을 유지하는 것이었다. 공급망 협력을 위한 이니셔티브는 다자간 무역체제, 투자협력, WTO 무역

원활화협정(TFA: Trade Facilitation Agreement) 에 의한 역내 무역 활성화, 무역 촉진, 공급망의 상호연결성 강화로 무역 및 투자 '흐름'을 촉진하는 내용을 포함했다. 이러한 흐름은 브릭스 국가들이 주도하고 있는 지역 경제블록과 연결될 수 있다. 즉 브릭스의 연결성은 러시아 주도의 유라시아경제연합(EAEU), 중국 주도 아세안-중국 FTA, 남아프리카공화국 주도 남아프리카 관세동맹(SACU), 인도 주도 남아시아지역협력연합(SAARC), 브라질 주도 남미공동시장(MERCUSUR)과 연결돼 그 범위를 확장할 수 있다. 중장기적으로 '브릭스 FTA'추진된다면 이와 같은 다중연결성에 기반한 초거대 무역체제가 탄생할지도 모른다(강선주, 2023).

시진핑주석은 회원 확대를 결정한 제15차 브릭스 정상회의에서 "브릭스는 국제지형을 형성하는 중요한 세력(force)"으로 "자주적 발전의 길을 선택하고 발전권(right to development)을 공동으로 수호"해야 한다고 강조했다. 또한 "냉전 사고방식이 여전히 세계를 괴롭히고 있으며, 지정학적 긴장"을 초래하고 있지만 브릭스 국가들은 "진정한 다자주의를 실천하고 유엔을 중심으로 한 국제체제를 견지하며, WTO를 중심으로 한 다자무역체제를 지지 · 강화"해야 한다고 설파했다(Jinping, 2023). 반면 미국은 브릭스의 영향력 확대를 의도적으로 외면해 왔다. 바이든정부의 국가안보좌관 제이크 설리번은 "우리는 브릭스가 미국이나 다른 누구와도 일종의 지정학적 경쟁자(geopolitical rival)로 진화한다고 보지 않는다"(The White House, 2023c)고 밝혔다. 그 이유는 이해관계가 다른 다양한 국가들이 모여있고 국제적 이슈에 대한 입장도 상이하기 때문이다. 특히 브라질, 인도, 남아프리카공화국과 미국의 관계는 여전히 우호적이기 때문에 BRICS를 지정학적 개념으로 이해하는 것은 적절치 않다는 입장이다. 반면 최근 트럼프대통령은 바이든정부와 다른 맥락으로 브릭스를 견제하고 나섰는데 핵심 이슈는 브릭스의 '탈달러화(de-dollarization)' 전략이다. 브릭스는 설립 초기부터 대안적 국제통화시스템의 필요성에 관심을 기울여왔다. 그 흐름은 2024년 러시아 카잔 정상회의에서 '브릭스 페이(BIRICS Pay)' 논의로 구체화됐다. 이에 대해 트럼프대통령은 브릭스국가들이 달러 대신 다른 통화를 추구할 경우 이들 회원들에 높은 관세(100%)를 부과한다는 위협을 가했다(Wearden, 2024). 그러나 이러한 위협은 브릭스국가들의 '탈달러화'와 대안적 금융시스템 개발 노력을 오히려 가속화시킬 수 있다.

'미국 없는 경제 운동장' : CPTTP

포괄적·점진적환태평양경제동반자협정(CPTTP)은 원산지 규정 및 무역증대를 위한 조항들로 구성돼 역내 공급망에 큰 영향을 미칠 수 있는 메가-지역 자유무역협정이다(Chang and Nguyen, 2022). 2015년 미국주도 하에 환태평양 12개국이 "21세기 새로운 무역 규칙을 수립"에 합의했다. 이 협정이 주목받은 것은 포괄하는 국가들의 규모뿐만 아니라 중국을 의도적으로 배제했기 때문이다. 1기 트럼프정부가 보호주의 기조하에 무역전쟁을 시작함과 동시에 탈퇴하면서 이 협정은 '미국 없는 경제 운동장'이 됐다. 이 협정이 국제적 이슈로 계속 남아 있는 것은 '미국의 복귀'와 '붉은 용(Red dragon)의 가입'여부이며, 둘 중 어느 하나든, 둘 다 가입하든 간에 만약 가입이 성사된다면 세계 경제의 판도를 가름 짓는 계기가 될수 있다. 2020년 11월 아시아태평양경제협력체(APEC) 정상회의에서 시진핑주석은 "개방성과 포용성, 혁신주도 성장, '더 큰 연결성(greater connectivity)', 그리고 상호호혜적 협력"을 내세우면서 CPTTP 가입 추진의사를 전격으로 밝혔다(Jinping, 2020). 중국 상무부는 2021년 9월 가입신청서를 제출했으며, 2022년 10월 제20차 중국공산당 전국대표회의(中國共產黨全國代表大會)에

CPTTP 가입을 보고했다. 같은 해 12월 중앙경제공작회의(中央經濟工作會議)는 "CPTTP 가입을 가속화한다"고 재차 결정했다. 이 결정은 경제성장을 통한 당-국가체제의 정당성, '개혁 강제', '제2의 세계진출'의 의도가 반영됐다(Yue, 2024).

중국은 RCEP 타결 및 실행 이후 CPTTP 가입을 공들이고 있다. 그 이유는 크게 3가지 요인으로 설명할 수 있다. 우선, 지정학적 요인이다. 중국의 가입 움직임은 실제 가입 여부보다 중국의 '다자 · 개방주의'와 미국의 '일방 · 보호주의' 구도를 만들기 위해서다. 즉 '불가능한' 목표를 추진하면서 최대한 '정치적 효과'를 뽑아내려는 계산의 일환이라는 해석이다. 전직일본 외교관 출신으로 스가 내각의 특별고문을 맡았던 미야케 쿠니(Miyake Kuni)는 이러한 움직임은 중국의 전형적인 '정치적 선전(propaganda)'에 불과하다고 폄하했다(Miyake, 2020). 다른 한편 같은 시기 이 협정 가입을 동시에 추진했던 대만을 견제하려는 의도도 주요 요인이다. 대만도 중국과 거의 같은 시기에 가입을 추진했고 이에 대한 전략적 대응 차원에서 가입노력을 한다는 견해다. 실제 대만정부는 RCEP 가입을 희망했지만 중국의 반대로 좌절된 바 있다. 중국이 CPTTP에 가입한다면 아시아 · 태평양지역에 대한 영향력이 높아질 것이다. 이는 미중갈등 국면에서 국제적 고립을 탈퇴할 수 있을 뿐만 아니라 미국의 '봉쇄전략'에 맞선 미국을 '역봉쇄'하는 효과도 거둘 수 있다. 나아가 중국은 이 메가-지역의 연결성 중심역할, 지정학적 생태계의 재편과 궁극적으로 '규칙 설정자'의 지위도 노릴 수 있다(최진백, 2021: 21-22; Jianga and Yu, 2021). 차오신(Cao Xin)은 중국이 세계 각국과 더욱 긴밀한 경제 및 무역관계를 발전시켜 미국의 봉쇄전략을 약화시키려 전략적 의도에 주목했다(曹辛. 2020).

무엇보다 중국은 CTPPT 가입으로 역내 무역활성화에 따른 경제적 이익을 추구한다. 중국 가입여부에 따른 경제적 효과 추정치에 따르면, 중국이 CTPP에 가입하지 않으면 이 협정의 무역전환 효과로 중국 실질소득이 100억달러 감소하는 반면 가입하면 2,980억달러 높아진다. 만약 CPTTP 참여국이 확대될 경우 중국의 미가입 손실은 530억 달러, 가입시 이익은 3,250억 달러로 추정됐다(Petri and Plummer, 2019). 그러나 중국의 협정 가입에 따른 경제적 효과가 크지 않을 것이라는 주장도 제기된다. 왜냐하면 중국은 이미 협정 가입국 중 호주, 페루, 뉴질랜드와 양자 FTA를 채결한 상태고 아세안 국가들과 FTA를 맺은 상태라 모두 8개국과 FTA를 운영 중이기 때문이다. 일본도 RCEP 회원국으로 이미 양국간 자유무역협정이 발효된 상태다.

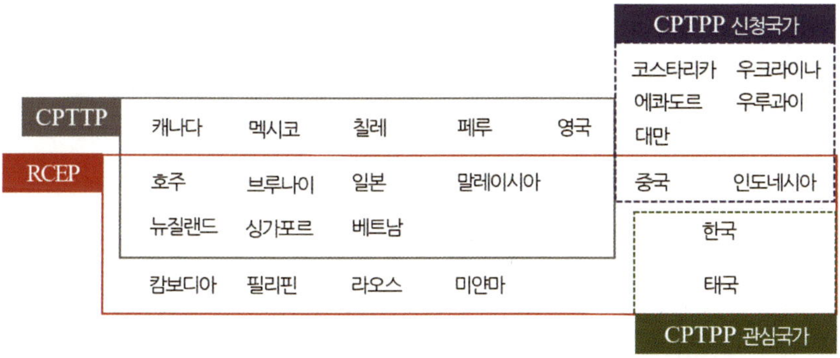

〈그림 6-6〉 CPTTP와 RCEP 회원국가 및 신청국가(2024년 10월 기준)

출처: Schott, J. J.(2024).

마지막으로 CPTTP 가입의 국내적 효과다. 중국 일각에서는 WTO 가입 등 개혁·개발 추진 이후 중국주도 RCEP 발효에 이어 CPTTP까지 연계된다면 국내 개혁을 보다 촉진할 수 있다고 주장한다. 이 견해에 따르면, 중국의 CPTTP 가입은 협정 조항에 따라 국내 제도와 정책 개혁을 가속화시켜 국제경제 통상규칙에 대한 통합 수준을 높일 수 있다(Jianga and Yu, 2021). 대외적으로도 중국의 CPTTP 가입 노력은 역내 시장접근성을 높임과 동시에 경제개혁 의지와 국제 규칙 준수 의지를 보여주는 신호가 될 수 있다(Arimuthu, 2025). 실제 중국은 가입신청 후 2,300개 넘는 협정조항을 연구 및 평가해 왔고 회원국들과 접촉면을 넓혀 나갔다. 특히 하이난 자유무역시험지역(Hainan FTZ)은 협정의무 이행에 필요한 경제 개혁 및 타당성을 테스트하는 '실험실' 및 모델로 활용되고 있다(Schott, 2024; SCIO, 2023b). 그러나 중국의 이러한 노력이 오히려 경제발전의 잠재력을 훼손시킬 수 있다는 비판적 시각도 존재한다. CPTTP의 엄격한 규제를 고려할 때 차라리 거대한 내수시장과 가치사슬 업그레이딩을 바탕으로 강력한 '소비강국'모델로 나가는 게 더 적절하다는 견해다(Yue, 2024). 이 견해는 중국정부가 공식적으로 추진하는 '이중 순환' 중 국내순환에 더 초점을 맞추자는 의견과 연계된다.

중국의 CPTTP 가입 회의론도 꾸준히 제기돼 왔다. 이 주장의 핵심은 '붉은 용'이 지역자유무역협정의 '황금 표준(gold standard)'으로 평가(Schott, 2025: 37)되는 CPTTP의 주요 조항 허들을 넘기 어렵다는 것이다. 우선, 중국은 미국이 USMCA에 숨겨둔 '지뢰'를 넘어야 한다. 이 협정 32조 10항은 비시장경제국가와 FTA를 사실상 차단한다. 만약 멕시코와 캐나다가 CPTPP 매개로 중국과 자유무역협정을 맺으면 USMCA는 파기될 위험에 처한다. 멕시코와 캐나다가 이런 위험을 무릅쓰고 중국의 협정가입을 찬성하기는 쉽지 않을 것이다. 2023년 기준 미국은 멕시코 수출의 83%, 캐나다 75%를 흡수한 반면 중국은 각각 2.5%, 5.4%에 불과했다. 국유기업의 경쟁중립성 조항(17장)도 넘기 어려운 장벽이다. 이 조항은 중국정부가 강하게 추진하고 있는 '신형거국체제'와 대립된다. 이외에도 정치적으로 민감한 독립노조 결성권 및 단체교섭권 등 노동기준(19장), 환경기준(20장)도 쉽지 않은 과제이다. 무엇보다 가장 쟁점은 CPTTP 가입을 위해서는 모든 회원국 동의를 필수적으로 받아야 한다는 점이다. CPTTP 일부 회원국들은 미국의 지정학적 전략적 의도를 함께 공유하고 있고, 중국이 경제력을 바탕으로 자국중심적 규칙의 재해석 및 변경 가능성을 우려한다(Arimuthu, 2025; Schott, 2025). 중국의 3대 증권사 중 하나인 쿼타이쥔안증권(國泰君安證券)의 연구소는 중국의 현 단계 시스템과 CPTTP 요구간 격차를 〈표 6-9〉와 같이 제시했다.

〈표 6-9〉 중국 현 단계 시스템과 CPTTP 요구 간 격차

국가	요 구 사 항	실현 난이도
국유기업	경쟁 중립성 원칙, 비차별대우와 비상업적 지원 보장	높음
노동보호	보다 높은 노동권 보호 기준	
전자상거래	개인정보 및 영업비밀 보호, 데이터 자유 이동 촉진	↑
정부조달	정부조달 구매 범위 확대, 차별 금지 및 투명성 강화	
지식재산권	지식재산권 보호 강화(범위, 기준, 집행, 처벌 등)	
투자	자본이동 자유화, 네거티브 리스트 규모 축소	↓
경쟁정책	반독점 및 불공정 경쟁 행위 규제 강화, 소비자 권리 보호 강화	
기타	환경, 금융서비스, 통신 서비스 등 높은 수준 요구	낮음

*자료: CPTTP 협정, 쿼타이쥔안 증권연구소 정리
출처: KIEP 북경사무소(2021).

'붉은 용'은 CPTTP 가입을 위해 '새로운 옷'으로 갈아입을 것인가? 중국의 CPTTP 가입 전망은 여전히 불투명한 상태이다. 현재 중국의 제도와 관행은 CPTTP의 엄격한 기준을 사실상 충족하기 어렵다. 따라서 이 협정 가입을 위해서는 중국 스스로 협정준수 의지와 내용을 입증해야 한다. 일부에서는 절충안으로 CPTTP가 허용하는 예외 방식을 활용하여 예외 규정과 이행조치 특별대우 요구 가능성을 예상한다(최진백, 2021: 18). 또한 가

입의무 조건인 모든 회원국들의 동의도 쉽지 않다. 다만 트럼프 2기 들어 새로운 전망이 조심스럽게 대두되고 있다. 트럼프는 재집권 후 '전 세계'를 상대로 '해방의 날'을 선언하며 무역전쟁 중이다. 한편에서는 회원국들이 미국 관세위협에 대응하기 위해 중국 가입을 허용할 수 있다고 조심스럽게 전망한다(Wong and Li, 2025). 회원국들이 미국의 무차별적인 무역전쟁으로 기존 통상정책을 재평가하고 있으며 이 과정에서 중국의 CTPPT 가입을 적극적으로 검토할 수 있다는 것이다. 이제 미국은 불안정하고 폐쇄적이며 쇠퇴하는 강대국의 모습으로 이 협정 회원국들을 '중국으로 밀어붙이고 있다'는 평가다. 실제 EU도 '미국의 도발'에 맞서 '규칙 기반(rules-based)' 글로벌 시스템 수호를 위해 CPTTP 가입 및 전략적 파트너십 구축을 내부적으로 모색 중으로 알려졌다(Foster, et al., 2025). 만약 EU가 협정 가입 또는 파트너십 구축에 나선다면 넓은 '경제 운동장' 확보와 함께 다수 국가의 자유무역질서 지지 신호를 미국에 보내는 효과도 있다. 트럼프정부의 '강압'에 맞서 중국에 더해 EU까지 CPTTP에 가입하는 '비현실적 상황'이 현실화되면 '미국 없는 초거대 자유무역 블록'이 탄생해 지정학적 판도가 크게 요동칠 것이다.

7장
—

첨단기술 패권전쟁과
연결성

1. 디지털 중국몽 vs 디지털 만리장성

미중간 '칩 전쟁'은 양국의 국가안보전략과 연계된 전략적 경쟁의 핵심 축이다. 미국은 중국을 "국제질서를 재편하려는 의도와 이를 수행할 경제 적·외교적·군사적·기술적 힘을 모두 가진 유일한 경쟁자"로 규정했다 (The White House, 2021c; 2022b). 이러한 미국의 시각에서 중국은 개방적 국제 질서를 위협하는 존재다. 즉, 미국은 중국이 국내시장에 대한 접근을 제한 하면서 국제경제의 개방으로부터 이익을 얻는 반면, 중국의 세계 의존도를 낮추면서 세계를 중국에 더 의존하게 만든다고 비판한다. 미국 국가안보전 략의 핵심은 패권적 지위에 도전하는 중국의 위협을 저지하고 '전략적 공 공투자(strategic public investment)'를 통해 경쟁우위를 확보하는 것이다. 전략 적 투자가 필요하다는 것은 더 이상 시장만으로는 중국의 기술적 부상에 대응하기 어렵다는 의미다. 이 과정에서 첨단 기술은 지정학적 경쟁과 국 가안보, 경제 및 민주주의의 미래에 핵심적인 지위를 갖는다. 따라서 미국 입장에서 전략적 경쟁자의 기술발전은 자국과 동맹국의 안보에 심각한 위 협을 초래하기 때문에 기술, 노하우, 데이터를 보호하고 이를 위한 수출통 제 및 투자심사 메커니즘을 강화하고 있다. 나아가 '동맹국들과 협력해 내

구성과 복원력 있는 공급망 구축은 국가안보의 중요한 과제이다. 결국 미국의 전략적 경쟁수단은 기술봉쇄로 중국의 첨단기술 발전을 저지하고, 자국 또는 동맹국 중심의 GVC로 재편하는 것이다.

미중간 전략적 경쟁의 핵심은 첨단기술 패권경쟁이며 그 중심에는 반도체산업의 주도권 경쟁이 있다. 반도체는 4차산업혁명 시대의 기술패권을 좌우하는 핵심적 요소다. 반도체는 인공지능, 5G, 사물인터넷, 전기차, 자율주행차, 스마트폰, 클라우드 서버, 산업자동화, 우주항공, 중요 인프라 및 군사적 방어시스템에 이르기까지 다양한 전자장치에 활용된다. 이와 같이 반도체는 상업용과 군사용으로 모두 사용이 가능한 '이중용도(dual-use)' 기술이다. 예를 들어, 미국 팹리스 자이링스(Xilinx)가 만든 FPGA(Field Programmable Gate Array) 반도체는 통신용 기지국과 클라우드 서버뿐만 아니라 미국의 스텔스 전투가 F-35에도 사용된다. 따라서 반도체는 4차산업혁명의 속도와 정확도를 결정하는 산업경쟁력뿐만 아니라 국가안보에도 핵심적 역할을 담당하는 미래 첨단기술 패권전쟁의 '최종병기'로 평가받는다. 역사적으로 서구의 정의롭지 못한 우월감의 진정한 원천인 기술리더십은 '미래 전장(battlefields)의 인프라' 창조다. 미래의 전장은 경제적, 군사적 측면 모두를 포함하며 반도체가 그 중심에 있다.

2018년 본격적으로 시작된 미중 반도체 전쟁은 중국의 '디지털 중국몽(digital Chinese dream)' 전략과 미국의 대중국 '디지털 만리장성(digital great wall)'을 구축하는 기술봉쇄 전략이 충돌하면서 발발했다. '디지털 중국몽'은 미래 첨단기술 선도국가로 부상을 목표로 하며 이에 반해 '디지털 만리장성'은 현재의 기술적 우위로 기존 첨단기술 가치사슬을 해체하고, 이 과정에서 중국을 배제하고 고립시키는 전략적 구상이다. 미국은 2018년 중국 반도체에 대한 관세조치를 시작으로 2019년 이후 반도체 관련 기술제재 조치를 강력히 추진해 왔으며 바이든정부 역시 더욱 정교하고 전방위적인 기술제재를 확대했다. 중국은 미국의 대중국 공세에 대응하여 첨단기술의 '자립화(self-reliance)'와 '기술의 탈미국화(de-Americanization)'를 빠르게 추진하고 있다. 미중 반도체 전쟁은 양국 간 갈등과 경쟁을 넘어 지역간, 다자간 블록으로 확산되고 있어 향후 갈등의 양상은 더욱 입체적으로 전개될 것이다. 양국 모두에게 반도체는 미래의 기술패권 확보를 위한 '대마불사(大馬不死)'다. 반도체 전쟁은 그동안 장기간에 걸쳐 최적화된 반도체 가치사슬(SVC: Semiconductor Value Chain)의 비용-수익구조, 지리적 배치구조가 변한다는 의미로 양국의 가치사슬 경쟁전략과 상호작용 유형에 따라 재편의 방향과 내용이 달라질 수 있다.

미중 전략적 경쟁의 중심은 첨단 기술경쟁이며 이러한 기술경쟁의 본질적 의미를 포착하기 위해서는 우선 격화되고 있는 SVC의 재편전략에 대한 이해가 선행돼야 한다. 이 장에서는 미중 전략적 경쟁의 특성과 내용을 환태평양 SVC 재편을 통해 살펴본다. 분석한다. 이 장의 주요 질문은 미중기술 반도체 전쟁의 원인은 무엇인가? 현재 SVC 형성은 어떤 경로로 이루어져 왔고 그 특성은 무엇인가? 환태평양 SVC의 재편을 위한 미국과 중국의 가치사슬 경쟁전략은 무엇인가? 이러한 경쟁전략이 충돌한 결과는 어떻게 나타나고 있으며 그 이유는 무엇인가? 등이다.

2. 환태평양 반도체 가치사슬의 형성과 구조

1) 반도체 가치사슬의 형성

성장의 기원과 미국의 약탈적 패권주의

트랜지스터는 1947년 미국 벨연구소(Nokia Bell Labs)에서 발명됐다. 1950년대 페어차일드(Fairchild semiconductor)와 텍사스인스트루먼트(Taxas instruments)의 연구원들이 평평한 단일 재료에 여러 트랜지스터를 배치하여 집적회로(IC: Integrated Circuit)를 만드는 방법을 고안해 반도체산업이 성장의 기초를 마련했다. 미국은 전후 '국가안보'에 필수적인 반도체 개발과 제조를 주도했다(He and Malkin, 2022). 미국 반도체산업은 1960년 이후 빠르게 성장했으며 초기 수요는 미군과 우주프로그램이 주도했다. 지역적으로는 미국 캘리포니아(실리콘밸리), 애리조나, 텍사스 및 뉴욕에 관련 산업이 집중됐다. 미국 정부의 '산업정책'은 반도체산업 성장에 큰 역할을 했다. 정부계약은 반도체기업의 '준비된 시장'을 제공했으며 국방부가 주요 고객이었다. 초기 미국 반도체 산업정책은 개별 기업의 수익을 극대화하거나 비용 최소화보다 새로운 기술개발에 중점을 뒀다. 즉, 정부는 경제적 성공보다는 혁신과 생산에 초점을 맞추도록 '시장규율'로부터 반도체산업을 보호했다.

1970년대 미국 반도체산업은 컴퓨터 대량생산 및 보급과 함께 호황기를 맞이했으며, 이러한 상업시장의 팽창은 정부의 지원이나 조정 없이 대기업과 중소기업의 공존 조건을 제공했다. 1950년대 중반~1960년대 중반 사이 연방정부는 미국 반도체 생산의 30~40%를 구매했지만 1970년대 후반에는 그 비율이 10%로 감소했고, 고용은 1960년대 116,000명에서 236,000명으로 두 배 이상 증가했다(Hufbauer and Jung, 2021). 정부는 연구비 지원, 기술자 훈련, 기술이전 촉진, 금융 제약 완화 등으로 산업발전에 효과적인 역할을 수행했다. 1960년대~1980년대까지 반도체산업은 국가혁신 시스템과 보호규제 하에서 '기술민족주의'를 기반으로 성장했다. 반도체와 컴퓨터산업의 초기 혁신의 상당부분은 국방 및 기타 국가적 중요 산업들과 관련성이 컸으며, 1961년까지 약 150~200개의 반도체회사가 만들어졌다. 1960년대 많은 미국의 소규모 반도체회사들은 그들 자신의 칩 제조시설을 갖춘 종합반도체회사(IDM: Integrated Device Manufactures)로서 시장진출을 했는데 여기에는 1968년 인텔과 AMD도 포함된다. 인텔은 IDM의 전형적인 사례로 1968년 창업 이래 수직계열화전략에 충실하며 연구개발과 제조를 긴밀하게 통합시켰다(Yeung et al., 2023).

일본 반도체기업들은 1970년대 무역을 통해 미국 시장에 진출하기 작했다. 샤프(Sharp)사의 타다키 사사키(Tadashi Sasaki)는 반도체 칩이 내장된 포켓 계산기의 생산계획을 추진하고 전력 절약을 위한 CMOS(Complementary Metal Oxide Semiconductors) 칩을 개발했다. 1969년 샤프는 미국 오토네틱스에서 생산된 4개 집적회로가 내장된 계산기를 출시했으며 이후 일본정부가 미국 칩 구매를 금지하면서 일본업체들이 공급을 독점했다. CMOS의 잠재력이 분명해졌을 때 일본기업들은 세계 반도체 시장에서 높은 경쟁력을 보유했다. 일본기업의 디램(DRAM: Dynamic Random Access Memory) 시장 점유율은 1978년 30%에서 1986년 75% 이상으로 높아졌다(Thorbecke, 2021a; 2021b). 일본 반도체산업의 성장요인은 국내 소비자 가전산업이 급성장하면서 수요가 증가했고, 대형은행과 제휴를 통해 생산능력 확대를 위한 자본동원이 원활했기 때문이다. 또한 일본정부 주도의 연구개발 통합지원도 주요한 성장요인이었다(Bown, 2020).

특히 1970년대 후반~1980년대 후반까지 일본 반도체산업의 부상은 정부의 전폭적인 지원에 따른 것이다. VLSI(초대형 집적회로) 기술연구회는 1976년 민관협력 4년 프로그램을 시작으로 산업통상부로부터 290억엔을 지원받았다. 1980년 일본정부는 미국보다 2년 앞선 256K D램 칩 개발을 위해 후지쯔, NEC, 히타치, 미쓰비스전기, 도시바 등 일본 5대 반도체기업을 모았다. 1986년을 정점으로 일본의 반도체시장 점유율은 46%로 증가해 미국기업(43%)를 추월했다. 세계 DRAM 제품의 약 75%와 최신 DRAM 장치의 약 96%가 일본에서 생산됐다. 1980년대 후반까지 미국의 점유율은 37%로 더 추락했고, 일본기업들은 반도체 시장의 거의 절반을 차지하며 미국기업들을 대체했다. 일본기업들의 이러한 성장은 정부지원과 더불어 개별 기업들의 개발노력과 '제조역량 성과' 덕분이었다[1](Yeung et al., 2023).

일본 반도체산업의 성장은 미일 무역분쟁으로 이어졌다. '분쟁의 선동자'는 미국반도체산업협회(SIA)였다. 1977년 설립된 SIA는 일본의 미국시장 지배에 대한 대응조치를 정부에 강력히 요구했다. 1985년 SIA는 정부에 공식청원서를 제출했으며 그 내용은 일본시장에 대한 접근성 부족(일본시장 점유율 10% 미만), 미국 및 제3 시장에서 일본기업의 덤핑을 조장하는 일본 정부의 산업정책에 관한 것이었다. 미국은 일본을 상대로 통상법(Trade Act of 1974) 제301조에 따라 소송을 제기했고, 미국와 일본의 협상결과 1986년 '미일반도체협정'이 체결됐다. 협정의 주요 내용은 일본 반도체 시장의 20%를 미국기업에 배당하는 '시장통제', 일본기업 제품에 관세 100%를 부과해 가격을 인상하는 '가격통제', 일본의 덤핑 수출을 제한하는 조치('수출통제')가 이뤄졌다(Bown, 2020). 일본 반도체산업 눈부신 성장에 따라, 미국은 혁신적 산업뿐만 아니라 컴퓨터에서 무기체계에까지 사용되는 반도체의 기술과 시장 지배력의 상실을 심각히 우려했다. 미일반도체협정의 결과 1990년대 초반 이후 미국반도체 회사들은 다시 선두 자리를 되찾았다. 이 강요된 협정은 미국의 '약탈적 패권주의(predatory hegemony)' 전형을 가감 없이 보여줬다. '약탈적 패권주의'는 쇠퇴하는 패권국이 자국의 급격한 쇠퇴를 방지하고 패권역량을 회복하기 위해 타 국가의 이익을 강제적으로 추출 전략이다. 미일반도체협정은 기존 패권국이 다른 국가들에게 제공했던 공공재(public goods)를 회수하여 후발국가들의 성장을 저지한 사례다(문준호 · 이기현, 2021; Conybeare, 1984).

동아시아의 부상과 미국 제조역량의 황폐화

미일반도체협정은 일본 반도체산업의 쇠퇴와 미국 반도체산업의 회생으로 이어졌지만 다른 한편 동아시아 국가들의 반도체산업 진출과 성공의 요인으로 작용했다. 일본 반도체기업의 공급이 제한되고 미국업체가 DRAM 시장에서 대부분 철수하면서 메모리칩 부족현상이 초래됐다. 이러한 기회를 통해 한국과 대만의 SVC 진입이 가속화됐다. 한국 반도체산업은 1960년대 미국기업의 FDI로 시작됐으며 취급공정은 조립 · 테스트 · 포장(ATP: Assembly, Testing, Packaging)이었다. 1983년 삼성은 미국 마이크론 기술로 DRAM 생산 및 시장에 진입했으며 미일반도체협정으로 인해 DRAM 가격이 상승하고 일본의 미국수출 제한으로 시장점유율을 점차 확대해 미국시장 점유율은 1988년 약 8%에서 1989년 15%로 급격히 높아졌다. 이 과정에서 한국정부는 반도체기업의 수출을 위해 은행대출을 지원했고 삼성은 정부의 대출보증으로 반도체 제조에 대한 막대한 투자 요구사항을 충족시켰다. 일본기업은 미국에 더 높은 가격에 한정된 수량을 수출할 수밖에 없었던 반면 한국기업은 수량제한 없이 더 낮은 가격에 미국시장에 판매했다. 한국에 이어 대만도 반도체산업이 발전하기 시작했다. 대만 역시 1960년대 미국기업들(General Instrument, Philips, Texas Instrument)이 대만에 ATP 공장을 설립하면서 SVC에 진입했다. 특히 현재 세계적인 파운드리업체인 TSMC는 대만정부의 1억달러 지원과 함께 1987년 설립됐다. TSMC의 설립자는 미국 텍사스인스트먼트에서 오랜 경력을 가진 모리스 창(Morris Chang)이다(Bown, 2020; Hufbauer and Jung, 2021; Thorbecke, 2021a; 2021b).

1990년대 후반부터 동아시아에서는 대만의 파운드리 기업, 한국의 메모리칩 제조업들이 부상했다. 이 기업들은 선발 업체들의 추격을 위한 대규모 투자와 기술개발이 필요했다. 이 기간 동안 동아시아 국가들은 다음과 같은 '산업정책'을 공통적으로 추진했다(Yeung et al., 2023). 우선 국가는 정책대출을 통한 재정적 인센티브, 교부금을 통한 보조금, 세금환급으로 기업들의 생산투자를 지원했다. 국내 챔피언(national champions)를 선택하여 집중 지원한 반면 수입규제에 개입 및 외국기업들의 국내 시장진출을 제한해 외부로부터의 연결의 흐름을 통제했다. 전 국가적인 연구지원 방안도 다양하게 실행됐다. 각 국은 국내 기업간 협력적 파트너십 개발을 위해 산업·기술 컨소시엄 발족, 연구개발비 지원, 기술이전 및 기업의 분사·창업 활성화를 위한 연구기관 투자, 성과지향형 보조금 지급, 외국기업과 연계를 포함한 산업생태계 및 클러스터 구축 등을 전폭적으로 지원했다. 더불어 공공 및 민간분야에 우수한 인재 유입될 수 있도록 인적자원개발 정책에도 심혈을 기울였다. 한국과 대만정부는 1970년대~80년대 동안 위와 같은 부문 및 대상별 산업정책을 적극 추진했지만, 1990년대 후반부터는 국내 기업들의 역량 증대, 글로벌 선도기업 및 생산네트워크 구축 활성화로 국가 개입주의가 약화되기 시작했다. 반면 중국은 WTO 가입 이후 부문별 산업정책을 통해 국유기업을 육성하고 무역자유화를 통해 FDI를 지속적으로 유치하는 등 '이중 트랙(dual tracks)' 전략을 구사했다.

반도체산업은 생산단계의 분해와 단계별 세계화가 가장 먼저 시작된 산업 중 하나다. 반도체 생산공정 중 가장 먼저 세계화된 부문은 비교적 저임금·노동집약적 공정인 ATP였다. 이 공정은 1960년대부터 미국반도체 기업 주도로 동아시아 지역으로 이동했다. 미국업체들은 초기 해외법인 설립으로 자체 역외조립을 했으나 이후 역외 아웃소싱형태로 전환하면서 1980

년대 아시아 공급업체들이 빠르게 성장했다. ATP의 해외 아웃소싱이 지속적으로 확대되면서 1980년대 초반 동남아지역에는 전 세계 ATP의 용량의 85%가 집중됐다. ATP에 이어 제조(IC fabrication)부문 역시 글로벌 생산이동이 본격화됐다. 특히 미국과 일본의 제조능력이 쇠퇴하면서 아시아·태평양지역의 제조능력이 급성장했다. 아시아·태평양지역에서 아웃소싱 반도체 제조산업이 성장한 결정적 이유는 '팹리스-파운드리 사업모델(FFBM: Fabless-Foundry Business Model)'의 출현과 발전이다.[2] 그 결과 일본과 북미의 반도체 제조능력은 1980년 80%에서 2001년 49%로 감소한 반면 같은 기간 아시아·태평양지역은 4%에서 38%로 증가했다. ATP와 제조부문과 달리, 미국 반도체 설계회사(Fabless)들은 여전히 세계시장의 지배력을 확보하고 있었으며, 지리적 이동도 거의 이루어지지 않았다(비세계화, non-globalization). 설계업무는 해외보다 국내 또는 해당 지역에서 아웃소싱하는 경향이 강했다. 실제 국제 아웃소싱이 발생하더라도 기업의 핵심역량에 중요한 IP 대부분은 본사 내 또는 그 부근에 위치했다(Brown and Linden, 2005; Chu, 2013). ATP, 제조의 지리적 분업과 SVC 확산 요인은 생산단계의 분해로 FFBM의 출현 및 성장이며 그 결과 태평양을 횡단하는 생산공정의 공간적 분리 및 분업체계가 가능했다. 또한 반도체의 소형화된 부품은 저렴한 비용으로 거리에 상관없이 운송될 수 있었고, 웹기반 가치사슬 관리시스템도 생산공정의 지리적 분산에 기여했다. 무엇보다 반도체기업들의 비용절감 전략이 SVC 형성의 가장 중요한 요인이었다.

　1980년대 기술 및 경제적 요인으로 형성된 SVC은 기존 세계반도체 산업의 구조조정을 촉발했다. 반도체산업의 세계화 이전 미국 반도체기업들의 유형은 최종소비자에게 판매하는 컴퓨팅 하드웨어 또는 통신장비와 같은 자체 용도로 반도체를 생산하는 '자가생산(captive production)' 모델(IBM,

Hewlett-Packard, AT&T), 소비자 전자제품 및 컴퓨터회사에 판매하는 반도체를 생산하는 'IDM' 모델(Intel, Micron, AMD), 이 두 가지 사업유형이 혼합된 '하이브리드 생산(Hybrid production)' 모델(Motorola, Texas Instruments)로 구분됐다(Bown, 2020). FFBM이 출현하면서 미국의 반도체기업들은 설계중심의 팹리스 회사로 전환하는 게 가장 경제적인 선택으로 판단했다. 반도체 제조는 대규모 자본투자가 필요하고 그에 따른 위험도 컸기 때문에 전문적 대형 파운드리 기업의 성장은 이러한 문제들의 해결책으로 선호됐다.

 이 전략의 '단기적 성공'에는 가혹한 '장기적 대가'가 따랐다. 미국기업들의 팹리스 중심전략은 반도체 '제조산업'에 대한 과소투자로 이어져 전체적인 산업토대가 취약해지는 결과를 초래했다. 이는 미국이 산업정책에서 '과학정책'으로 전환하면서 지적재산과 생산과정의 혁신을 경제적으로 분리한 시도이자 결과다. 팹리스 회사들은 생산 및 투자보다는 연구, 설계, 아이디어를 우선시하고 생산은 해외 제조공장에 위탁했다. 그러나 생산공정의 역외 이전은 이 분야의 역량개발과 혁신을 방기했고 제조인력의 고숙련화도 막아 결국 국내 생산인력을 굶주리게 했다. 미국 반도체산업이 상업화의 경로에서 벗어나 특정 혁신 패러다임에 종속된 결과, 미국 반도체기업들은 비용절감을 달성했지만, 산업능력(특히 제조역량)과 인적자원에 대한 투자실패로 이어졌고 세계 반도체산업의 주도권이 위협받는 지경에 이르렀다. 다시 말하면 미국 첨단산업에 대한 전략적 고려보다 세계화의 논리에 따라 SVC가 형성되면서 미국기업들과 투자자들에게는 좋은 사업적 의미가 있었지만 미국의 첨단제조업 지형은 황폐화됐다(Schmidt and Bajraktari, 2022; Willams and Khan, 2021).

〈표 7-1〉 세계 반도체산업의 변화: 주요 동향과 변화 요인(1959~2022년)

출현	1959~1970년대 후반
특성	• 마이크로일렉트로닉스 혁명 : 집적회로 및 마이크로프로세서 발명
산업조직	• 종합반도체회사(IDM)를 통한 수직계열화
주도 국가(경제)	• 미국, 유럽, 일본
주도 기업	Fairchild, Texas Instruments, Intel, Motorola, National Semiconductor, AMD; Philips, STMicroelectronics, Siemens; Toshiba, NEC, Hitachi
중대한 전환	**1980년대 중반~2010년대**
전환 과정	• 팹리스 혁명 : 칩 생산 아웃소싱 모델인 팹리스-파운드리 부상 • 메모리 칩의 리더십 변화
변화 요인(동인)	• 공정 및 제조기술의 강력한 통제 • 설계 자동화 소프트웨어 및 설계 코어에 대한 지적 재산과 함께 칩 설계-제조의 분리 • 신규 팹에 대한 높고 위험한 자본투자 • 개인용 컴퓨터, 무선 통신 및 데이터센터의 새로운 수요
주도 국가(경제)	• 일본, 한국, 대만, 미국, 유럽
IDM 주도 기업	Toshiba & NEC, Samsung & Hynix, Texas Instruments, STMicroelectronics, NXP (Philips & Motorola-Freescale), and Infineon(Siemens)
팹리스 주도 기업	Broadcom, Qualcomm, Nvidia, Apple, AMD, MediaTek
핵심 제조 파트너 (동아시아)	TSMC, Samsung, UMC, GlobalFoundries (AMD), SMIC
현재 상태	**2020년~2022년**
특성	• IDM과 팹리스, 파운드리 기업의 공존 • 상위 10위 기업들의 고도집중화 • 파운드리 최첨단 공정기술(3~5nm) • 매우 높은 신규 팹 비용(200~300억 달러) • 컴퓨터 및 데이터 저장, 무선 통신 분야에서 최종 시장 지배력 • 자동차 및 기타 칩에서 "올드 가드(old guards)"의 지속적인 중요성
주도 국가(경제)	• 미국, 대만, 한국, 일본, 유럽, 중국, 싱가포르
IDM 주도 기업	Intel, Micron & Texas Instruments, Samsung & Hynix, Kioxia (Toshiba) and Renesas (NEC), STMicroelectronics, NXP, and Infineon
팹리스 주도 기업	Broadcom, Qualcomm, Nvidia, Apple, AMD, MediaTek
핵심 제조 파트너 (동아시아)	TSMC, Samsung, UMC, GlobalFoundries, SMIC

출처: Yeung, H. et al.(2023). p. 147.

〈표 7-1〉은 세계 반도체산업의 역사적 변화과정을 요약한 것이다. 현대
반도체산업의 역사는 크게 3단계로 구분할 수 있다. 초창기 '마이크로일렉

트로닉스 혁명'시기에는 IDM의 수직계열화가 주를 이루었으며 지리적으로는 미국을 중심으로 한 유럽, 일본에서 발전했다. 1980년대 이후 중대한 전환을 촉발한 요인은 '팹리스 혁명'이었다. FFBM의 부상과 확산에 따라 칩 제조는 주로 대만을 중심으로 하는 동아시아에 집중되기 시작했다. 즉 미국 주도의 팹리스 기업과 동아시아 주도의 파운드리 기업들이 산업적 연결성을 강화하며 이 혁명을 주도했다. 현재는 IDM, 팹리스, 파운드리 기업이 공존하며 최첨단 제조공정 기술을 둘러싼 핵심국가 간 경쟁이 격화되고 있으며 특히 중국의 SVC 진화전략은 첨단기술 패권전쟁을 전면화시켰다. 이제 첨단기술을 상징하는 반도체의 기술과 시장을 둘러싼 "칩 전쟁 (Chip war)"은 향후 미중 전략적 경쟁의 성패를 좌우하는 물러설 수 없는 전장이 됐다(밀러, 2023).

2) 반도체 가치사슬의 구조와 특성

반도체 가치사슬 구조와 사업유형

반도체는 원유, 정제유, 자동차에 이어 현재 세계에서 4번째로 많이 거래되는 품목이다(Varas et al, 2021). 또한 다른 품목과 비교할 수 없을 정도로 복잡한 GVC 구조를 갖는다. 단일 컴퓨터 칩의 생산은 최종 고객에게 제품이 도달하기 전 국경을 70번 이상 통과하고 1,000단계 생산과정이 필요하다(Khan, et al., 2021). 반도체는 일반적으로 데이터를 저장하는 메모리반도체 (DRAM, NAND FLASH)와 논리와 연산, 제어 등의 정보처리 기능에 초점을 두는 시스템반도체(CPU, GPU, AP 등)로 구분된다. 메모리반도체 생산은 소품종ㆍ대량생산에 대규모 설비투자가 필요하지만 시스템반도체는 다품종ㆍ소량생산에 설계인력 중심의 기술집약적 산업이다. 메모리반도체는 주

로 설계, 제조를 비롯한 전 공정을 직접 수행하는 IDM에서 생산한다. 이
와 대조적으로 시스템반도체는 설계, 제조, ATP 등 단계별 생산과정이 전
문화돼 있다.

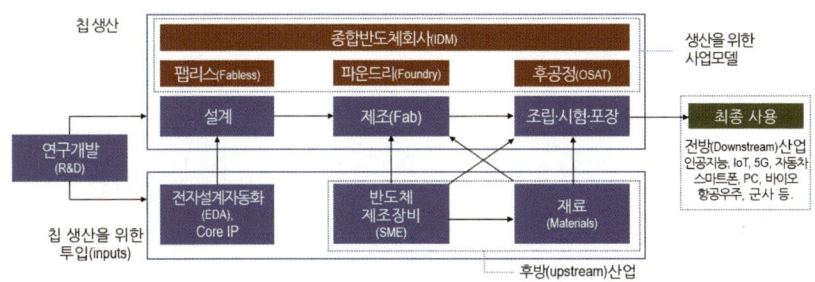

〈그림 7-1〉 반도체 가치사슬(SVC) 구조

출처: Khan, S. et al.(2021) 수정 · 보완.

〈그림 7-1〉은 SVC의 구조와 단계별 공정을 보여준다. 구체적으로 살펴
보면, 우선 연구개발은 모든 반도체 생산공정을 발전시키는 가장 혁신적인
산업활동이며 총 수익대비 연구개발 비중은 제약산업을 제외하고 가장 높
다. 적기에 재원을 확보하고 투자가 이루어지지 않으면 선두기업과 기술격
차가 순식간에 벌어져 경쟁력이 떨어진다. 사전 연구개발은 칩 설계 및 제
조기술이 기초를 마련하는 기본 프로세스로 이 단계에서는 정부의 역할이
중요하다. 예를 들어, 현재 7nm 이하 공정노드 칩제조에서 필수적인 극자
외선 포토리소그래피(EUV Lithography) 기술의 기초는 1990년대 미국 에너
지부의 자금지원을 받았던 NEUVLP(국가 극자외선 리소그래피 프로그램)에 의해
마련됐다. 또한 스마트폰 칩의 기본이 되는 중요 기술 중 하나인 갈륨 아르세
아드(GaAs) 트랜지스터는 1980년대 후반 미 국방부의 MIMIC(마이크로파 및 밀
리미터파 집적회로) 프로그램 수행의 성과이자 결과다(Yeung et al., 2023).

설계공정은 고도의 지식집약적 공정으로 숙련된 엔지니어팀이 Core IP(Intellectual Property)를 제공하는 IP 회사와 전문설계도구를 제공하는 EDA(전자설계자동화) 회사의 지원으로 수행한다. 설계회사들은 통상 매출의 18% 이상, 총 연구개발 지출의 약 53%를 차지하고 반도체산업 총 부가가치의 50% 이상을 점유하는 핵심공정이다. 칩 설계에 참여하는 기업은 IDM(인텔, 삼성 등), 팹리스 설계회사, 새로운 플레이어로 시스템 및 플랫폼 기업(애플, 알리바바, 알파벳, 아마존, 페이스북 등), 최근에는 산업기업(테슬라)까지 포함한다[3](Yeung et al., 2023). 초기 칩 설계는 종이에 개별적인 수작업으로 이뤄졌지만 단일 반도체에 탑재된 트랜지스터의 수가 기하급수적으로 늘어나면서 복잡한 상호작용과 레이어를 관리하기 위해 고도로 전문화된 소프트웨어가 필요하게 됐다(Thadani and Allen, 2023).

설계업체들이 공정을 수행하기 위해서는 EDA와 Core IP가 필수적이다. 기업들은 최근 극도로 짧은 기술혁신 주기로 인해 높은 수준의 연구개발비를 투자해야 한다. EDA는 반도체 집적회로를 설계·검증할 때 사용하는 소프트웨어이며 전체 반도체 부가가치에서 차지하는 비중은 작지만 상당한 기술력이 필요해 SVC에서 핵심적인 역할을 한다. 미국에 본사를 두고 있는 케이던스(Cadence), 시놉시스(Synopsy) 그리고 멘토(Mentor, 2017년 지멘스에 인수)가 시장독점력을 가지고 있다. 인텔, 케이던스, ARM과 같은 미국과 영국 기업은 Core IP 분야의 압도적인 선두주자다(Thadani and Allen, 2023). 이와 같은 극단적인 시장집중과 단일 국가 공급업체에 대한 높은 의존도를 고려할 때 EDA와 Core IP 부문은 지정학적 갈등에 매우 취약한 공급망 의존성 또는 '초크포인트(choke-point)'다.

제조공정은 자본집약적이며 전문적 고급기술이 요구된다. 표준 반도체 제조공장 설립을 위해서는 50억 달러 이상의 자본투자가 필요하고(아날로

그 팹) 최근 최첨단 제조공장 설립비용은 200억달러를 상회하기도 한다(로직/메모리 칩). 제조에 투입되는 장비의 대부분은 고난이도 기술과 높은 가격으로 이 분야의 신규시장 진입은 매우 어렵다. 반도체 제조역량은 글로벌 '칩 전쟁'에서 각국의 산업정책과 기술보안의 핵심분야이며 지정학적 위험과 갈등의 촉매제다. 각국 정부는 제조공장에 설립되는 막대한 투자비용을 지원하기 위해 '보조금 전쟁'까지 불사하며 산업정책 자원을 여기에 집중시키고 있다. 현재 대만 TSMC, 한국의 삼성이 최고 수준의 제조역량을 보유하고 있지만 미국이 반도체 제조공정의 귀환을 전 국가적으로 추진하고 있고 중국 역시 미국의 기술봉쇄에 맞서 자립역량을 최대한으로 높이기 위해 '거국적'으로 노력 중이다. 그러나 모든 산업에 '첨단' 반도체가 필요한 것은 아니다. 자동차 산업을 비롯한 일부 가전제품 등에는 '레거시 칩(legacy chip)'으로도 충분하지만 인공지능, 양자 및 고성능 컴퓨터, 연산량이 많은 고사양 어플리케이션에는 첨단 노드 칩(16nm 이하)이 필수적이다. 트랜지스터 크기가 축소되면 웨이퍼 직경의 크기는 커지는데 이는 생산과정에서 한 웨이퍼당 더 많은 칩 생산이 가능하져 경제성이 높기 때문이다.

반도체 제조는 여러 생산자가 공급하는 50종 이상의 고도로 정교한 장비가 필요하며 이 역시 대규모 연구개발이 필요한 분야다. 미국, 유럽, 일본 상위 5개 제조장비 업체가 시장의 70%를 장악하고 있지만 시장은 주로 동아시아에 집중돼 있는 생산공장에 의존한다. 이 분야에서 독보적인 기업은 세계 유일의 EUV 장비를 공급하는 네덜란드의 ASML이다. ASML은 1984년 전자업체 필립스, ASMI 및 국영 사모펀드 MIP 등 네덜란드의 TP 기업의 합작회사로 설립됐다. ASML은 1997년부터 EUV 프로젝트를 시작했는데, 1999년 ASML은 미국 정부의 EUV 리소그래피 연구개발 컨소시엄(EUV LLC)에 참여했다. 2006년 출시를 목표로 주요 미국 반도체 제조업체(인텔, AMD, 모토로라)와 3개 국립연구소 인력들이 핵심적인 역할을 담당했다. 2010년 ASML은 최초 EUV 장비를 삼성에 제공하여 리소그래피의 새로운 시대를 열었다(밀러, 2023: 317-327; Yeung et al., 2023). 인텔, 삼성, TSMC는 2012년 ASML 지분을 대가로 EUV 개발자금을 지원했다. 이 장비 가격은 2억 유로를 상회하기 때문에 연간 생산량도 한정돼 2020년 31세트, 2021년 42세트, 2022년 55세트, 2023년 60세트만 생산했다. 첨단반도체 제조설비의 상징인 EUV 장비는 칩 전쟁의 핵심적 무기로 기술봉쇄(미국)와 돌파(중국)의 전장은 국제적으로 초미의 관심사다.

반도체 제조업체는 다양한 공정단계에서 300개 이상의 다양한 투입물(소재, 화물물질, 가스)을 사용하며 기술력이 높은 4개 업체가 세계시장의 90% 이상을 점유한다. 실리콘 웨이퍼, 포토마스크, 포토레지스트와 같은 제조재료는 특정 화학물질과 함께 반도체 제조공정에 필수적인 투입물이다. 이투입물을 공급하는 업체는 미국, 독일, 일본, 대만, 한국, 중국에 집중돼 있다. 유럽은 화학물질 공급에서 중요한 위치를 차지하고 있으며 중국은 갈륨, 텅스텐, 마그네슘 등 원자재 공급에서 가공된 소재보다 더 강력한 시장 지위를 확보 중이다. 실리콘 웨이퍼는 일본 신에츠(Sumitomo)가 시장점유율 30%를 차지하고 있다(Thadani and Allen, 2023). 마지막으로 ATP는 칩을 낱개로 잘라내 기판이나 전자기기에 장착될 수 있도록 조립 및 포장, 완성된 반도체의 품질과 신뢰성을 위한 검사단계다(Khan et al., 2021; Reinsch et al., 2022; Yeung, et al., 2023). ATP는 일반적으로 반도체 제조공급망의 다른 단계보다 복잡한 공정과 시설 투입수준이 낮고 상대적으로 노동집약적이다. 그러나 트랜지스터의 크기와 밀도가 계속 줄면서 최근 ATP는 매우 복잡하고 정밀한 공정으로 전환되고 있다. 현재 대부분 ATP 시설은 인도·태평양 국가에 위치해 있으며, 특히 중국, 대만, 동남아시아(싱가포르, 말레이시아, 베트남, 필리핀)에 집중(약 95%)돼 있다.

반도체산업의 사업모델은 IDM, 팹-라이트 IDM, 팹리스, 파운드리, OSAT(Outsourced Semiconductor Assembly and Test, 후공정)로 구분할 수 있다. IDM(삼성, SK하이닉스, 마이크론, 도시바)은 모든 공정을 직접 담당하는 사업유형이며, 팹리스는 설계전문회사로 생산은 파운드리 회사에 위탁한다. 파운드리는 팹리스로부터 위탁받아 생산 후 납품하며, OSAT는 조립 · 테스트 · 패키징을 주로 하는 회사로 상대적으로 노동집약적 공정이다. 그러나 TSMC 등 세계적인 파운드리 기업들은 첨단공정을 중심으로 자체적인 패키징 · 테스트를 진행 중이다. IDM은 생산공정 일부를 전문 파운드리 업체에 아웃소싱하기도 한다. 이는 IDM 일부가 최첨단 팹에 투자 의향이 없거나 전용 파운드리 업체를 활용해 새로운 고가의 팹 구축에 따른 높은 위험을 회피하려는 의도다. '팹-라이트(Fab-lite)' 전략을 채택한 IDM(텍사스 인스트루먼트, ST마이크로일렉스로닉스, NXP 등)은 가장 까다로운 반도체의 새로운 공정기술과 기능을 개발하지 못한 경우가 많다.

〈표 7-2〉 반도체 사업모델의 분화

1980년대 중반 이전	1980년대 중/후반–2000년대 초	2000년대 중반 이후~
IDM	IDM	IDM
		팹-라이트 IDM
	팹리스	팹리스
	파운드리	파운드리
	OSAT	OSAT

출처: 저자 작성

국제 분업구조와 시장현황

2023년 반도체 시장규모는 지속적인 성장을 거듭해 약 5,269억 달러 (SIA, 2024: 23)에 달하며 4차산업혁명시대 진입으로 수요는 더욱 증가할 것으로 예상된다.[4] 예를 들어, 현재 판매 중인 일반 자동차에 탑재하는 반도체 수는 300개 내외지만, 레벨 3 자율주행 자동차에는 2,000개 이상의 반도체가 필요하다(황주영, 2021). SVC에 참여하는 국가 및 기업들은 자유무역에 기반한 통합된 가치사슬에서 상호의존적이며 생산공정별 '최적의 위치'로 이동하면서 구조화됐다(BCG and SIA, 2021). 각 지역과 국가는 비교우위에 따라 특정한 역할을 수행하는데, 미국은 세계적 수준의 대학, 최고수준의 인력 풀을 보유해 가장 R&D 집약적인 EDA와 Core IP, 칩 설계 및 첨단 제조장비를 주도하고 있다. 동아시아는 1960년대부터 시작된 반도체 생산의 세계화로 제조역량이 집중돼 있다. 이와 같은 생산의 공간적 분절과 집중은 국가의 지원을 토대로 막대한 자본투자 및 강력한 인프라, 숙련인력에 접근이 가능했기 때문이다. 중국은 상대적으로 기술과 자본집약적이지 않은 ATP 분야를 중심으로 성장해 왔지만 2010년대 이후 가치사슬 내 고부가가치와 각 공정 전반을 확장하기 위한 대규모 투자를 시행하고 있다(Varas et al., 2021). 사업유형 별로는 미국은 팹리스 기업, 한국과 일본의 IDM, 대만의 파운드리, 중국은 OSAT 기업들이 우세하다.

SVC의 국가별 시장점유율(2023년 기준)은 미국이 약 50%로 지배적 위치를 유지하고 있고, 다음으로 한국 14%, 일본 9%, 대만 7%, 유럽 12%이며 중국은 7% 수준이다(SIA, 2024). 미국은 팹리스 시장의 68%, IDM의 47%를 차지한다. 파운드리를 제외한 글로벌 반도체기업 시장점유율은 미국이 54%, 한국 22%, 대만 9%, 유럽·일본 6%, 중국 4% 수준이다(IC Insights, 2022). 그러나 각 국가들은 생산공정 및 단계별로 전문화돼 있다. 미국의 EDA 시장점유율은 96%에 달한다. 또한 Core IP 점유율은 미국과 유럽이 각각 52%, 43%로 양분한다. 첨단 칩 설계분야의 경우 핵심국가들이 반도체 가치사슬의 상부에서 거의 완벽히 장악하고 있다. 반도체 분야에서 미국의 지배력은 반도체 설계 소프트웨어에 대한 독점을 기반으로 한다. EDA 툴은 케이던스 디자인(Cadence Design System), 시놉시스(Synopsy), 멘토 지멘스(Mentor-Simens Business) 등 미국에 본사를 둔 3개가 세계시장의 90% 이상을 독점하고 있다. 이러한 미국산 설계 툴 없이는 최신 칩 설계 및 생산이 사실상 불가능하다(He and Malkin, 2022).

〈표 7-3〉 지역별 반도체 가치사슬의 부가가치(2021년)(단위: %)

구분		미국	한국	대만	일본	중국	유럽	기타
EDA & Core IP		72	2	2	2	3	20	-
설계	로직(팹리스)	67	4	9	4	6	8	3
	메모리(IDM)	28	58	4	8	-	-	-
	Dao(팹라이트)	37	6	4	21	9	18	6
	소계	49	20	6	9	5	8	3
장비		42	3	-	27	-	21	5
소재		10	17	23	14	19	6	12
웨이퍼 제조		11	17	19	16	21	9	7
조립·테스트·포장(ATP)		5	9	19	6	38	4	19
전체		35	16	10	13	11	10	5

*주1: 기타는 이스라엘, 싱가포르 및 그 외 국가를 포함
*주2: EDA, 설계, 제조 장비 및 소재에 대한 지역별 분석은 회사 매출과 본사 위치 기준. 웨이퍼 제조 및 조립, 패키징, 테스트는 시설의 설치 용량과 지리적 위치 기준.
출처: SIA (2022). p. 21.

〈표 7-3〉은 반도체 생산단계의 부가가치 비중을 지역별로 분해한 것이다. 미국은 EDA와 Core IP, 메모리를 제외한 로직, Dao 설계분야와 장비에서 선두를 지키고 있다. 웨이퍼 제조는 중국(21%), 대만(19%), 한국(17%), 일본(16%) 순이며 미국와 유럽은 각각 11%, 9%에 불과하다. 즉 웨이퍼 제조 부가가치의 73%가 동아시아지역에 집중되어 있음을 알 수 있다. 중국은 ATP 분야에서 가장 높은 부가가치를 점유(38%)하고 있으며, 다음으로 대만(19%), 기타 국가들(19%, 싱가포르, 말레이시아 등), 한국(9%) 순이다. 중국

은 미국이 강세를 보이는 EDA & Core IP, 설계, 장비분야에서 취약함을 보인다. 7nm 이하 첨단 칩의 웨이퍼 제조, ATP를 포함한 전 세계 제조능력의 75%는 아시아에 집중돼 있다(SIA, 2022). 반면 2023년 기준 세계 반도체시장 수요는 중국 29%, 미주 26%, 아시아·태평양 및 기타 26%, 유럽 11%, 일본 9%(SIA, 2024: 23)로 중국은 반도체 공급와 수요의 상당부분을 차지한다.

〈표 7-4〉 기업 본사 위치에 따른 공정별 시장점유율(단위: 10억 달러, %)

구분			반도체 공급업체			아웃소싱 업체		
			팹리스	IDM	소계	파운드리	ATP	소계
시장규모(10억 달러)			248	412	660	139	50	190
미국(%)			72	42	53	6	15	8
시장 점유율 (%)	동아시아	대만	14	2	6	65	58	63
		한국	1	22	14	16	1	12
		일본	1	17	11	1	0	0
		중국	12	2	6	9	20	12
	유럽	독일	0	5	3	1	0	0
		스위스	0	4	3	0	0	0
		네덜란드	0	4	2	0	0	0

출처: U.S. Department of Commerce(2023). p. 17 데이터를 토대로 수정·보완.

반도체산업은 미국, 대만, 한국, 일본, 중국 등 8개 지역에 본사를 둔 기업이 거의 모든 반도체 매출을 차지할 정도로 집중도가 높은 산업이다. 각 공정 역할 내에서도 지리적 집중도가 매우 높고, 2~3개 국가에 본사를 둔 기업이 시장의 대부분을 장악하고 있다. 미국에 본사를 둔 기업은 특히 설계공정에서 강세를 보이며, 전체 팹리스 매출의 거의 3/4을, 설계와 제조를 모두 수행하는 기업 매출의 42%를 차지하고 있다. 대만기업들은 파운드리 및 조립, 테스트, 패키징 공정에서 우위를 보인다(DoC, U.S., 2023).

〈표 7-5〉 국가별 반도체 공급사-고객사 관계 매트릭스(2023년)(단위: 개)

구분		고객사										
		중국	독일	프랑스	영국	이스라엘	일본	한국	네덜란드	대만	미국	행합
공급사	중국	2,934	116	57	59	18	343	230	23	617	575	6,036
	독일	86	61	12	15	13	80	30	10	100	115	683
	프랑스	35	28	60	12	4	28	15	12	40	136	483
	영국	42	31	9	39	6	52	13	5	52	157	514
	이스라엘	13	7	6	10	24	26	8	5	28	101	276
	일본	151	41	17	23	14	1,595	192	5	492	321	3,253
	한국	287	54	20	20	7	244	1,729	16	239	321	3,280
	네덜란드	24	11	8	4	5	21	15	6	34	53	216
	대만	351	91	28	53	16	367	122	25	1,697	565	3,906
	미국	624	246	191	249	135	659	327	51	1,060	2,538	7,602
	열합	4,956	837	470	581	277	3,817	2,886	203	4,820	5,760	

*주1: A행과 B열에 속한 숫자는 A국 소속이면서 B국 기업에 공급하는 기업의 수를 의미함. 위의 10개국 이외의 국가는 표에 나타나지 않지만, 행합과 열합은 모든 국가를 대상으로 함.
출처: 정형곤 외(2024). p. 242.

〈표 7-5〉는 2023년 기준 국가별 반도체 공급사-고객사의 연결 현황을 나타낸 메트릭스다(정형곤 외, 2024). 대부분 공급사들은 자국 내 고객사 비중이 높고 이는 정책적 요인을 비롯하여 지리적, 문화적 요인이 작용한 것으로 추정된다. 미국은 공급사와 고객사 모두 매우 높은 비중의 기업군을 보유하고 있으며 특히 반도체 가치사슬에서 상류부문의 영향력이 크기 때문에 전체적인 지배력이 높다. 다음으로 중국은 국내 공급사와 고객사가 중요한 위치를 차지한다. 미중 칩 전쟁 기간을 관통하는 2015~23년 기간 동안 변화를 살펴보면, 중국의 국내 공급사 비중은 27.6%에서 59.2%로 31.6%p 높아져 국산화 비율이 상당히 개선됐다. 반면 중국 고객사들의 미국 공급사 비중은 2016년 28.7%를 정점으로 2023년에는 12.6%로 대폭 감소했다.

SVC 형성과 발전의 결과, 두 가지 큰 특징이 발견된다. 첫째, 생산공정의 지리적 전문화 결과 지정학적 위험성과 취약성이 매우 높아졌다. 반도체 제조능력의 약 75%와 실리콘 웨이퍼, 포토레지스트 및 기타 특수 화학물질과 같은 주요 재료 공급업체들이 지정학적 긴장이 높은 중국과 동아시아에 집중돼 있다. 특히 10nm 미만의 노드에서 세계에서 가장 앞선 반도체 제조능력은 100%(대만 92%, 한국 8%)가 이 지역에 위치해 있다(Varas et al., 2021). 만약 국제분쟁이 발생할 경우 이 지역은 세계 반도체 공급에 치명적인 교란을 초래할 수 있는 '단일(single point) 장애지점'이다. 특히 대만은 세계에서 가장 정밀하고 미세한 반도체 공정이 가능하며 미국 반도체 기업 수요 92%를 TSMC가 공급하고 있다. 즉 대만의 위기는 미국 반도체 기업의 가치사슬 위기로 인식될 수밖에 없다. 다른 한편, 미국 입장에서 대만 TSMC는 중국이 대만을 침공하면 TSMC가 파괴되어 중국 본토에 심각한 경제위기를 초래한다는 확신을 주는 '비군사적 위협수단'이기도 하다(McKinney and Harris, 2021). 둘째, 미국의 반도체산업, 특히 제조역량의 쇠퇴로 미중 전략적 경쟁의 심화 국면에서 SVC 불안정성이 높아졌다. 미국의 반도체 제조능력은 1990년 37%에서 2019년 12%, 2021년은 11%로 추락했다. 반도체는 4차산업혁명 시대에 경제-안보의 핵심적인 연결고리다. 즉 칩 전쟁을 수행하는 핵심국가의 반도체 제조능력이 외부화되어 있다는 것은 지정학적 위기 발생 시 경제-안보적 대응역량이 낮다는 것을 의미한다. 특히 미국은 전략적 경쟁자인 중국이 SVC 점유율과 전반적인 지배력의 확대를 경제적 측면뿐만 아니라 안보적 차원에서도 심각한 위협으로 인식하고 있다.

3. 환태평양 반도체 가치사슬의 재편

1) 중국의 비전과 미국의 위기의식

2006년 중국정부는 '과학기술 중장기 계획'을 마련하고 16개 메가-프로젝트에 매년 50-60억달러 이상의 대규모 재정적, 행정적 지원을 투입하기 시작했다. 2010년 중국 국무원은 전기자동차와 차세대 컴퓨팅과 같은 신흥기술을 경제성장의 동력으로 지정한 계획을 발표했다(Wang, 2021). 이러한 중국정부의 정책적 노력은 과거 저부가가치 · 노동집약적 가치사슬 내 위치를 '상향 계층화(upward stratification)'하려는 초기 흐름으로 이해할 수 있다. 2014년 7월, '국가반도체산업 발전추진요강(国家集成电路产业发展推进纲要)'은 반도체산업 발전을 위한 '국가반도체산업 발전영도소조(領尊小組)'를 설립하고 '국가반도체투자기금(国家集成电路产业投资基金)'을 조성하는 한편 금융 · 세재 지원, 인재육성, 대외개방 전략을 집약해 놓았다. 이 정책의 핵심은 2015년까지 반도체산업 발전체제 혁신을 효과적으로 추진하고, 2020년까지 중국 반도체산업을 첨단수준으로 발전시키며, 이를 추진할 기구가 '국가반도체산업 발전영도소조'다. 2014년 10월 중국정부는 반도체산업 육성에 집중적인 투자를 위해 '반도체산업 지원펀드' 1,200억위안을 조성했고 향후 10년동안 1조위안 투자계획을 발표했다. 실제 1기 반도체 펀드는 1,387억 위안(약 21조원)이 중국 반도체 산업망 구축에 투자됐다(황정수, 2021). 구체적으로는 55개 사업프로젝트, 40개 기업에 지원됐으며 공정별로는 제조 65%, 설계 17%, 후공정 10%, 장비소재 8%로 주로 반도체 제조역량을 높이는 분야다.

중국 반도체산업의 비전과 야심을 제시한 결정판은 2015년 5월 '제13차

5개년 계획(2016-2020년)'에서 공식발표된 '중국제조 2025' 전략이다.[5] '중국제조 2025'는 이전과 다른 성장체제 구축과 가치사슬 재편을 추진하는 전략이다. 이 전략은 향후 성장동력이 될 10대 산업을 선정하여 육성하는 계획으로 제 1순위가 차세대 정보통신기술이며 그중 핵심이 반도체산업 육성이다. 구체적인 내용을 살펴보면, 우선 반도체 '설계'수준을 집중적으로 향상시켜 경쟁력을 확보한다. 또한 지속적으로 IP을 보유한 핵심 설계설비의 확대, 국가 정보 및 인터넷 안전과 전자산업 관련 핵심 범용 칩 기술을 개발하고 국산 칩의 응용, 적용, 매칭 능력을 높인다. 더불어 고밀도 패키징 기술 및 3D 마이크로 조립기술의 개발, 패키징 산업 및 시험의 독자적인 능력을 발전시켜 핵심 제조장비의 경쟁력 확보를 목표로 한다(한국과학기술정보연구원, 2015: 22). 반도체 자급율의 목표는 2020년 40%, 2025년 70%까지 올린다는 계획이다. 사실상 반도체산업의 '홍색공급망(red supply chain)' 구축을 선언했다. 이 계획에 따르면, 중국 반도체산업은 2025년까지 극자외선 리소그래피를 마스터하고, 2030년까지 컴퓨터 서버를 위한 다중코어 중앙처리장치(multi-core CPU)를 생산한다. 이러한 반도체산업의 구체적인 발전목표는 국가주도의 반도체산업 육성 의지를 분명히 해 국내기반 SVC의 전면적인 상향 계층화를 달성하는 것이다. 반면 기존 선진국들은 중국이 '국가의 힘'으로 세계 반도체산업을 장악하는 의도로 평가해 상당한 위기의식을 갖게 됐다. 특히 미국은 첨단기술 패권을 위협하는 이 중국의 국가전략을 시장의 규칙에 기반한 '경쟁'이 아니라 '봉쇄'의 대상으로 인식했다.

2) '칩 전쟁'

'칩 전쟁' 배경

미국은 '중국제조 2025'를 '스푸트니크 순간(sputnik moment)[6]의 도래 시점으로 봤다. 트럼프정부의 무역전쟁, 뒤이은 바이든정부의 대중 기술제재 조치에도 중국 반도체산업의 성장에 대한 우려가 있었다. 2018년 7월 미국은 중국산 반도체에 25% 관세를 부과했는데, 중국의 불공정 무역관행이 반도체산업을 포함하여 미국기업에 심각한 피해를 초래했다는 것이 이유다. 반도체는 미국 정부가 관세를 부과한 최초의 중국 제품 중 하나였지만 당시 반도체 제조에 필요한 장비는 포함하지 않았다. 2018년 10월 미국 팬스(Mike Pence)부통령은 대중국 정책연설에서 '새로운 냉전'을 선포했다. 연설의 주요 내용은 중국이 불공정한 방법으로 제조업을 발전시켰고, 그 내용과 범위는 '공개 기소장에 쌓여 있는 범죄혐의' 규모라고 평가했다(Perlez, 2018). 동시에 중국의 기술굴기를 미국의 안보위협으로 인식하면서 반도체를 핵심 안보물자로 취급하기 시작했다.

2011년 미국 대통령 직속 '과학기술자문회의(PCAST)'는 자국의 첨단산업 위기에 대한 보고서를 제출했다(PCAST, 2011). 이 보고서에 따르면, 미국의 첨단기술 제품 세계시장 점유율은 1990년대 20%대에서 2008년 11%로 감소했고, 고위 기술군 제조업의 무역수지는 2003년 170억달러 적자 전환 이래 2010년 810억달러로 증가했다. 반면 중국의 첨단기술 제품 무역수지는 2001년 흑자 전환 이래 2003년 130억달러, 2008년 1,300억달러로 급성장해 대조를 이뤘다. 2017년 트럼프정부는 첨단산업 중 핵심분야인 반도체산업의 경쟁력 저하와 중국의 위협을 인식하고, 중국 견제의 기본방향을 제시했다(PCAST, 2017). 제시된 기본방향은 '중국제조 2025'이 견제 및 대응방안, 국내 생산기반 강화, 차세대 기술력 우위 선점이다.

미중 기술경쟁을 보는 하나의 관점은 중국의 부상에 따라 세계경제의 계층구조 변화에 관한 것이다(Li, 2020; Grell-Brisk, 2017). 핵심국가는 세계경제 구조 속에서 주로 준 독점 및 고부가가치 생산 프로세스('핵심 유사(core-like)' 활동)에 참여하는 반면 주변부국가는 경쟁이 치열하고 부가가치가 낮은 생산 프로세스('주변 유사(periphery-like)' 활동)에 포함된다. 반주변부 활동은 핵심과 주변부 유사활동과 어느 정도 균일하거나 혼합된 유형이다. 이러한 위계적인 세계경제 구조에서 상품과 서비스의 교환과정의 잉여가치는 주변부에서 중심부로 불평등하게 이전된다. 따라서 핵심국가는 세계경제의 특권적 지위를 유지하기 위해 새로운 준독점 영역을 점유함과 동시에 핵심유사 활동을 침해하는 다른 행위자를 배제해야 한다. 이러한 관점은 중국의 가치사슬 진화를 미중간 기술경쟁의 경제적 본질로 파악한다(Zhao, 2021).

미국의 대중국 반도체 봉쇄전략

첨단기술 관련 미국의 대중국 공격은 2019년 5월, 트럼프대통령이 '정보통신기술 및 서비스 공급망 확보에 관한 행정명령'(Executive Office of the President, 2019)에 서명하면서부터다. 이 행정명령으로 중국의 대표적인 IT 기업인 화웨이와 미국 국적 기업 간 거래가 사실상 중단됐다. 2019년 1월 미 법무부는 화웨이를 미국 기술도용, 돈세탁, 이란 대량살상무기 확산과 관련된 제재 위반혐의로 기소했다. 화웨이에 대한 미국의 우려는 중국 보안법에 따라 정부가 회사에 해외데이터를 수집하여 전달하도록 강제할 수 있다는 점과 화웨이의 저가 장비가 보안성이 낮다는 것이다. 그러나 보다 핵심적인 이유는 중국의 첨단산업 발전을 저지하는 것이다. 2020년 5월과

9월 미국정부는 화웨이를 비롯한 중국계 IT기업들이 미국 기술이 하나라도 들어간 반도체 소재 · 부품 · 장비를 구매할 수 없도록 하고 나아가 미국 국적 기업이 아니더라도 미국 특허로 등록된 기술을 사용하는 제3국 기업들도 사전허가를 받아야 하는 제한 조치를 부과했다. 미국은 2019년 중국 최대 반도체 제조회사인 SMIC(中芯國際)가 첨단 미세공정인 14nm 생산을 발표하고, 2020년 상반기 화웨이 자회사인 하이실리콘(HiSilicon)이 세계 10대 반도체 회사로 진입한 직후에 이 제한조치를 실행했다. 특히 2020년 9월 조치는 중국 반도체 업계가 10nm 이하의 초미세 스케일의 패터닝 기술 단계로 진입하지 못하게 하려는 의도가 명백했다.

2019년 미국정부는 중국의 첨단반도체 생산을 저지하기 위해 기존에 계약됐던 네덜란드 ASML의 EUV 장비수출을 막았다. 미국의 압박으로 네덜란드 정부는 ASML의 수출허가를 갱신하지 않기로 했고, SMIC로 향하던 노광장비의 중국수출은 좌절됐다. 정밀도 7~3nm의 반도체를 만들기 위해서는 EUV 노광장비가 반드시 필요하며 네덜란드 ASML이 시장의 100% 점유하고 있다(Alper, et al., 2020). 바이든정부는 대중국 기술제재를 이전 '전면적 수출통제'에서 '표적화된 수출통제'로 전환했다. 트럼프정부의 대중국 반도체 기술제재 조치는 일정 정도 효과가 있었음에도 불구하고 반도체 수출금지에 대한 전면적 통제방식은 상당한 경제적 비용을 초래했다. 미국 반도체 회사들이 중국 시장에서 상당한 수익을 얻고 있었기 때문이다.[7] SIA는 전면적 수출금지 조치가 민감하지 않은 상업용 반도체 및 관련 기술까지 포함하고 있어 특정품목을 좁게 겨냥한 정책을 촉구했다. 이러한 배경에서 바이든정부는 "초크 포인트에 초점을 둔 표적화된 수출통제"를 채택했다(He, 2021).

미국과 중국은 기술패권 및 반도체 전쟁의 유력한 무기로 수출통제법을 경쟁적으로 제정 및 시행했다(박언경·왕상한, 2021). 미국은 2018년 대중국 제재의 도구로 '미국수출통제법(ECRA: Export Control Reform Act)'을 제정했다. 이 법은 신흥기술과 기반기술을 새롭게 수출통제 대상에 포함시키고, 이들 기술의 식별 및 통제절차를 강화하기 위한 것이다. 주요 내용은 수출통제법의 역외적용, 관할권 확대, 수출통제 정책범위의 확대, 수출통제 품목과 거래부적격자 명단의 독자적 구성, 미국의 공급망에서 제외될 수 있는 강력한 제재 등이다. 미국의 다른 무역도구는 '해외직접제품규칙(FDPR: Foreign Director Product Rules)'으로 해외직접생산품이 미국의 기술, 소프트웨어를 사용해 생산되었다면 미국 상무부의 허가를 받아야 특정 국가에 수출할 수 있다는 무역제재 방법이다. 미국은 반도체, AI, 5G 통신기술 등 첨단기술분야에 FDRP의 적용을 확대하고 있다.

2022년 10월, 미국 상무부 산업보안국(BIS: Bureau of Industry and Security)은 ECRA에 근거해 새로운 대중국 반도체 수출통제조치를 발표했다(BIS, 2022). 이 수출통제는 군사용 어플리케이션에 사용되는 특정 고급 칩을 구매 및 제조하는 능력을 제한했다. 즉, 고급 컴퓨팅 칩을 확보하고 슈퍼컴퓨터를 개발 및 유지하는 고급 반도체를 제조하는 중국의 능력을 제한하는 것이 목표다. BIS가 명시한 제재 이유는 두 가지다. 하나는 중국이 슈퍼컴퓨터 능력개발에 막대한 자원을 투입하면서 2030년까지 AI 분야의 세계적 리더전략을 추구하고 있기 때문이다. 다른 하나는 이러한 능력을 자국 국민의 모니터링, 추적 및 감시하고 군사 현대화를 추진에 활용하고 있다는 우려 때문이다. 이런 명시적 이슈에도 불구하고 핵심은 중국 SVC의 '상향 계층화'를 저지하기 위한 것이다. 반도체 제조설비와 관련하여, 중국 법인이 소유한 시설에 대한 허가는 '거부추정(presumption of denial)' 원칙이 적용되며, 중국 내 다국적 기업이 소유한 시설은 사례별로 결정됐다. 임계

값은 16nm 또는 14nm 이하의 비평면 트랜지스터 아키텍처(예: FinFET 또는 GAAFET)의 로직 칩, 18nm 하프피치 이하의 DRAM 메모리 칩, 128단 이상의 낸드 플래시 메모리 칩이다. 이 통제는 허가 없이 중국에 위치한 특정 반도체 제조시설에서 칩의 개발 또는 생산을 지원하는 미국 기업들의 능력을 제한했다.

2023년 10월 미국 상무부는 '대중국 반도체 수출통제 조치 최종규정'을 발표했다. 우선 AI 칩 규제를 보다 강화했다. AI 칩의 '성능 밀도' 기준을 추가해 수출통제의 초점을 성능에 맞춰 중국의 기술적 제재 우회를 차단했다. 엔비디아는 고성능 인공지능 칩인 A100과 H100 수출이 통제되자 이를 우회하기 위해 성능을 낮춘 A800과 H800 칩을 개발해 중국시장에 판매했다. 그러나 이번 조치는 이 칩들마저 통제하기 위한 조치로 수출을 위해서는 미국 정부에 사전통보하도록 했다. 다음은 제재 '우회로'의 봉쇄다. 이를 위해 일종의 '회식지대' 활동에 대한 모니터링을 실시한다. 중국, 마카오는 물론 미국의 무기 금수 대상국가에 위치한 기업의 반도체 수출도 통제하기로 했다. 모기업이 중국, 마카오, 미국의 무기 금수대상 국가(첨단 반도체 수출에는 이른바 '거부 추정의 원칙' 적용)에 위치한 기업에 수출하기 위해서는 허가를 받도록 했다. 더불어 수출통제되는 반도체 제조장비 유형도 추가해 중국의 첨단 반도체 생산능력 제한 수준을 높였다. 마지막으로 중국 기업 13곳을 제재 대상에 추가했다. 상하이 비렌 인텔리전트 테크놀로지(Shanghai Biren Intelligent Tech.), 무어 쓰레드 인텔리전트 테크놀로지(Moore Threads Tech.)와 그 자회사 등 13개 업체를 블랙리스트(entity list)에 추가했다. 이 두 기업은 엔비디아의 잠재적 경쟁업체들이다. 이와 같은 조치들은 2022년 10월 상무부의 수출통제조치를 보다 정교화한 것으로 평가된다(강병철, 2023; 김혁중·연원호, 2023; Benson, 2023).

중국의 대미 반도체 대응전략

미국의 기술제재 조치에 대응해 중국은 2020년 10월 새로운 '수출통제법(中华人民共和国出口管制法)'을 공포 및 시행하고 있다. 이 법은 그동안 분산돼 있던 각종 조치들을 통합하고 최근 상황을 반영한 것이다. 중국은 간주수출(deemed export),[8] 독자통제 품목 및 우려 거래자 관리, 처벌의 역외 적용 등 미국의 수출통제와 유사한 내용을 이 법에 상당수 포함해 미국의 수출통제 정책에 대응할 수 있는 수단을 마련했다. 수출통제법의 목적과 수출허가 기준으로 국가 안전과 국가이익을 명시했다(법제처, 2020). 이는 미국의 수출통제 조치와 마찬가지로 수출통제 정책 또는 법집행의 자의적 적용가능성이 높고 국가간 무역분쟁의 원인으로 작용할 우려가 크다. 중국의 수출통제법은 역외적용 및 보복조항을 규정하여 미국의 수출통제정책에 대한 대응수단을 갖췄다는 것이 특징이다. 또한 독자통제 품목 작성을 가능하게 함으로써 첨단기술 통제를 언제든지 강화할 수 있는 근거를 마련했으며 희토류와 같은 '희소광물자원의 무기화'도 가능하다.

미국의 대중국 반도체 수출통제조치에 대해 중국정부는 미국이 기술패권 유지를 위해 수출통제 조치를 남용하고 중국기업을 악의적으로 차단·억압하는 행위로 비난했다. 또한 이 조치는 공정경쟁 원칙에서 벗어나 국제경제 및 무역 규칙을 위반하고 합법적인 권리를 손상시키며 중국기업뿐만 아니라 미국기업에도 영향을 준다고 경고했다. 이 조치로 미국이 기술, 경제 및 무역문제를 정치화, 도구화, 무기화하여 중국의 발전을 막기위한 노력을 하고 있지만 결국 스스로를 차단하고 공격하는 결과를 초래한다고 비판했다(Ning, 2022). 미국의 대중국 기술제재는 중국반도체 기업에 미국산 반도체 기술 및 장비판매를 사실상 금지한 것이며 중국 최대 반도체 파운드리 기업인 SMIC와 CXMT 등이 직접적인 사정권 안에 있다. 슈퍼컴퓨터에 사용되는 반도체도 제재대상이 돼 중국이 강세를 보이는 인공지능 기술발전을 저지하는 일종의 '화웨이식 제재'가 적용됐다.

2023년 5월 중국 사이버스페이스청(CAC: 國家互联网信息办公室)은 미국 반도체기업에 대한 첫 번째 대응조치로 중국의 주요 정보인프라 기업들을 대상으로 마이크론 제품 구매 금지를 발표했다. 마이크론은 전 세계 매출 중 25%가 중국(홍콩 포함)에서 발생하는 미국의 대표적인 메모리 칩 제조업체다. 이는 사실상 미국의 반도체 수출통제조치에 대한 "은밀한 보복(veiled retaliation)"조치의 성격을 갖지만(Reynolds, 2023), 중국정부는 마이크론 제품에 '심각한 보안문제'가 발견됐고 새로운 중국-보완 규제 원칙에 따른 행정조치의 일환으로 발표해 미국의 대중국 제재 조치와 거의 유사한 논리로 대응했다(정재홍 · 김규범, 2023: 8). 중국의 마이크론 제재 발표는 복잡한 연결성의 동학을 내포하고 있다. 우선 미국의 대중국 반도체 제재가 효과를 발휘하기 위해서는 한국을 비롯한 주요 반도체 생산국가들이 대체 공급을 하면 안된다. 실제 미국은 여러 경로를 통해 한국정부에 대체공급 불가 요구를 한 것으로 알려졌다. 다른 한편 한국 입장에선 중국은 최대 교역국으로 미국조치에 적극적으로 동조할 경우 대중 관계 악화를 초래해 경제적 불확실성을 높아질 수 있다. 중국의 이 '은밀한 보복'은 미국의 반도체기업을 겨냥한 것이지만 미국과 한국 간 균열을 노리는 고도의 전략이기도 했다. 반면 중국으로서도 외국기업을 환영한다는 내러티브가 훼손되는 비용이 발생한다. 한국은 최대 안보 동맹국 미국과 최대 교역국 중국 사이에서 어느 쪽을 선택하든 문제가 될 수밖에 없다. 이는 서로 다른 시각으로 세계를 보는 '연결제국'들이 '4세계'에서 충돌한 사례로 어떻게 '완충'의 논리가 작동하는지를 살펴볼 수 있는 사례다.

3) 미국의 경쟁전략

내부화 : 반도체 회귀전략(Semicon Pivot to USA)

온쇼어링은 기존 오프쇼어링과 대비되는 개념으로 국가의 강력한 산업
정책 시행 등으로 해외기업의 자국 유치와 국내 아웃소싱 확대를 포함하여
국내·외 기업활동이 자국 내에서 이루어질 수 있도록 하는 것이다(리쇼어
링 포함). 온쇼어링의 궁극적 목표는 비용효율화를 기반으로 추진했던 GVC
을 내재화해 자국 중심의 가치사슬을 재구축하는 것이다. 미국의 세계 반
도체 제조능력은 정부정책의 부재, 비용의 상승 등의 여러 요인들로 인해
1990년 37%에서 지속적으로 감소해 현재의 추세가 계속된다면 2030년
그 비율은 10%까지 떨어질 것으로 예측된 반면, 중국은 1990년 0%에서
2019년 5% 내외, 2030년이 되면 24%까지 높아져 세계 최대 반도체 제조
국가가 될 것으로 전망됐다(SIA, 2021). 온쇼어링 정책은 '중국제조 2025'에
대응하는 미국의 반도체산업 육성전략의 기본골격이다. 미국정부는 2010
년 이후 반도체를 포함한 미국 첨단산업의 장기적, 구조적 위상 하락과 글
로벌 경쟁력 저하의 문제를 국가안보의 위기 차원에서 인식한다.

바이든정부 역시 팬데믹 기간 반도체 공급망의 붕괴와 미국 반도체 제조
능력 감소를 국가안보의 우선순위로 간주했다. 백악관은 2021년 6월 반도
체를 비롯한 '4대 핵심품목에 대한 공급망 조사' 행정명령 결과를 발표했
다(The White House, 2021a). 이 조사결과는 이후 전개될 반중국 공급망 재편
전략의 나침판이 됐다. 공급망 조사결과, 반도체는 국가안보에 반드시 필
요한 전략품목이자 첨단산업의 주도권을 결정하는 핵심적인 물리적 기반
으로 평가했다. 그러나 미국 반도체산업은 설계-제조-ATP 공정 중 첨단
제조 공정 경쟁력이 가장 취약하고 중국시장 의존도가 높아 위험에 노출된

것으로 진단했다. 보고서는 제조부문의 전반적인 열세가 ATP 및 소재 등 공급망의 전반적 약화를 초래해, 반도체 주도권을 위한 첨단반도체 제조 시설 확보의 필요성을 제안했다. 이를 위해 대규모 국내 반도체 연구, 설계 및 제조역량을 육성하는 대규모 연방자금 투자를 포함하는 법안 마련을 강조했다.

2021년 3월, 미국 인공지능 국가안보위원회(NSCAI)의 보고서도 중국의 첨단기술 발전에 따른 위협을 구체적으로 명시했다(NSCAI, 2021). 보고서는 중국이 10년 안에 미국을 제치고 AI 세계 선두 위치를 노리고 있으며 AI 기술로 미국사회에 침투해 데이터를 훔치고 민주주의를 방해한다고 진단했다. 즉 미국은 급격히 성장하는 중국 첨단기술을 미국 민주주의를 위협하는 요인으로 인식한다. 또한 대부분 첨단 칩이 미국의 주요 전략적 경쟁자인 중국에서 100마일 밖에 떨어지지 않은 대만 TSMC에서 생산되고 있어, 이를 미래의 불안요소로 우려했다. 이러한 문제의 해결책은 첨단 반도체 제조업체들이 미국 내 생산기지를 세우는 것이다. 결론은 세계적 반도체 제조업체의 온쇼어링이 미래 기술패권 전쟁의 승리, 공급망 위기 해소, 미국 민주주의를 지키는 핵심 과제다. 또한 보고서는 기술전쟁의 성과로 중국 SMIC의 최첨단 공정개발은 좌절시킬 수 있었지만 미국기업 인텔의 기술력은 여전히 TSMC와 삼성보다 낮아, 이 문제해결을 위해서는 정부의 대규모 보조금 지원이 필요하다고 제안했다. 결국 '미국기업' 인텔의 제조 능력과 기술을 높이기 위해서 정부가 적극적으로 나서야 한다는 의미다.

위와 같은 정부의 전략적 노력을 집약한 법안이 '반도체 및 과학법'(The CHIP and Science Act of 2022)이다. 이 법안은 그동안 미국이 기술패권 전쟁에 대응하기 위한 각종 법안들을 수렴 및 결집한 국가종합 과학기술전략 입법으로 평가받았다. 법안은 '미국혁신경쟁법'(USICA, 2021.04) 및 '미국경쟁법'(America COPETES Act, 2021.07)이 양원 및 양당의 조정과정을 거쳐 2022년 7월에 최종 통과됐다. 법률제정의 목적은 인공지능 및 연관 첨단산업 역량의 총체적 제고이며, 5년간 총 2,800억 달러 규모의 연구개발 및 반도체산업 보조금을 내용으로 한다. 이 법에는 '반도체 지원법'(CHIPS Act) 예산 527억달러[9]와 반도체 시설 및 장비투자에 25% 세액공제를 골자로 하는 '반도체촉진법'(FABS Act)'이 포함됐다. 법률의 전체적인 내용은 중국에 대한 기술경쟁력 우위 확보와 경제 및 산업안보 강화 등을 제시한 NSCAI(2021) 보고서를 기초로 하고 있다. 10대 핵심기술 연구개발 분야에 반도체산업이 포함됐고 무엇보다 가장 주목할 점은 중국견제 조항이다. CHIPS for America Fund 수혜기업들은 10년간 중국 및 타 요주의 국가 내 반도체 제조역량 확대(증설, 장비도입 등) 및 신설 투자가 금지된다. 단, 예외는 내수용 저기술 반도체 시설이며, 이에 대한 기준을 별도로 마련하기로 했다. 또한 '반도체 촉진법'에 의해 시설·장비투자에 대상 세액공제를 받은 제조기업들도 중국내 반도체 역량 확대 및 신설투자가 금지된다. 미국정부는 이와 같은 대규모 반도체산업 지원기금으로 아시아에 입지한 첨단공정(leading edge) 기업 대비 40% 가량의 단가 경쟁력 격차 극복이 가능할 것으로 전망했다.[10]

바이든정부 출범 이후 강력하게 추진한 반도체 온쇼어링 전략에 따라 세계적 반도체 기업들이 미국 내 투자계획을 발표했다. 삼성은 미국 텍사스주 테일러 시에 170억 달러 규모의 신규 파운드리 구축 계획을 발표했고, 향후 20년간 1,921억달러의 투자계획서(11개 반도체공장 신설)를 제출했다. SK하이닉스도 약 220억달러 규모의 미국 내 신규 투자계획을 발표했다. 이 투자계획에는 메모리반도체 첨단 패키징 제조시설 건립이 포함됐다. TSMC는 2021년 미국 애리조나 파운드리 공장에 120억달러를 이미 투자했다. 이와 같은 해외기업들이 미국투자와 동시에 마이크론은 뉴욕주에

1,000달러, IBM도 뉴욕에 10년간 200억 달러를 투자하기로 했다. 미국정부의 온쇼어링 전략의 핵심은 미국의 대표적인 종합반도체 회사인 인텔을 지원하는 것이다. 인텔은 200억달러를 투자해 애리조나주 2곳에 파운드리 공장을 신설할 계획이다. 주요 고객은 아마존, 구글, 마이크로소프트, 퀄컴, 애플 등이 될 것으로 전망하고 있다. 이는 인텔이 아시아에 집중된 반도체 제조능력의 상당부분을 국내로 흡수할 수 있다는 전략에 근거한 것이다. 〈표 7-6〉은 2024년 12월 현재 '반도체 및 과학' 지원 수혜 프로젝트 현황이다. 일부 기업들은 최초 투자계획을 재조정하여 다시 발표한 결과다.

〈표 7-6〉 '반도체 및 과학법' 지원 수혜 프로젝트 현황(2024년 12월 현재)(단위: 달러)

국가	기업명	지원금액		미국 내 투자계획	기술
		보조금	대출		
미국	인텔	78.65억		10년간 1,000억	첨단
	글로벌파운드리	15억	16억	10년간 120억	레거시
	마이크로칩	1.62억		8.8억	레거시
	마이크론	61.65억	75억	500억	첨단(DRAM)
	코히런드	1,500만		–	레거시
	텍사스인스트루먼트	16억	30억	410억	레거시
	울프스피드	7.5억		50억	레거시
	스카이워터테크놀로지	미정			레거시
대만	TSMC	66억	50억	650억	첨단
한국	삼성	47.45억		370억	첨단, 레거시, 첨단패키징
	SK하이닉스	4.58억	5억	38.7억	AI 첨단패키징 제조 · R&D
영국	BAE 시스템즈	3,500만		–	레거시
네덜란드	NXP	미정		26억	레거시
독일	Bosch	미정		15억	레거시

출처: Goujon, R. et al.(2024). pp. 19-20; 언론보도 자료를 기초로 추가.

미국은 '반도체 및 과학법' 시행으로 잃어버린 반도체산업의 주도권 회복을 기대하고 있다. 현재 동아시아에 집중된 반도체 제조 가치사슬, 특히 한국, 대만 등 일부 국가에만 집중된 첨단 웨이퍼 생산능력은 2032년이 되면 이들 국가 외 미국, 유럽, 일본 등으로 다변화될 것으로 예상됐다(BCG and SIA, 2024). 이 전망에 따르면, 미국 반도체 제조역량은 2032년까지 매우 높게 증가(2022년 대비 3배, 세계 1위의 증가율)해 동아시아지역에 대한 의존도가 완화되고, 이 과정에서 미국은 반도체산업의 '약속의 땅'을 목표로 한다. 이 법 시행으로, 미국은 2029년까지 전 세계 고급 로직 칩의 1/5 생산하고, 첨단기술인 10nm 이하의 반도체 제조능력이 법 제정 당시 0%에서 10년 후 28%로 증가하지만 한국 비중은 31%에서 9%, 대만은 69%에서 47%로 감소한다고 추정됐다. 결국 이 법은 반도체 제조능력이 동아시아에 집중된 현 상황을 위험으로 보고 미국 중심의 SVC를 강화하기 위해 설계됐다. 2020년~23년말까지 미국 전역에 80여개의 새로운 반도체 제조 프로젝트가 발표되었고, 미국이 설계분야 독점에 더해 제조능력까지 '회복'한다면 미국의 세계 SVC에 대한 지배력은 압도적인 수준이 될 것이다.

트럼프대통령의 재집권은 '반도체 및 과학법'의 미래를 불투명하게 만들었다. 트럼프대통령은 선거기간 동안 반도체 생산을 위해 막대한 자금을 지원하는 것을 올바른 방법이 아니며 단 1센트도 지불할 필요없이 관세 부과로 충분하다는 입장을 수 차례 강조했다. 최근 트럼프정부는 '반도체 및 과학법'의 전면 폐지보다 시행방식 수정을 검토하고 있지만, 보조금을 관세로 대체하여 국내 생산을 촉진시킨다는 트럼프의 구상이 현실화되면 투자를 약속했던 TSMC, 삼성 등은 더 이상 보조금을 받지 못할 수도 있다. 대신 미국 외에서 칩을 제조하여 미국시장에 판매하려면 관세(수입세)를 부과받게 될 것이다. 결국 트럼프정부는 기업들이 정부의 재정지원에 의존하지 않고 미국 내에서 반도체를 생산하도록 유도하고 있다. 또한 현재 미국

정부의 자금을 지원받으면서 다른 국가에서 사업을 계속 확장하는 기업은 처벌을 받거나 지원자금을 반환해야 한다. 실제 인텔은 보조금을 지원받은 후 중국 제조시설에 3억 달러를 투자해 정부의 엄격한 조사를 받았다. 보조금에서 관세로의 전환은 반도체에 의존하는 소비자와 산업비용을 상승시킬 수 있으며, 동맹국 내 분열을 조장할 위험도 크다(Naik, 2025).

지역화 : 반도체 NATO?

2022년 3월에 미국이 제안한 '칩 4동맹(Chip/Fab 4 alliance)'은 미국, 일본, 대만, 한국을 참여 대상국으로 한다. 미국이 이 동맹을 제안한 배경은 다음과 같다. 첫째, 미국의 반도체 제조능력의 쇠퇴. 그 원인은 팹리스-파운드리 혁명으로 반도체기업들이 동아시아를 중심으로 SVC를 구축했기 때문이다. 이 과정에서 미국은 칩 설계 및 연구개발, 장비분야에 집중했고 제조역량은 대거 동아시아 국가들로 이동시켰다. 두 번째는 팬데믹 시기 미국은 공급망 교란으로 SVC의 불확실성을 절실히 경험했기 때문이다. 2021년 전 세계적인 반도체 부족현상은 글로벌 자동차 산업에 막대한 피해를 입혔다. 이 시기 자동차 생산량은 전년 대비 770만대 감소했고 이에 따라 2100억 달러의 손실 발생이 추정됐다. 바이든대통령은 취임 직후 반도체의 중요성을 '21세기 편자의 못'으로 표현했다. 즉 편자가 있더라도 이를 달아줄 못이 없다면 말은 멀리 갈수 없다는 의미로 반도체가 없으면 다른 주요 산업도 마비된다는 의미다. 바이든대통령이 글로벌 반도체 제조사들을 백악관에 불러모은 이유도 안정적인 반도체 공급망을 구축하기 위한 노력의 일환이었다. 무엇보다 '칩 4동맹' 제안의 가장 중요한 이유는 중국 '반도체 굴기'의 봉쇄다. 중국은 설계, 소프트웨어, 장비, 소재 등을 미국을 비롯한 외국기업에 의존할 수밖에 없는 상황이다. 미국은 중국의 반도체

산업 취약성을 무기화하고 다자간 수출통제를 통해 중국을 배제한 SVC를 '칩 4동맹'을 통해 구축하고자 했다(윤정현, 2022: 9-12). 미국이 아시아·태평양지역에서 구상하고 국제전략 측면에서 보면, '칩 4동맹'은 쿼드(QUAD: 미국, 일본, 호주, 인도)나 오커스(AUKUS: 미국-영국-호주), 나아가 IPEF로 이어지는 '메가-지역 정치·경제 및 군사 공동체'의 한 유형이다. 다만 '칩 4동맹'은 반도체라는 단일 산업중심의 경제-기술 공동체라는 특성을 갖는다(권석준, 2022).

현재 SVC는 장기간 주요 국가들의 '협력적 연결성' 구축의 결과이기 때문에 일부 공정의 독점 혹은 과점현상이 나타나고 있지만, 전체 가치사슬을 한 국가가 독점하는 것은 사실상 불가능하다. '칩 4동맹'의 참여국 중 미국은 반도체 설계, Core IP, EDA 분야에서 높은 지배력을 보이고 있고, 반도체 장비는 미국과 일본(일부 EU), 소재분야는 중국, 일본, 대만, 한국, 첨단 반도체 생산은 대만과 한국, 후공정(ATP)은 중국, 대만, 말레이시아, 싱가포르 등에 집중돼 있다. 이 동맹국들은 전 세계 반도체 장비의 73%, 파운드리 87%, 설계 및 생산의 91%를 장악하고 있으며 DRAM 반도체는 한국과 미국기업이 90% 점유한다. 낸드플래시메모리도 한미일 3개국 비중이 90%를 상회한다. 만약 '칩 4동맹'과 중국이 SVC를 짧은 시간 내 전방위적으로 '디커플링' 한다면 중국 반도체 굴기는 거의 불가능해진다. 바이든대통령이 취임 이후부터 강하게 추진하고 이 동맹이 이른바 '반도체산업의 나토(Semiconductor-NATO)'로 회자되는 이유다(전병서, 2022).

2022년 제안 이후 당해 9월 실무회의인 '미·동아시아 반도체 공급망 회복력 작업반'을 개최했으나 안정적 공급망 구축 관련 의제만 논의했을뿐 민감한 수출통제 문제, 공급망 정보 문제를 다루지 않은 것으로 알려졌고, 민간기업 참여 역시 없었다. 2023년 2월 본회의 역시 원론적 수준의 논의

벗어나지 못했다(권희원, 2023). '칩 4동맹'이 대외적으로 강력한 힘을 발휘하기 위해서는 몇 가지 장애물을 극복해야 한다. 우선 동맹 내 긴밀한 신뢰가 없다면 일관된 실행이 어렵다(Jung, 2023). 대만의 TSMC와 한국 삼성전자는 파운드리 시장을 둘러싼 경쟁자다. 시장 '경쟁'과 대중국 봉쇄 '협력'이 때로는 충돌할 수도 있다. 경쟁자에서 가치사슬 정보를 개방적으로 공유하는 데도 한계가 있다. 다음으로 '칩 4동맹' 국가들의 가치사슬에 중국은 여전히 중요한 장소로 남아 있다. 〈표 7-7〉은 '칩4 동맹'국가들의 중국 내 반도체 생산시설 현황을 보여준다. 각국 대표적인 글로벌 기업들의 상당수가 여전히 중국 내에서 생산활동을 하는 중이다. 소비시장 측면에서도 중국은 이들 국가들에게 매우 중요한 의미를 갖는다. 예를 들어, 한국의 반도체 수출 대상국가는 중국이 71,509백만 달러로 전체 수출의 55.3%(중국 52,096백만 달러, 40.3%; 홍콩 19,413백만 달러, 15.0%)에 달한다(차대윤, 2025). 중국은 세계 최대 반도체 소비시장으로 동맹국들이 중국과의 가치사슬 디커플링 추진

〈표 7-7〉 칩 4동맹 국가들의 중국 내 반도체 생산시설 현황(2022년 기준)

국가	기업	위치	내용	비고
한국	삼성전자	시안	낸드플래시 생산시설	전 세계 생산량의 16%
		쑤저우	테스트 · 패키징	
	SK하이닉스	우시	D램 생산시설	전 세계 생산량의 12%
		다롄	낸드플래시 생산시설	전 세계 생산량의 6% *인텔 공장 인수(2020년)
대만	TSMC	상하이	파운드리(8인치)	TSMC 반도체 생산량의 6%
		난징	파운드리(12인치)	
	UMC	쑤저우	파운드리(8인치)	
		샤먼	파운드리(12인치)	
미국	마이크론	시안	테스트 · 패키징	
	인텔	청두	테스트 · 패키징	
	글로벌파운드리	청두	파운드리(12인치)	중국 HLMC가 인수(2023년)

출처: 이승훈(2022). 일부 수정 · 보완.

은 생산뿐만 아니라 소비시장 상실을 각오해야 한다. 이러한 조건으로 인해 미국주도의 대중국 봉쇄전략에도 불구하고 동맹국 국가들의 전략적 의도는 상이할 수밖에 없다.

마지막으로 '칩 4동맹'이 공동의 이익을 추구하는지, 아니면 사실상 미국우선주의를 위한 하나의 도구인지는 쟁점이다. 현재로서는 후자일 가능성이 높다. 미국은 온쇼어링에 기반한 첨단 '반도체 회귀전략'을 강하게 추진하고 있다(전병서, 2022). 이 정책의 핵심은 현재 대만과 한국으로 넘어간 첨단 반도체 제조능력을 미국으로 가져오는 것이다. 따라서 '칩 4동맹' 역시 미국의 이러한 전략적 의도의 연장선상에 있고 실질적으로 협력도 이 범위 안에서만 가능할 수 있다. 한국, 대만, 일본은 국가안보를 미국에 의존하는 반면 경제적 측면에서 중국은 이들 국가들의 가장 큰 무역상대국이다. 이러한 복잡한 이해관계는 '칩 4동맹'의 원심력으로 작용할 것이다.

중국은 '칩 4동맹'에 대해 반도체 공급망에 이익이 되지 않고 분열을 노리는 '소정치집단'에 불과하다고 폄하했다. 특히 한국이 미국의 압박에 굴복할 경우 중국 반도체시장에서 한국의 점유율에 직접적인 영향을 미칠 것이라 경고했다(Global Times, 2022). 중국의 공식적 반응은 미국이 한국에 2022년 8월까지 '칩 4동맹' 참여여부를 확인해 달라는 시기에 외교부 대변인이 발표한 논평으로 확인할 수 있다. 중국 외교부는 미국이 "국가권력을 남용하여 과학기술과 비즈니스 문제를 정치화, 도구화, 무기화하고 '강압적 외교(coercive diplomacy)'를 펼치며 산업을 강제로 이전하고 디커플링을 추진"해 왔다고 거세게 비난했다. 미국의 이러한 외교방식은 고도로 통합된 글로벌 경제에서 시대에 역행할뿐만 아니라 결국 실패로 끝날 것이라 평가했다. 이어 당사국들에게 "객관적이고 공정한 태도를 유지하고 자국의 장기적인 이익과 공정성, 형성평이라는 '시장원칙'에 따라 문제에 접근하라고 촉구했다(Lijian, 2022a). 또한 한국과 중국의 강한 무역 연결성을 강조하면서 중국은 한국의 최대 무역교역국이자 2021년 반도체 무역의 경우 한국 반도체 수출의 60%가 중국 시장으로 들어왔다는 점을 상기시키며 문제 해결을 위한 '시장 원칙'을 강조했다(Lijian, 2022b). '칩 4동맹'은 미중 전략적 경쟁 하에 다중연결성의 가능성을 모색하는 시험대가 됐다.

4) 중국의 경쟁전략 : 자립화

중국은 '14차 5개년 계획 및 2035 중장기 목표'에서 2035년까지 2020년 GDP 대비 두배 성장을 목표로 제시했다. 이를 위해 '이중순환' 발전전략과 기술혁신을 통한 과학기술의 '자립자강(自立自强)'식 성장전략을 채택했다. 신성장동력 구축을 위한 구체적인 수단은 신형 인프라, 신형 도시화, 중대 인프라 투자정책이며 이중 혁신주도형 성장전략의 핵심은 신형 인프라 투자정책이다. 신형 인프라는 정보인프라, 융합인프라, 혁신인프라 구축으로 투자의 7대 영역은 5G 네트워크, 데이터센터, AI, 산업 IoT 등이며 이 부문에 향후 1조 4천억 달러가 투자될 계획이다(연원호, 2021). 신형인프라 구축에서 가장 중요한 것이 반도체다. 첨단반도체 공급이 제대로 이루어지지 않을 경우 국가발전전략 전체에 심각한 영향을 줄 수밖에 없으며 중국정부가 반도체산업 육성에 사활을 걸고 있는 이유도 여기에 있다. '14차 5개년 계획' 중 반도체산업 육성 목표는 반도체 설계툴, 제조(10nm 미만, 첨단 반도체), 절연게이트 바이폴라 트랜지스터(IGBT), 미세전자기계시스템(MEMS), 고순도 소재 및 중점장비, SiC와 GaN 전력반도체 등 제3세대 반도체 등에 초점이 맞춰져 있으며 이 분야들은 현재 미국이 집중적으로 견제 및 제재하고 있다. 결국 중국의 새로운 반도체산업 전략은 미국의 제재를 넘어 자체역량을 개발하고 강화해 나가면서 반도체 기술의 자립화 그리고 미국 및 반도체 선진국들에 대한 의존성을 극복하는 것이다.

'중국제조 2025'에 따르면 2020년 반도체 자급률 목표는 40%, 2025년 70%를 계획했으나 2020년 실제 달성률은 15.9%에 그쳤다. 2020년 중국 반도체 시장규모는 1,430억달러인 데 반해 중국 내 생산은 227억달러, 중국 기업의 중국내 생산은 83억달러(5.8%)에 불과했다. 특히 미국의 수출통제조치로 고급 칩 개발에 필수적인 EDA 및 제조장비 구입에 어려움을 겪고 있어 기술발전 능력이 심각히 제한됐다. 대표적인 ASML의 EUV 장비 수입이 좌절되면서 중국 반도체 미세공정은 한동안 14nm에 멈춰있었다. 화웨이에 대한 전방위적인 제재로 TSMC가 화웨이의 새로운 주문 수주를 중단하면서 첨단 칩 생산이 불가능하게 됐고, 그 결과 화웨이 스마트폰의 시장점유율은 2019년 말~2020년 초 20%대에서 2021년 초 4% 수준으로 추락했다. 그렇다면 미중 반도체 전쟁으로 인해 중국제조 2025의 목표는 실패한 것인가? '중국제조 2025'는 반도체 설계, 제조(14nm 로직), 패키징 산업, 제조장비(성숙노드) 기업 육성을 목표로 했다. 일부에서는 미국의 전방위적인 기술제재로 중국의 '기술굴기'는 좌초될 것이라 전망하지만 목표 달성 여부는 아직 판단하기 이르다. 하이실리콘이 세계 10대 팹리스로 진입했으며(Core IP는 해외기업 보유), SMIC는 7nm 양산에 성공했다. M&A 등을 통해 기술을 확보한 OSAT 세계 시장점유율은 21%(2019년)로 증가했으며, 장비는 최첨단 설비 제작에는 이르지 못하고 있지만 국내 생태계를 조성하여 자급률을 높여가고 있다(이미혜, 2022). 중국 팹리스 기업인 Unisoc(21년 세계 11위) 하이실리콘(21년 세계 15위), 제조기업(파운드리) SMIC(21년 세계 5위), 화홍(21년 세계 6위) 테스트 및 패키징기업 JCET(20년 세계 3위), 통푸마이크로(20년 세계 5위) 장비기업 NAURA, AMCE 등이 세계적 수준으로 성장했다.

미국의 제재는 중국 반도체산업의 자립화를 촉진하는 효과를 보였다. 이 자립화 흐름은 미국 주도의 SVC에서 순차적으로 제외될 가능성을 염두에 둔 오래된 전략적 선택이다. 2021년 6월 기준 지난 1년간 세계에서 가장 빠르게 성장한 반도체기업 20개중 19개가 중국기업으로 조사됐다. 이는 전년 같은 기간 8개에서 2배 이상 증가한 것이며, 매출증가세 역시 TSMC와 ASML 등과 비슷한 수준으로 도약했다. 2021년 중국 내 공장의 제조능력이 확대되면서 반도체 제조장비 주문도 58% 증가했고, 칩제조 및 설계업체의 총매출액이 67% 증가하여 1,500억달러를 넘어섰다. 특히 SMIC는 2022년 분기별 매출이 67% 급증해 경쟁사인 TSMC, 글로벌파운드리를 앞질렀다. 설계 툴 개발회사인 프리마리우스 테크놀로지(Primarius Technologies)는 3nm 칩을 만드는데 사용 가능한 소프트웨어로 분기별 매출액이 두 배로 증가했다(Liu et al., 2022). 결국 장기적인 수익성 우려에도 불구하고 중국 반도체 회사들은 정부의 적극적인 지원 하에 생산능력을 공격적으로 확장하면서 전 세계 반도체산업에서 입지를 강화해 가고 있다.

중국기업들의 세계 반도체 시장점유율은 2013년 4%에서 2023년 7%로 3%p 높아졌다. 같은 기간 미국은 51%에서 48%, 일본 14%에서 9%, 한국은 16%에서 14%로 감소한 반면 대만과 유럽은 각각 9%에서 12%, 6%에서 7%로 증가했다(SIA, 2024). 중국은 지난 10여년 동안 미중 기술전쟁 중임에도 불구하고 정부의 막대한 보조금과 발전계획의 강력한 실행 등 국가차원의 집중투자와 지원으로 성장세를 유지하고 있다. 특히 몇몇 기업들은 눈에 띄게 성장했다. 2020년 하이실리콘 매출은 75억 달러로 전년대비 22%, 같은 기간 SMIC 매출은 43억 달러로 36% 증가했다. 중국 내 SVC를 구성하고 있는 팹리스, IDM, 파운드리, 그리고 OSAT의 수익성장률은 각각 36%, 23%, 32%, 23%에 달했다. 반도체기업 창업도 늘어나, 2020년

한해에만 15,000여개의 반도체기업이 설립되었고, 이들 신생기업의 다수
는 그래픽처리장치(GPU)나 AI 칩을 등 고급칩 설계를 전문으로 하는 팹리
스 기업들이다. 또한 2021년 발표된 신규 반도체 공장 건설 프로젝트만 28
개로 예상 투자금이 260억달러 규모였다. 중국 메모리 반도체 산업 역시
아직 초기 단계이지만 향후 5년동안 연평균 40~50% 생산 증가율이 예상됐
다(SIA, 2022). 이와 같은 중국의 반도체산업 부상은 정부의 강한 육성과 대규
모 반도체 펀드 지원, 국내 반도체 수요의 폭발적 증가, 미국의 제재에 따른
위기에 따른 것이며, 전략적 기조는 SVC의 내재화, 자립화의 추진이다.

〈표 7-8〉 2000년 이후 중국 반도체산업 발전과정

구분	2006년 이전	2006~14년	2014년~현재
목표	국가 차원의 반도체 기술개발 로드맵 수립	반도체 기반 기술개발 본격화	국가전략 추진, 반도체 핵심 분야 국산화를 통한 공급망 완비 추진
주요 정책	(2000) 소프트웨어 산업 및 집적회로 산업발전 장려 정책	(2006) 국가 과학기술 중요 프로젝트(01, 02) 추진 (2008) '02'프로젝트 민간 개방 (2014) 국가 집적회로 산업발전 추진 개요, 1기 반도체투자기금 조성	(2015) '중국제조 2025' (2018) 커촹반(科创板, Star Market) 개설 (2019) 2기 반도체 투자기금 조성 (2021) 중국 14차 5개년 규획 (2024) 3기 반도체 투자기금 조성
주요 성과	(2000) SMIC 설립 (2001) Naura 설립 (2004) AMEC, Hisilcon 설립	(2009) Naura, PVD 개발 (2006~17) SMEE 90nm 노광장비 개발 (2011~15) ACMR, 웨이퍼 세정 장비 개발	(2015) SMIC 20nm 노드 웨이퍼 양산 (2014~19) Naura 14nm급 식각, ALD, PVD 개발 (2020) YMTC 128단 QLC 낸드 개발 (2023) SMIC 7nm 노드 웨이퍼 양산; 화웨이 AI칩 Ascend 910B 발표; CXMT 모바일용 LPDDR5 생산 (2025) YMTC 294단 낸드 양산 (2025) 화웨이 EUV 노광장비(LDP방식) 개발
미중 갈등	-	-	(2018) 미중갈등 본격화 (2022) 미국의 대중 반도체 장비 수출통제 (2023) 미국의 대중 수출통제 확대 조치

출처: 오종혁(2024). p. 4 내용에 일부 추가.

〈표 7-8〉은 2000년 이후 중국 반도체산업 발전과정을 요약한 것이다(오종혁, 2024). 중국 반도체산업은 2006년 이전 준비기를 거친 이후부터는 반도체 기반 기술개발을 본격화했다. 2014년 이후는 반도체가 국가 핵심 산업으로 격상되면서 미국의 강력한 기술제재 하에서도 반도체 홍색공급망 구축을 목표로 하고 있다. 중국정부가 2014년부터 2024년에 걸쳐 반도체산업 자립화를 위해 투자해 온 '반도체 투자기금'의 총 투자규모는 1~3기를 거치면서 꾸준히 증가했고, 중점분야도 과거 반도체 제조역량 강화에서 미국의 제재 대상인 고대역폭 메모리 등 인공지능 첨단 반도체에 초점을 맞추고 있다. 반도체 자급률은 중국 반도체산업 발전의 주요 지표 중 하나이다. 테크인사이트(TechInsights) 등에 따르면, 2014년 중국 반도체 자급률은 14%에 불과했지만 2023년에는 23% 수준으로 높아졌고 2027년에는 27%에 이를 것으로 전망됐다. 또한 중국 반도체 생산능력도 2024년 이후 향후 5년간 40%로 증가할 것으로 예상됐으며 이는 전 국가적인 반도체산업 투자의 효과다(디지털투데이, 2024).

미국의 대중국 반도체산업 제재가 중국의 '반도체 굴기'를 더욱 촉진시켰다는 이른바 '제재의 역설'이 회자되고 있다. 최근 가장 주목할 만한 성과는 화웨이가 EUV 장비를 자체 개발한다는 소식이다(조민정, 2025). EUV 노광장비는 7nm 이하 최첨단 칩을 만들기 위한 필수장비이며 네덜란드 ASML이 100% 독점하고 있다. 이 장비는 미국이 모든 역량을 동원하여 대중국 수출을 차단 중이다. 그러나 화웨이는 2025년 하반기 자체 개발한 EUV 장비를 활용하는 시범생산을 거쳐 2026년 본격적인 양산을 목표로 하고 있다. 아직 기술개발 성공여부를 판단하기 어렵지만 시범생산 시도만으로도 엄청난 기술적 진전이 이뤄진 것으로 봐야 한다. 2023년 SMIC가 심자외선(DUV) 장비를 이용해 7nm 칩 양산에 성공했지만, 낮은 수율이 문제로 지적됐다. 만약 중국이 EUV 장비 양산에 성공한다면 미중 반도체 전쟁은 새로운 국면에 접어들 것이다. 화웨이는 AI 칩 생산에서도 의미있는 성과를 냈다. 화웨이는 최근 AI 칩 수율을 1년만에 20%에서 40%대로 높였고 곧 업계 표준인 60%까지 달성할 수 있을 것으로 전망됐다(Wu and Olcott, 2025). 이 AI 반도체는 SMIC에서 생산해 중국 내 데이터센터에 제공된다. 이러한 자립화 흐름이 계속되면 중국 내 AI 칩 시장점유율 1위인 미국 엔비디아의 영향력에서 벗어날 수 있다. 중국정부 역시 국내기업에 화웨이 AI칩 구매를 독려하고 있어 AI 칩 기술독립의 현실화는 더욱 앞당겨질 수 있다.

중국은 첨단 반도체 기술의 '추격전략' 이외에도 레거시 칩 제조역량을 확대하고 있다. 레거시 칩은 통상 28nm 이상 공정으로 생산된 구형 범용 반도체다. 최근 미중 '칩 전쟁'은 첨단 반도체와 더불어 이런 레거시 칩으로까지 확전되는 양상이다. 미국 무역대표부(USTR)은 2024년 중국 반도체산업 목표가 생산능력의 확대 및 과잉, 세계 반도체 가격 하락, 국내시장 보호 등으로 시장을 왜곡하고 있고, 그 결과 중국은 불과 6년 만에 기초 로직 반도체 생산능력의 세계 점유율을 2배 늘렸으며 2029년까지 전 세계 생산능력의 약 절반을 차지할 것으로 예상했다. 이는 중국의 '비시장적' 생산능력 확대가 시장지향적 행위자들의 투자를 저해하고 궁극적으로는 중국의 반도체 시장지배력을 높인다고 우려했다(USTR, 2024). 미국 상무부에서도 미국 제품의 2/3에 중국산 레거시 칩이 사용되지만 방위산업을 포함한 미국기업 절반이 칩이 출처를 알지 못했다고 확인했다. 크리스 밀러(Chris Miller) 중국의 레거시 칩 시장 점유율 확대가 미국 제조업에 4가지 위험을 초래한다고 경고했다. 첫째, 과잉생산으로 서구 반도체기업의 수익성을 압박하고 이는 서구의 새로운 칩 제조 투자를 억제하는 결과를 보인다.

둘째, 중국산 칩에 대한 의존성을 높여 베이징의 '경제적 강압'의 기회를 부여할 수 있다. 셋째, 중국 칩에 대한 의존도가 높아지면 일반적으로 중국 전자시스템에 대한 의존도가 높아질 가능성이 있고 이는 데이터 보완 문제가 심화될 수 있다. 마지막으로 상호확증파괴를 저해한다(Miller, 2024). 현재 중국은 미국을 비롯한 주요국의 최대 반도체 수입국이다. 만약 중국의 반도체 자립화 수준이 높아지면 세계적 공급과잉 문제와 함께 반도체시장의 판도가 크게 흔들릴 것이다.

제1장 연결성의 정치

1 정화의 여정은 잘 알려진 콜럼버스보다 70~100여년 앞선 것으로 아시아 해상문화의 자부심으로 평가되고 있다. 정화가 이끈 원정대는 길이 137m, 폭 57m가 넘는 대형 범선으로 포함해 62척의 함선을 타고 참파(베트남 중부), 수마트라 및 팔렘방(인도네시아), 말라카(말레이시아), 실론(스리랑카) 등의 항로를 거쳐 1407년 인도 콜카타항에 도착했다. 이들의 주요 임무는 외국 통치자들을 회유 또는 협박하여 명나라와 조공체제를 맺도록 하는 것이었으며 이후 1433년까지 7차례에 걸쳐 동남아, 인도, 페르시아, 아프리카 동부지역까지 항해하여 실크로드의 번영을 이끌었다(정재용, 2020).

제2장 초국적 인프라의 연결성 : 냉전과 컨테이너화

1 페니키아는 페니키아인(Phoenicians)이 지중해 동쪽 시리아 중부지방에 건설한 도시국가(연맹)로 역사상 가장 과감한 해상활동을 벌인 민족으로 알려져 있다. 기원 전 12세기 경에 이르면 이들은 유능한 선원이자 상인으로 널리 알려지며 야간 항해와 나아가 원양항해를 처음 시도하기도 했다. 기원전 1,000년 이후 지중해는 상업네트워크를 확장한 '페니키아의 호수'가 되었다(Klose, 2015).

2 피기백 방식은 컨테이너를 적재한 트레일러나 트럭을 철도의 무개화차(open wagon)에 실어 수송하는 방식으로 정식명칭은 TOFC(Trailer on Flat Car)이다. 도로운송(문전 운송)과 철도운송의 장점(장거리 운송)을 결합한 방식의 복합운송 방식이다(국가물류통합정보센터 물류용어사전).

3 로로선(Roll on-Roll off ship)은 크레인을 사용하지 않고 선측과 안벽 사이에 걸쳐 놓은 통로(Ramp way)로 화물을 적재한 트럭이나 트레일러가 선내로 진입해 양하하는 선박 유형이다. 래쉬선(Lighter Abroad SHip)은 화물을 적재한 부선을 본선에 설치된 크레인으로 선상에 올려 수심이 낮은 하천 또는 운하를 경유하며 항만시설이 부족한 내륙지역으로 운송이 가능하도록 설계된 선박이다.

4 1936년 미국 상선법 정책선언(the Declaration of Policy of the Merchant Marine Act of 1936, Section 101)은 국내 해상 상거래와 해외 수출입 상거래의 상당 부분을 수행하기에 충분한 상선을 보유하는 것이 국방, 대외 및 국내 상업발전에 필요하며, 이는 전쟁 또는 국가 비상시 해군 및 군사보조 역할을 할 수 있다고 명시했다.

5 베트남전쟁 중 코넥스의 '재사용'은 부분적으로만 성공했다. 코넥스의 3/4 이상이 단 한번만 운송되었고 실제로는 전투지역 내에서 그 자체로 물품 창고·보관, 임시대피소 심지어 방어 구조물의 임시 보강재 등 다기능적으로 사용되었다(Cargo-partner).

6 Ideal-X호에는 58개의 35피트 컨테이너들과 1만 5천톤의 석유가 실려 있었다. 맥린은 초기 섀시를 선박에 싣고 내리는 방식을 구상했지만 바퀴, 베드(beds) 그리고 차축이 공간을 차지한다는 사실

에 포기했다. 낡은 유조선을 개조한 이유는 저렴한 구입비용도 있지만 왕복으로 석유를 운송할 수 있어 위험을 최소화할 수 있기 때문이다(Nash, 2012).

7 베트남에 도착한 화물 상당수는 서류 누락으로 물품과 최종 목적지를 식별할 수 없었다. 이른바 화물의 가시성이 낮은 '회색 상자(gray boxes)'들이다. 미군은 이런 '회색 상자'들을 다시 오키나와로 옮겨 내용물을 확인한 후 조립라인 형태의 작업장에서 사용가능한 상태로 만들어서 다시 베트남으로 보내거나 폐기했다(Fuson, 1994).

8 상업용 화물, 주로 원조화물이 군수품과 같은 항만 시설을 통해 운송되면서 베트남 항구는 더욱 혼잡해졌다. 미국 국제개발처(AID: Agency for International Development) 화물은 일반적으로 2가지 유형이었다. 쌀, 비료와 같은 벌크제품과 베트남 경제를 활성화하기 위해 상업수입 프로그램(CIP: Commercial import program)에 따라 선적된 기타 자재로 AID 지원센터 조달청(CPA: Center Procurement Agency) 화물이다. 문제는 베트남에 이러한 물품을 취급할 수 있는 공급 또는 유통시스템이 거의 없었다는 것이다. CIP 이전 베트남 수입업체는 수입하여 판매할 수 있을 때까지 물품을 항구에 보관했다. 고객이 항구에 와서 물품과 관세를 지불하고 가져가는 방식이다. 수입업자들은 CIP가 구상한 방식으로 사업을 계속할 자본이 부족했다. 곧 항구는 군수품, CPA, CIP 수입품으로 몸살을 앓기 시작했다(Fuson, 1994).

9 드롱부두는 "길이가 90m가 넘는 바지선 형태의 거대한 잔교(棧橋)"로 "여러 구멍을 뚫어, 이 구멍을 통해 항구 바닥을 말뚝을 박아서 고정시키는 구조물"이다. 미 해군은 드롱부두를 미국 내에서 제작 후 베트남으로 직접 운송했다(레빈슨, 2017: 320-321).

10 미군은 아시아에서 이전 경험을 바탕으로 베트남, 한국, 필리핀 등 '다국적 인력'을 고용하여 태평양 횡단 군사물류 인프라를 구축했다(Attewell, 2020).

11 시랜드는 1967년부터 베트남에 냉장 컨테이너 서비스도 제공했다. 예를 들어, 미국 서부해안에서 캄란만에 도착한 컨테이너선에는 130개의 냉장 컨테이너와 530개의 일반 건조화물이 있었다(Aaron and Baker, 2020: 2-19). 1969년 말 미군과 시랜드는 컨테이너 탄약운송 서비스도 성공하여 효율성을 입증했으나 새로운 절차 수립에 따라 이후 사용하지는 않았다(Forrest, 2017).

12 시랜드는 계약 이전 컨테이너화가 효과적인 공급망 유지와 이와 관련된 많은 문제를 해결할 수 있다고 미군 당국을 설득했다. 특히 전쟁 초기 해안가 재래식 화물선의 물품 절도가 너무 심각하여 인바운드 화물 상당수가 적의 수중으로 넘어가고 있음을 상기시켰다. 따라서 컨테이너 물류는 베트콩(Viet Cong) 동조자들에 의한 전쟁물자 절도와 또다른 원인으로 발생하는 유실 문제를 원천적으로 방지할 수 있다고 주장했다(Cudahy, 2006b).

13 1960~70년대 초반까지 많은 신규 선사들이 국제 컨테이너 물류시장에 진입하여 기존 유럽, 미국, 일본의 지배력에 도전했다. 그중 두드러진 주요 선사는 대만 에버그린(Evergreen)과 양밍(Yangming), 싱가포르 넵튠오리엔트(NOL), 말레이시아 MISC, 홍콩 OCCL, 중국 COSCO가 있으며 1970년대 후반에는 한국의 한진, 현대, 조양도 진출했다(Pederson and Sornn-Grises, 2015).

14 페어랜드호는 1944년 2차 세계대전 당시 공격용 수송선으로 마날라만에서 활약했다. 1,393명의
    병력을 수송할 수 있었으며 태평양을 횡단하는 병력과 전쟁물자를 운송했다. 전쟁 종료 직후 이
    선박은 즉시 상업운항 선박으로 전환되었고 그 후 국제무역에 큰 역할을 담당했다. 1957년 컨테
    이너선으로 개조되었으며 갑판 20개를 제거하여 컨테이너 셀을 설치한 선박이다(McNamara, 2018).

15 Ideal-X호에 사용된 컨테이너 규격은 35피트였지만 맥슨네비게이션은 24피트짜리를 운용했으며
    그레이스라인은 17피트 컨테이너를 차이를 보였다(Cudahy, 2010). 호환되지 않는 컨테이너는 흐름
    의 마찰을 일으킨 주요 요인이었다.

16 1969년 7월 산후안(San Juan)호가 홍콩 오션터미널(1966년 3월 개장)에 150개의 컨테이너를 싣고 출
    항했다. 이는 홍콩과 미국 간 최초의 정기선 운항이었다. 산후안호는 시랜드가 운영했으며 새로
    운 컨테이너서비스는 베트남전쟁 중 미군 군수물자를 공급하기로 한 미군-시랜드간 계약의 부산
    물이었다. 삼각무역은 아시아 기점은 일본을 시작으로 홍콩, 대만, 한국 등으로 확대됐다(Farmer,
    2019; Gills, 2018).

17 세계 무역가치는 수출과 수입의 평균으로 계산되며, 중요한 재수출이나 재수출을 위한 수입은 제
    외했다. 세계 무역량과 세계 무역가치 통계수치는 세계무역기구 통계(WTO STATS https://stats.wto.
    org/) 데이터에서 확인할 수 있다.

18 1956년 최초의 컨테이너선인 Ideal-X호 이후 컨테이너화가 즉각적으로 확산될 것처럼 보였지만
    많은 물류관계자들은 오랫동안 유지되어 온 브레이크-벌크방식의 경로의존성으로 비현실적이
    고 일시적인 시도로 평가했다. 또한 컨테이너화는 기계화에 따른 일자리 감소를 우려하는 노동자
    들의 투쟁을 야기했고 항구운영 당국자들의 의견도 통일되지 않았다. 1962년 컨테이너는 뉴욕항
    화물의 8%, 서부항구 화물의 2%에 그쳤다. 그 결과 초기 컨테이너화를 선도했던 시랜드의 컨테
    이너사업은 8백만 달러의 손실을 입기도 했다(Nash, 2012).

제3장 세계화와 협력적 연결성

1 공급망과 가치사슬 개념은 자주 혼용되지만 엄격한 의미에서는 차이가 있다. 공급망이 "상품과 서
   비스를 생산자에서 고객에게 전달하는 과정과 관련된 조직, 사람, 기술활동, 정보, 자원의 체계"라
   면 가치사슬은 생산과 시장을 잇는 과정에서 "가치의 증대과정을 강조"하는 개념이다(카나, 2017:
   52). 본서에서는 맥락에 따라 혼용한다.

2 가치사슬 내 활동은 단일 기업이 수행하거나 여러 기업이 나누어 활동할 수 있으며, 상품과 서비스
   로 구성되고 한 지역에 집중되거나 여러 지리적 위치에 분산될 수 있다. 지난 수십년 동안 가치사
   슬 활동이 국제적으로 분산되는 경향이 강하게 나타났기 때문에 GVC 개념이 정착됐다. GVC내
   생산공정 단계는 여러 국가에 걸쳐 있으며, 중간 투입물도 한 국가에서 생산된 후 다른 국가로 수
   출돼 최종 제품의 추가 생산 그리고/또는 조립을 위해 사용된다(OECD, 2011; Gereffi et al., 2022).

3 GVC의 발전은 3가지 가설에 근거한다(Kleinert, 2003). 첫째, 아웃소싱 가설로 선진국 기업들은 노동집약적 생산공정 단계를 노동력이 풍부하고 임금이 낮은 해외로 이전시켜 심화되는 경쟁환경에 전략적으로 대응한다. 둘째, 다국적 기업 네트워크 가설로 중간재 무역이 증가하는 이유는 모기업뿐만 아니라 해외 및 본국의 다국적 기업 계열사 간 무역네트워크 내 무역이 증가하기 때문이다. 셋째, 글로벌 소싱 가설은 수입된 투입물의 사용 증가가 세계경제통합에 의해 촉진되며, 이주, 근접성, 이전 식민지 유대 및 공통 언어와 같은 요소들은 구매자와 판매자 간 '최상의 일치' 달성에 유리하다.

4 I2E는 순환적/재귀적(recursive concept) 개념이므로 이중계산이 일반화되어 있다. 상품과 서비스의 국가간 무역가치의 약 28%는 이중 또는 다중계산된 것으로 추정되고 있다(Brennan and Rakhmatullin 2015: 11).

5 반대로 '대외지향적(outward-oriented)' 정치-경제전략은 글로벌 시장, 자본 및 기술에 대한 접근성, 지역협력 및 예측 가능성, 외국인투자 강화와 GVC 편입을 촉진한다. 이는 국가들간 안정성, 예측 가능성과 지속가능한 협력(협력적 연결성)→ GVC 확장→ 경제적 상호의존성 심화로 이어지는 '선순환의 역학'(Solingen and Inomata, 2021)을 가능케 했다.

6 '복원력(resilience)'은 시스템이 원래 상태로 돌아가거나 방해를 받은 후 더 바람직한 새로운 상태로 이동하는 능력이다. 내부 또는 외부의 혼란에도 기능을 유지하는 공급망의 능력인 '견고성(robustness)'과 다른 개념이다. 팬데믹 이후 기존 효율성 중심의 GVC 경직성에 대한 비판과 함께 복원력 확보의 필요성이 강조됐다. 그러나 효율성과 복원력은 단기적으로는 서로 상충될 수 있지만 장기적으로는 상호배타적일 필요는 없다. 장기적 관점에서 효율성과 복원력 간 균형을 찾는 것이 중요한 과제다(Golgeci et. al., 2020).

7 코로나19 발생 초기였던 2020년 2월 5일 기준 100건 이상의 확진자가 발생한 19개 지역(Province)을 대상으로 조사한 결과이며, 이 지역에 활동하는 기업 49,000여개는 해외기업 지사나 자회사다(홍콩 49%, 미국 19%, 일본 12%, 독일 5% 등). 당시 전염병 피해지역에는 중국에서 활동 중인 기업의 90%가 위치해 있었으며, 이중 상위 5개 지역(광둥성, 장쑤성, 저장성, 베이징, 산둥성)은 중국경제 총 고용의 50%, 총 판매의 48%를 차지했다(Dun & Bradstreet, 2020: 3).

8 현지화된 가치사슬은 국내 시장이 충격을 흡수하기 위해 더 많은 조정비용이 소요된다. 예를 들어, 전염병과 싸우는데 필요한 모든 상품을 효율적으로 생산하는 단일국가는 없으며 실제로 미국과 독일은 의료기기 생산을 전문으로, 중국과 말레이시아는 보호복 생산에 가장 특화됐다. 현지화는 비용이 더 많이 들고 특히 개발도상국에서는 현실적으로 불가능한 정책 옵션이다. 팬데믹은 오히려 잘 짜여진 GVC의 필요성을 확인하는 계기로 삼아야 한다는 일부 의견이 있었다. 일시적인 수요 급증을 감당하기 위한 국가별 생산은 매우 비효율적이다. 이는 재난 시 작동할 수 있는 협력적 글로벌 거버넌스 구축으로 해결하는 것이 보다 합리적인 방안이다.

9 RWI/ISL 지수는 전 세계 82개 국제항구에서 수집된 컨테이너 처리 데이터 기반(전 세계 컨테이너 취급량의 60%)을 기반으로 한다. 전 세계적으로 무역이 이루어지는 상품이 주로 컨테이너 선박으로

운송됨으로 이 지수는 국제무역 발전의 기초 지표로 사용된다(2008년= 100)(ISL, http://www.isl.org/en/containerindex).

제4장 중국의 부상과 연결성 : 모방에서 혁신으로

1   1992년 덩샤오핑의 '남순강화(南巡講話)'는 중국의 속도감 있는 개방에 중요한 계기였다. 1992년 외국인투자의 규제완화 이후 홍콩, 일본, 미국 자본 유입이 놀라운 속도로 증가했고 1990년대 후반에는 중국 수출의 거의 절반 정도가 외국인 투자기업을 통해 이뤄졌다. 그러나 문제는 저부가가치 가공산업이 중국에 기여하는 부가가치 비중이 상대적으로 낮았다는 점이다. 예를 들어, 2000년에 수출한 590억 달러의 전자 및 광학제품 중 중국 노동자 및 공급업체의 몫은 160억에 불과했다. 같은 기간 일본의 경우 수출액의 91%가 국내에서 추가된 부가가치였다(레빈슨, 2023).

2   중국 내 자급율 향상으로 GVC 참여율은 2010년 39.1%에서 2017년 35.7%로 하락했으나 같은 기간 후방 참여도는 18.2%에서 12.7%로 감소한 반면 전방참여도는 19.3%에서 23.0%로 증가했다. 이 역시 중국의 GVC 참여구조가 중간재 수입, 최종재 수출에서 원자재 수입, 중간재 수출로 변화했음을 시사하는 지표다.

3   국가별 가치배분은 본사를 기준으로 측정했지만, 부품생산 업체가 해외 투입재를 사용한 경우 그에 따라 창출 및 포착되는 부가가치 액수는 달라질 수 있다.

제5장 미중 전략적 경쟁과 연결성의 위기

1   미국과 중국의 지역 및 세계 패권을 위한 무제한 투쟁이 전략적 경쟁의 새로운 시대를 열었지만, 현재의 경쟁국면을 과거 미소 냉전으로 유추하여 '신냉전'으로 규정하는 것은 신중해야 한다(Rudd, 2020). 소련은 자본주의 세계경제의 일부가 아니었고, 양측 사이에는 경제적 상호작용이 거의 없었다. 반대로 오늘날 중국경제는 세계경제에 고도로 통합되어 있을 뿐만 아니라 나아가 2008년 세계적 금융위기, 팬데믹 시기를 거치면서 여전히 세계경제 성장엔진으로 평가받고 있다는 점은 과거 냉전구조와 근본적인 차이를 보인다.

2   워싱턴 컨센서스는 끊임없는 찬반 논쟁을 촉발시켰다. 찬성론자들은 시장과 경쟁에 의한 자원의 효율적 분배, 세계경제 통합에 따른 경제성장, 낮은 인플레이션, 소비자 구매력 상승, 고용증대, 개발도상국 빈곤감소, '비자본주의 경제의 개혁·개방 촉진'을 성과로 강조했다. 반면 반대론자들은 소득불평등 심화, 사회안전성 훼손, 고삐풀린 자본이동에 따른 경제적 불안정성 증가, 환경오염 유발로 지속불가능한 체제라 비판한다.

3   워싱턴 컨센서스와 대비되는 개념으로 베이징 컨센서스(Beijing consensus)이 사용되기도 한다. 이 개념은 중국식 국가자본주의 하에서 시장경제 발전을 도모하는 중국식 발전모델을 의미한다. 핵심적인 내용은 국가주도의 경제혁신 및 발전과 타국의 주권을 존중하는 '내정 불간섭' 원칙이다.

4   2020년 8월 발표된 클린네트워크(Clean Network)는 5G 통신망, 모바일 앱, 해저케이블, 클라우드 컴퓨터 등에서 화웨이와 ZTE 등 중국의 대표적인 통신업체들을 관련 GVC에서 배제하는 미국의 전략이다. 즉, '위험한 중국' 프레임 속에서 '안보표준'을 둘러싼 각축과 동시에, '뜻을 같이하는 국가들(likeminded nations)'과 협력으로 중국공산당으로부터 동맹국 자산을 안전하게 보호하는 게 목표였다(양평섭, 2020).

5   저비용 국가들(LCCs: Low-Cost Countries)은 중국, 베트남, 필리핀, 말레이시아, 파키스탄, 스리랑카, 대만, 태국, 방글라데시, 인도, 싱가포르, 홍콩, 캄보디아 등이다.

6   TiVA(Trade in Value Added)를 활용하여 특정국의 최종수요(소비+투자)로 인해 창출되는 전체 부가가치 중 해외에서 창출되는 비중을 계산함으로써 순수하게 해외에서 생산된 부가가치를 측정한다. 이를 통해 중간재 교역규모 활용 시 발생하는 이중(중복)계산의 문제를 극복할 수 있다(강내영 외, 2021: 3).

7   2018년 관세 무역전쟁의 효과는 미국 제조업에도 부정적 효과를 보였다. 관세인상에 노출된 기업들은 투입투용 상승으로 생산자 가격의 상승, 실업률 증가와 고용감소를 경험했다(Flaaen and Pierce, 2024). 또한 다른 연구에서도 보복 관세로 인한 추가 손실 외에 관세 부과의 직접적 결과로 75,000개의 하류 제조업 일자리가 사라졌고, 트럼프정부가 2018년 3월 철강 수입품에 25%의 관세 부과한 후 미국 철강산업의 시간당 생산량이 2017년 대비 32%나 감소한 것으로 분석됐다(Froman, 2025).

8   희토류는 상당한 정제과정을 거쳐야 산업소재로 사용할 수 있다. 이 단계는 대략 광석을 캐는 '채굴', 불필요한 부분을 깎는 '선광'(비산먼지, 방사성, 중금속 발생), 희토류 성분만 추출하는 '정제'(유해가스, 중금속, 각종 폐수, 광물 찌꺼기 발생)과정을 거친다. 선진국들은 생산성과 심한 환경오염 발생으로 생산을 포기했고 그 결과 중국산 희토류의 지배력은 더욱 강화됐다(최정식, 2023). 희토류는 대부분 첨단제품의 핵심소재로 쓰이기 때문에 공급이 마비되면 글로벌 생산시스템이 사실상 중단되는 사태를 초래할 수 있다.

9   중국 상무부와 해관총서(海关总署)는 수출관리법, 대외무역법, 관세법 등 규정에 의거해 수출통제조치를 시행했는데, 통제품목은 갈륨 품목 8개, 게르마늄 품목 6개이며 수출업자는 관련 규정에 따라 수출허가 절차를 처리하고, 이중용도 품목 및 기술 수출 신청서를 작성해야 한다. 국가 안보에 중대한 영향을 미치는 경우 국무원의 승인까지 필요하며, 허가 없이 해당 품목을 수출하면 행정 처벌과 형사 책임을 부과한다(中华人民共和国商务部, 2023).

제6장 제국들의 연결성 재편전략

1   미국 컨설팅업체 AT Kearney가 자체 개발한 지수로 미국 제조업 총산출(MOG) 중 아시아 14개 역외생산국(중국, 대만, 말레이시아, 인도, 베트남, 태국, 인도네시아, 싱가포르, 필리핀, 방글라데시, 파키스탄, 홍콩, 스리랑카, 캄보디아)으로부터의 제조업 수입이 차지하는 비율의 변화로 계산된다(Bossche et al., 2020). (+)는 리쇼어링 확대를 (-)는 역외생산 의존도(오프쇼어링)의 증가를 의미하며 절대값이 클수록 심화정도를 나타낸다. 이 지수는 GVC의 특성을 반영한 것으로 2014년부터 미상무부도 공식통계로 활용하고 있다.

2 GVC 복원력이 최대 화두가 되면서 그 방안 중 하나로 리쇼어링이 언급되곤 한다. 그러나 리쇼어링이 복원력을 높인다는 경험적 증거는 거의 없다(Miroudot 2020). 대표적으로 의료장비와 도구들의 자급자족화 강조 흐름이 있긴 하지만 일국에서 모든 의료장비와 도구를 생산하기는 거의 불가능할 뿐만 아니라 매우 비효율적이다.

3 ACP. https://cleanpower.org/america-builds-power/#america-builds-power-section-1

4 이 조사는 RA 발효 이후 751개의 청정에너지 프로젝트가 추진됐으며, 4220억 달러의 투자로 40만개의 일자리가 창출됐다고 추정했다(Climate Power, 2025).

5 역내가치함유비율(RVC: Regional Value Contents)은 FTA의 해당 원산지로 인정받기 위해 충족해야 하는 역내 가치생산 비중이며, 순원가법(NC: Net Cost method)은 역내 가치비율을 계산할 때 물품의 순원가에서 역외 생산 재료의 가격을 공제하고 그 나머지 부분을 역내 생산부분으로 인정하는 방법이다. 미국과 일본은 이에 따라 45%로 합의했고 일부 자동차부품에 대해서는 30%로 합의, 7개 품목에 대해서는 역내가치함유비율에 관계없이 역내산을 인정하기로 합의했다(김병우, 2015).

6 Chapter 32 Exceptions and General Provisions, Article 31. 10, Agreement between the United States of America, The United Mexican States, and Canada, 2020년 7월 1일

7 미국은 비시장국가의 판단기준을 정부의 환율시장 개입, '독립 노동조합'과 사측 간 협상을 통한 임금결정, 다른 국가 기업의 투자 허용 정도, 국가의 생산수단 소유 및 통제, 자원배분 및 시장가격, 생산량 결정에 대한 정부의 통제, 기타 행정당국이 적절하다고 판단되는 요소(예를 들어, 법제도 시장친화성) 등으로 제시했다(DoC U.S., 2017).

8 BDN은 '인증자(certifier)'인 반면 일대일로는 행동자(doer)로서 자격과 역할을 갖는다. 또는 BDN은 품질표준화 기관을 운영하고 다양한 투자자 그룹을 인프라 자금 조달네트워크에 통합할 수 있도록 중개자의 역할을 담당한다(Hergüner Bilgen Özeke, 2020).

9 '고품질 인프라' 개념은 2015년 5월 일본총리 아베 신조(Shinzo Abe)가 처음 제시했다. 당시 아베 신조 총리는 전 세계에 내구성 있고, 환경적으로 지속가능하며, 재난에 강한 인프라를 만들기 위해 수십억 달러의 인프라 지원 패키지를 발표했다. G7는 B3W 구상에 이 고품질 인프라 개념을 수용했다(Savoy and McKeown, 2022).

10 유럽연합도 BRI에 대응하여 PGII와 유사한 '글로벌 게이트웨이 이니셔티브(GGI: Global Gateway Initiative)'를 추진하고 있다. 2023년 70개 프로젝트 초안을 선정했고 2027년까지 총 3,000억 유로의 공공-민간 자금이 투입될 예정이다. 우선 추진 사업에는 흑해 해저 디지털 케이블, 지중해 및 북아프리카 연결 해저 광케이블 부설, 카메룬 댐 및 수력발전소 건설 등이 포함됐다(한국무역협회, 2023). 유럽연합은 이 프로젝트들이 지정학적 고려가 없었다고 강조했지만, 사업대상 지역이 BRI와 상당히 겹치고 있다는 점에서 '유럽판 일대일로'라는 평가가 나온다.

11 중국주도의 RCEP 참여 15개국 중 11개국이 IPEF에 참여하고 있다. 이는 미국의 의도와 달리 인

도-태평양지역 다수의 국가들은 진영화 및 블록화된 가치사슬에 통합되기보다 각국의 전략적 의도에 따라 다중연결성을 추구한다는 의미이기도 하다.

12 중국은 2019년 1월 중국의 달 탐사선 '창어 4호'가 지구에서 가장 먼 달의 바깥쪽 면에 인류 최초로 도착한 사건, 1976년 소련 루나 24호 이후 44년만에 달 표본을 가져 온 '창어 5호' 성과(2020년)를 "국가 자원과 역량을 결집하는 새로운 시스템의 장점"을 최대한 활용한 성공사례의 하나로 선전했다(CNSA, 2021).

13 중국정부는 2023년 양회 10대 중점업무 중 세 번째 '현대화 산업시스템 구축과 산업 · 공급망 안정화' 과제에서 "기술경쟁에 대응하여 과학기술 자립역량을 강화하고, 전통 신흥 산업경쟁력을 제고하기 위한 산업구조 고도화를 추진하며, 디지털경제 발전과 산업 · 공급망 안정화 조치를 추진"(문지영 외, 2023: 9)한다고 명시했다. 또한 AI, 반도체, 양자컴퓨팅 등 첨단기술 목표달성을 위해 신형거국체제를 구축하고, 산업망과 혁신망을 연계하고 '과학-산업-금융'의 선순환 고리를 형성한다는 계획을 발표했다(문지영 외, 2023: 20-21).

14 첨단기술의 경우 기술개발에서 상업화까지 장시간 소요되고, 기술혁신의 역사를 봐도 공적자금(public funding)이 고위험을 감내하는 '인내 자본' 제공에 중요한 역할을 했다. 이러한 인내 자본은 단기적인 이익만을 추구하지 않고 중장기적 목표 달성을 지향하는 특성을 갖는다.

15 '중국제조 2025' 서문에서는 "세계 대국에 올랐지만 중국의 제조업은 크되 강하지 못하다(大而不强)"(한국과학기술정보연구원, 2015: 1), 따라서 이 계획은 제조업 업그레이딩과 추월발전이 절박한 과제임을 명시했다.

16 10대 핵심산업은 차세대 정보기술, 고급 수치제어 공작기계 및 로봇, 항공우주, 해양 엔지니어 설비 및 첨단선박, 선진 궤도교통, 에너지절감 및 신에너지 자동차, 전력설비, 농업기계, 신소재, 바이오 의약 및 고성능 의료기기 등 거의 모든 첨단 미래산업을 포괄했다.

17 중국은 홍색공급망을 위해 자체 산업능력을 육성하고, 외부역량 흡수(핵심기술을 보유한 외국기업 M&A), 인재영입을 추진해 왔으며, 철강 분야는 이미 국산화율이 98.7%에 달하며(과거완료형), 석유화학, 디스플레이, LED, 기타 전자부품은 현재진행형이고, 반도체는 미래에 달성해야 할 핵심 산업분야다(유기자, 2016).

18 파괴적 혹은 '와해성' 기술(disruptive technology)은 "완전히 새로운 기능이나 속성을 가지면서 기존 기술 및 시장 진입장벽을 무력화시키는 급진적 혁신의 기술체계"로 기존 기술을 지속적으로 개선하는 존속성 기술(sustaining technology)과 대비되는 개념이다. 대표적인 사례는 진공관을 대체한 트랜지스터, 브라운관을 대체한 TFT-LCD, 필름사진을 대체한 디지털사진 기술 등이다(채재우 · 이길우, 2007: 3).

19 저고도 경제(低空经济, Low-Altitude Economy)란 중국에서 처음 제시된 개념으로, 1000미터 공역 내 비행 관련 인프라, 전동수직이착륙기(eVTOL) · 드론 등 기체, 물류 · 교통 등 서비스와 관련된 경제활동을 통칭한다. 중국정부는 저고도경제를 신흥산업 및 미래산업으로 육성하고 있으며, 2030

년 이 경제 관련 산업규모는 2,800억 달러에 이를 것으로 추산된다(최지원·최재희, 2024).

20   중국 내에서도 이중순환 전략이 국제순환(1순환)과 국내순환(2순환)을 연계하여 상호 촉진한다는
     점에서는 큰 이의가 없으나 다만 이중순환 중 어떤 순환에 방점을 두느냐에 따라 향후 전략적 선
     택의 방향이 다소 차이를 보인다. 전자에 방점을 두면 중국경제를 보다 대외개방을 통한 중국
     경제 개혁을 강조하는 반면 후자의 경우 중국의 장기적인 성장과 번영을 위해서는 적대국(미국)
     에 의한 착취될 수 있는 세계 경제의 '일부'와 '단절(delinking)'이 불가피하다는 입장으로 대별된다
     (Blanchette and Polk, 2020).

21   '실크로드 경제벨트(Silk road economic belt)' 3개 노선은 북부노선(중앙아시아→러시아→유럽 발트해), 중
     부노선(중앙아시아→서아시아→페르시아만과 지중해), 남부노선(동남아시아→남아시아→인도양)으로 구분되
     며, '해양 실크로드(21st century maritime silk road)' 노선은 서부노선(중국의 동남 연해 항만→남중국해→인도
     양→유럽)과 남부노선(남중국해→태평양)으로 구성되어 있다. 또한 주요 거점에 중점항만을 건설하여
     공급망의 안전과 원활함이 보장된 국제해상운송통로를 건설한다는 계획이다.

22   SCO의 국제적 위상도 점차 높아져 갔다. 2004년 12월에는 유엔총회에서 옵서버 지위를 획득했
     고, 유엔 60주년 기념 세계정상회의에서 SCO 사무총장이 첫 연설을 했다. 2010년 4월에는 유엔
     과 SCO 사무국 간 협력에 관한 공동선언문에 서명하면서 그 위상은 더욱 높아졌다.

23   23차 SCO 정상회의(2023년 7월 4일)에는 9개 정식회원국과 함께 이외에도 6개의 국제 및 지역기구
     (UN, ASEAN, CIS, CSTO, EAEU, CICA) 수장이 참석했다. 옵서버 참여국은 아프카니스탄, 몽골, 벨라
     루스 등 3개국, 대화 파트너 국가는 아제르바이잔, 아르메니아, 캄보디아, 네팔, 튀르키예, 스리랑
     카, 사우디아라비아 등 7개국이다. SCO의 정식회원국, 옵서버, 대화 파트너국들을 포괄하는 영
     토는 태평양에서 대서양, 북극에서 인도양에 이르기까지 유라시아 대륙 전체를 아우르는 메가-
     지역이다.

24   인도의 경우 이 조항에 대해서 서명을 하지 않아 다른 입장을 보였다. 이에 대해 중국 관영언론들
     은 "인도는 기회가 있을 때마다 중국에 맞서는 해로운 전략을 선택"하고 미국과 서구 강대국들이
     양국의 미묘한 관계를 이용해 이득을 취하려 악의를 부추긴다고 비판했다(Global Times, 2023).

25   브릭스는 정회원국 이외에 '파트너 국가' 네트워크 구축을 위해 현재 9개국(알제리, 나이지리아, 우간
     다, 카자흐스탄, 말레이시아, 태국, 우즈베키스탄, 벨라루스, 볼리비아)에 특별지위를 부여했다. 특히 나아지리
     아가 파트너 국가에 포함된 것은 자원과 경제적 잠재력이 풍부한 아프리카에 대한 브릭스의 관심
     을 보여주는 대목이다(Earle, 2025). 나이지리아는 방대한 인구와 정치적 영향력으로 곧 정회원 자
     격을 취득할 것으로 전망된다.

26   브릭스가 세계경제에서 차지하는 비중이 높아진 것은 '중국의 부상' 효과다. 인도는 막대한 인구
     와 기술산업을 바탕으로 아시아-태평양지역에서 두 번째 경제대국이 될 수 있는 잠재력이 있지
     만, 러시아, 브라질, 남아프리카공화국은 지난 20년 동안 세계 GDP(PPP)에서 차지하는 비중이 감
     소했다. 브릭스 5개국은 2020년부터 G7국가들을 넘어섰다(Richter, 2023).

제7장 첨단기술 패권전쟁과 연결성

1 1987년 미국정부는 일본 반도체산업의 부상을 막고 산업경쟁력을 회복하기 위해 휴렛패커드, AT&T, IBM, DEC 등 14개 반도체기업으로 구성된 컨소시엄을 주도하여 SEMATECH(Semiconductor Manufacturing Technology)를 설립했다. 이 컨소시엄은 5년에 걸쳐 10억달러의 자금을 지원받았으며 그 중 절반은 국방부 산하 DARPA(Defense Advanced Research Projects Agency)에서 조달했다(Yeung et al., 2023).

2 미국에서 팹리스의 급속한 성장 이유는 팹 건설 비용의 증가와 미국 금융시장의 선호도 때문이었다(Yeung et al., 2023). 팹 건설비용은 팹리스 회사가 감당할 수 없는 엄청난 규모였고 미국 벤처 투자자들은 높은 자본지출에 비해 이익 회수기간이 오래 걸리는 IDM 모델을 선호하지 않았다. 다시 말하면 투자자들은 독점기술과 지적재산권을 가진 팹리스 회사에 투자하여 잠재적으로 높은 수익률과 상대적으로 짧은 기간에 수익 회수가 가능한 모델을 선호했다. 따라서 미국 팹리스의 전례없는 성장과정에서 벤처 캐피탈, 사모펀드, 해지펀드 자본의 영향력은 매우 강력했다.

3 테슬라는 전기·자율주행차 통합 시스템온칩(SoC) 및 FSD(Full Self Driving) 칩과 소프트웨어를 개발했다. 테슬라가 개발한 SoC는 기존 엔비디아 제품의 성능을 훨씬 뛰어 넘는 것으로 평가됐다(이동현, 2020)

4 전 세계 반도체 시장은 2029년 1조 달러를 돌파 후 2030년에는 현재의 2배 이상 성장할 것으로 전망됐다(최윤정, 2024).

5 이 계획은 기존 중국의 대표적인 기술추격(technology catch-up)전략이었던 '시장·기술 교환전략'에서 '자주적 혁신전략'으로 전환을 선언한 것이다. '시장·기술 교환전략'은 외자기업에 중국시장 접근을 허락하는 대가로 선진기술 도입을 요구하여 중국 내 기술수준을 높이는 것이다. 그러나 FDI의 대량 유입에도 기술수준의 질적 도약이 이루어지지 않았다는 비판적 평가(은종학, 2006)를 토대로 '자주적 혁신 능력 배양과 '혁신형 국가 건설'을 목표로 한 새로운 계획을 제시했다. 중국은 '기술·기술 교환전략, 즉 다른 선진기술을 위해 선진기술을 교환하는 방식으로 전환하고 있다. 이는 첨단기술 영역에서 선도적인 위치를 구축하는데 우선 순위를 둔다는 의미다(Chen and Lombaerde, 2013)..

6 1957년 냉전체제의 한 축이었던 소비에트연방이 인류 최초로 인공위성 '스푸트니크 1호'를 발사한 사건이다. 이에 따라 서방세계는 엄청난 충격을 받았고, 자국의 기술적 힘을 믿었던 미국의 위기감이 높아졌다. 미국은 반도체산업과 관련한 21세기 스푸트니크 순간을 '중국제조 2025'로 판단했다. 반도체를 비롯한 첨단기술 분야에서 미국을 추월하겠다는 중국, 그리고 이를 저지하려는 미국이 양국간 기술전쟁의 핵심적 대결선을 이루고 있다.

7 미국 반도체업계 연간수익의 약 20% 이상이 화웨이와 기타 중국기업에 대한 판매에서 비롯됐다. 그러나 미국 수출업체들은 중국반도체 수입의 5%에 불과해 시장지배력이 없었다. 중국의 반도체 수입은 대만 38%, 한국 22%, 말레이시아 10%, 일본 7%, 유럽 4%, 기타 국가 8%로 미국기업에 대한 수출통제는 별 효과를 발휘하지 못했다(Bown, 2020).

8 국내 거래지만 외국인에게 수출규제 대상 기술을 이전하는 행위이다. 즉, 중국은 국내 기술자료 등

의 데이터를 외국인 및 외국법인에게 이전하는 것을 금지하도록 하고 있다.

9 반도체산업에 대한 연방재정 지원금은 상무부(DoC), 국방부(DoD) 및 국무부(DoS)가 사용할 수 있는 총 4개의 기금을 신설하여 집행한다. CHIPS for America Fund는 직접 보조금 39,000백만 달러(DoC), 첨단 R&D 11,000백만달러, 군수 인프라 반도체를 위한 CHIPS for America Defence Fund 2,000백만달러(DoD), 반도체 및 통신 공급망을 위한 CHIPS for America International Technology Security & Innovation Fund 500백만달러(DoC and DoD), 인력양성을 위한 CHIPS for America Workforce & Educcation Fund 200백만달러(National Science Foundation) 등이다.

10 '반도체 및 과학법' 제정 이후 미국 정부는 '첨단제조업 육성을 위한 국가전략'(NSTC, 2022)을 마련했다. 팬데믹 시기 반도체를 비롯한 주요 제조상품의 심각한 부족사태가 미국의 첨단제조업 육성전략의 배경요인이다. 첨단산업 중 반도체는 핵심 육성분야다. 이를 위해 보고서는 반도체 및 전자제품의 나노제조, 반도체 재료, 설계 및 제조, 반도체 패키징 및 이기종 사례에 집중할 것을 권고했다. 이러한 집중육성분야는 반도체 전 공정을 포함하는 가치사슬의 국내화 또는 내부화하는 것이다.

강명구(2024). "브릭스(BRICS) 회원국 확대와 시사점". 〈이슈브리프〉. KDB 산업은행 미래전략연구소.

강병철(2023). "미, 대중 반도체 수출통제 더 강화...저사양 AI 칩도 금지". 〈연합뉴스〉 10월 18일자.

강선주(2022). "미국의 인도-태평양 경제프레임워크(IPEF): 국제정치경제적 함의와 전망". IFANS. 국립외교원 외교안보연구소.

강선주(2023). "2023년 브릭스(BRICS)의 확장: 지정학적 새 판까지의 시동". IFANS Foucs. IF 2023-25K. 국립외교원 외교안보연구소.

강선주(2024). "인도-태평양 경제프레임워크(IPEF) 최종 합의: 미국의 새로운 무역 패러다임의 투영과 함의 분석". IFANS 주요국제문제분석 2024-16. 국립외교원 외교안보연구소.

경제인문사회연구회(2023). 『인도-태평양 경제프레임워크(IPEF) 주요 의제별 참여국의 현황 분석과 정책제언』.

국제무역연구원(2019). 『중국제조 2025 추진성과와 시사점』.

국제무역연구원(2020). 『글로벌 가치사슬(GVC)의 패러다임 변화와 한국무역의 미래』, 한국무역협회 국제무역연구원.

권석준(2022). "반도체 칩 4동맹과 미국의 패권". 피렌체의 식탁 5월 24일자.

권희원(2023). "한 · 미 · 일 · 대만 '칩4' 가동 본격화…지난주 본회의 열려". 〈매일경제〉. 2월 24일자.

글로벌 과기술정책정보 서비스(2022). "미국, G7 정상, 글로벌 인프라 및 투자 파트너십 정식 발표". 7월 29일.

김경숙 · 홍건식(2023). "중국의 핵심광물 수출통제와 시사점". 〈INSS 전략보고〉. No. 243. 국가안보전략연구원.

김경훈 · 고성은(2023). "미국 IRA 시행지침이 우리나라 배터리 공급망에 미칠 영향". 〈KITA 통상리포트〉. 9호. 한국무역협회.

김병우(2015). "TPP 협상의 '뜨거운 감자', 자동차 원산지 규정", KOTRA 미국 워싱턴무역관.

김종규(2020). 『리쇼어링 기업 지원정책의 문제점 및 개선방안』, 국회입법 · 정책보고서 제59호. 국회입법조사처.

김진호 외(2015). "중국의 가공무역 억제정책과 우리나라의 대중수출". 『조사통계월보』(9월). 한 국은행.

김혁중 · 연원호(2023). "미국 반도체 수출통제 확대조치의 영향과 시사점". 〈KIEP 세계경제 포 커스〉. 6(41). 대외경제정책연구원.

김형주 · 이지홍(2016). "TPP 이후 주목해야 할 사업환경 변화". 〈LGERI 리포트〉. LG Business Insight 2016.03.02.

대외경제정책연구원 북경사무소(2021). "중국의 CPTTP 가입 발표 배경 및 전망". 2021.09.30.

대외경제정책연구원 북경사무소(2022). "美 인플레이션 감축법(IRA) 입법에 대한 중국의 반응". CSF(중국전문가포럼). 2022.09.14.

디지털투데이(2024). "중 반도체 산업 성장...2027년 27%까지 상승 전망". 11월 22일자.

레빈슨, 마크(2017), 『더 박스: 컨테이너는 어떻게 세계 경제를 바꾸었는가』, 이경식 역, 청림출판.

레빈슨, 마크(2023), 『세계화의 종말과 새로운 시작』, 최준영 역, 페이지2 북스

볼드윈, 리차드(2019), 『그레이트 컨버전스』. 엄창호 역, 세종연구원.

문지영 외(2023). "2023년 양회를 통해 본 시진핑 집권 3기 경제운영 전망과 시사점". 〈KIEP 오 늘의 세계경제〉 23(7). 대외경제정책연구원.

문준호 · 이기현(2021). "미국의 화웨이 제재와 약탈적 패권: 미일 반도체 마찰 사례와 비교를 중 심으로". 『韓中社會科學研究』. 19(3): 7-28.

박석중 · 최원석(2020). 『중국경제 심화편: Great De-coupling』. 신한금융투자 투자전략부.

박언경 · 왕상한(2021). "미국 수출통제개혁법 제정의 함의". 『법제연구』. 61: 299-321.

법제처(2020). "중화인민공화국 수출 관리 · 통제법". 세계법제정보센터.

백두주(2023). "동남아시아 항구도시의 연결성과 진화: 말레이시아 페낭항을 중심으로". 『용봉인 문논총』. 63: 77-111.

산업통상자원부(2022). "정부, 미국 주도 핵심광물안보파트너십(Mineral Security Partnership, MSP) 참 여". 〈보도자료〉. 6월 15일.

손일선(2023). "1400조 쏟아부은 일대일로...중 '세계 공동발전의 촉매제". 〈매일경제〉. 10월 15일자.

심상은(2023). "BRICS 정상회의 주요 내용과 시사점". 〈이슈와 논점〉 제2149호. 국회입법조사처.

아리기, 조반니 (2012), "장기적 관점으로 본 중국의 시장경제". 홍호평 · 조반니 아리기 엮음. 『중 국, 자본주의를 바꾸다』, 하남석 외 역, 미지북스

양평섭(2020). "미국의 탈중국화 전략과 중국의 대응". 〈과학기술 & ICT 정책 · 기술 동향〉. 178 호. 과학기술정보통신부 · 한국과학기술기획평가원.

연원호(2021). "미중 갈등과 중국의 반도체산업 육성전략 및 전망". 〈KIEP 세계경제포커스〉. 4(39). 대외경제정책연구소

오수현 외(2020). "역내포괄적경제동반자협정(RCEP)의 주요 내용과 시사점". 〈KIEP 세계경제 포커스〉. 20-36 대외경제정책연구원.

오종혁(2024). "중국 제3기 반도체 투자기금의 특징 및 시사점". 〈KIEP 세계경제 포커스〉. 7(27). 대외경제정책연구원.

외교부(2024). "핵심광물안보파트너십(MSP) 참고자료". 외교부 경제안보외교과. 6월 27일

유기자(2016). "반면교사(反面教師) 중국 '홍색공급망'의 영향 및 사례". KOCHI 16-005, KOTRA.

윤소연(2022). "인도-태평양 경제 프레임워크(IPEF) 출범이 인도에 미치는 영향". KOTRA 해외시장뉴스. KOTRA 뉴델리무역관.

윤소연(2022). "인도-태평양 경제프레임워크(IPEF) 출범이 인도에 미치는 영향". 〈KOTRA 해외시장뉴스〉. 10월 11일.

윤정현(2022). "미국의 'Fab 4(칩4)'제안 의미와 한국의 전략적 고려사항". 〈INSS 전략보고〉. 186호. 국가안보전략연구원.

은종학(2006). 중국의 기술추격전략 변화: 배경과 시사점. 〈KIEP 오늘의 세계경제〉. 제06-07호.

이동현(2020). "세계는 지금 전기차 전쟁 중". 〈월간중앙〉. 9월호.

이미혜(2022). "미중갈등하에서의 중국 반도체산업 경쟁력". 〈이슈보고서〉. 2022-이슈-9. 한국수출입은행 해외경제연구소

이승훈(2022). "中 수출이 60%인데…칩4동맹에 삼성 하이닉스 난감하네". 〈매일경제〉. 7월 20일자.

이주미(2020). "최근 통상환경 변화와 GVC 재편 동향: 글로벌 기업들의 사례". 〈Global Market Report〉. 20-022, KOTRA.

이현태 · 정도숙(2020). "포스트 코로나시대 중국의 글로벌 가치사슬 변화 전망과 시사점". 『중국지식네트워크』. 제16권. 국민대학교 중국지식네트워크 183-215.

이효영(2022). "경제안보의 개념과 최근 동향 평가". 〈IFANS 주요국제문제분석〉. 2022-08. 국립외교원 외교안보연구소

전병서(2022). "미국 주도 '칩4'동맹, '반도체 나토'될 수 있을까". 〈한국경제신문〉. 7월 27일자.

정재용(2020). "중 일대일로의 현장 ① 해상실크로드 기점 푸젠성". 〈연합뉴스〉. 1월 9일자.

정재흥 · 김규범(2023). "미국의 '디리스킹' 정책과 중국의 대응". 〈세종브리프〉. No. 2023-12. 세종연구소.

정지원 외(2018). 『무역을 위한 원조(AfT) 실행 방안: 개도국 GVC 참여 지원을 중심으로』. 대외경제정책연구원.

정형곤 외(2024). 『글로벌 반도체산업 경쟁력과 공급망 구조 분석』. 대외경제정책연구원.

조기원(2023). "푸틴 외교무대 복귀…중 · 러 주도 상하이협력기구, 이란 가입 승인". 〈한겨레신문〉. 7월 4일자.

조동진(2023). "중국의 '일대일로' 10년의 성과 및 평가". 〈KIEP 북경사무소 브리핑〉. 25(7). 대외경제정책연구원.

아리기, 조반니(2012). "장기적 관점으로 본 중국의 시장경제". 『중국, 자본주의를 바꾸다』. 미지
북스

조성호(2025). "독기 품은 中, 기술자립 굴기: 다음 목표는 금융…달러 밀어내고, 위안화 기축통화
노린다". 〈조선일보〉. 3월 16일자.

조준형(2023). "중국 외교부장, '우군모임' SCO서 '공급망 수호' 강조". 〈연합뉴스〉. 5월 5일자.

주영재(2015). "애플은 사상최대 실적 전망…중국 하청노동자는 최저임금도 못 받아". 〈경향신문
〉 10월 27일자.

차대윤(2025). "한국 반도체 수출지형도 대변화…중 의존 낮아지고 미·대만 비중 커져". 〈연합뉴
스〉. 1월 5일자.

채영식(2024). "인플레이션 감축법 2년, 미국의 공급망 탈중국 과제 여전". 〈Global Auto News〉.
8월 16일자.

채재우·이길우(2007). "와해성 기술혁신의 현황진단 및 정책적 지원방안". Issue Paper 2007-09.
한국과학기술평가원.

최윤정(2016). "글로벌 가치사슬 활용과 과제: 베트남 사례를 중심으로". 〈Global Market
Report〉. 15-064, KOTRA.

최윤정(2024). "세계 반도체 매출 2030년 1천 650조원…6년간 두배로 증가". 〈연합뉴스〉. 6월 3
일자.

최재덕(2020). "중국의 미래 전략이 바뀐다: 코로나 팬데믹 속 중국의 대응". 〈프레시안〉. 12월 14
일자.

최재희(2020). "중국의 '신시대 서부대개발 정책'의 주요 내용과 전망". 〈세계경제 포커스〉. 20-
21. 대외경제정책연구원.

최정석(2023). "'첨단산업의 비타민' 희토류, 중국은 어떻게 패권을 잡았나". 〈조선일보〉. 5월 16
일자.

최지원·최재희(2024). "중국의 저공 경제(Low-Altitude Economy) 육성 현황 및 시사점". 〈세계경제
포커스〉. 7(29). 대외경제정책연구원.

최진백(2021). "중국의 CPTTP 가입신청의 국제정치와 미중경쟁". IFANS. 2021-52. 국립외교
원 외교안보연구소

밀러, 크리스(2023). 『칩워: 누가 반도체전쟁의 최후 승자가 될 것인가』. 노정태 역. 부키.

카나, 파라그(2017). 『케넥토그래피 혁명: 글로벌 연결 혁명은 어떻게 새로운 미래를 만들고 있는
가?』. 고영태 역. 사회평론.

한국과학기술정보연구원(2015). 『중국제조 2025』.

한국무역협회(2023). "EU, 올해 우선 추진 70개 글로벌 게이트웨이 프로젝트 선정". 〈통상뉴스〉.
1월 24일자. 한국무역협회 브뤼셀지부/KBA Europe.

마르틴, 한스 페터(2020). 『게임 오버』. 이지윤 역. 한빛비즈.

허홍호(2019). "중국의 일대일로(一帶一路) 추진과 중국경제 위상". 『한국콘텐츠학회논문지』. 19(11): 297-313.

현상백 외(2020). "중국 제14차 5개년 규획(2021-25)의 경제정책 방향과 시사점". 〈KIEP 오늘의 세계경제〉. 20-29. 대외경제정책연구원.

황정수(2021). 『반도체 대전 2030: 글로벌 반도체 패권 다툼이 불러올 새로운 미래』. 한국경제신문사.

홍호평(2012). "지구적 자본주의의 세 전환과 중국의 부상". 『중국, 자본주의를 바꾸다』. 미지북스

황주영(2021). "차량 반도체가 좌우하는 미래 모빌리티 산업 승패". KOTRA 디트로이트무역관.

Aaltola, M.(2014). 2. The political ontology of global flows. Towards the Geopolitics of Flows: implications for Finland. FIIA Report 40: 29-43

Aaron, J. and Baker, S.(2020), Vietnam war: logistics support on U.S. military installations Vietnam historic context subtheme, Department of Defense Legacy Resource Management Program.

ABC News(2019). China's 'Belt and Road' strategy has a new competitor - enter America's 'Blue Dot Network'. Nov. 6. 2019.

ACP. https://cleanpower.org/america-builds-power/#america-builds-power-section-1.

Akiner, S.(2010). The Shanghai Cooperation Organisation: A Networking Organisation for a Networking World. Global Strategy Forum.

Alami, I. and Dixon, A.(2023). Uneven and combined state capitalism. *EPA: Economy and Space.* 55(1): 72-99.

Alper, A. et al.(2020). Trump administration pressed Dutch hard to cancel China chip-equipment sale. Reuters. January 3.

Alvaredo, F. et al.(2018). *World inequality report 2018.*

Amiti, M. et al.(2020). Who paying for the US tariffs? A long-term perspective. NBER Working paper series. 26610.

Arha, K.(2021). A hidden key to the G7's infrastructure ambitions: Blue Dot Network. Atlantic Council.

Arimuthu, A.(2025). China's CPTPP accession: Hidden hands blocking the Red Dragon? The Edge Malaysia. 31 January.

Arriola, C. et al.(2020). Localisation value chains in the post-COVID world would add to the economic losses and make domestic economies more vulnerable. 15 November. *VOXEU.*

ASEM Pathfinder Group on Connectivity(2017). Chair summary. Asia-Europe Meeting. June 21. Brussels.

Attewell, W. (2020), The Lifelines of Empire: Logistics as Infrastructural Power in Occupied South Vietnam, *American Quarterly.* 72(4): 909-935.

Attewell, W. (2021), Just-in-Time imperialism: The logistics revolution and the Vietnam War, *Annals of the American Association of Geographers.* 111(5): 1329-1345.

Autor, D. (2018). Trade and labor markets: lessons from China's rise. IZA World of Labor, Massachusetts Institute of Technology, USA, and IZA, Germany.

Backer, K. (2011). Global value chains: preliminary evidence and policy issues, WPGI Meeting. 19 May. OECD.

Baier, S. and Bergstrand, J.H. (2001), The growth of world trade: tariffs, transport costs, and income similarity, *Journal of International Economics.* 53(1): 1-27.

Baldwin, D. (2020). *Economic Statecraft*. Princeton University Press.

Baldwin, R. (2014). Multilateralising 21st century regionalism. Global forum on trade. Reconciling regionalism and multilateralism in a post-bali world. OEDC.

Baldwin, R. (2016). The great convergence: Information technology and the new globalization. Harvard University Press.

Baldwin, R. (2024). China is the world's sole manufacturing superpower: A line sketch of the rise. *VOXEU.* 17 January.

Baldwin, R. et al. (2010). Trade-in-goods and trade-in-tasks: An integrating framework. NBER Working paper No. 15882.

Baldwin, R. (2019). Globalisation 1.0 and 2.0 helped the G7. Globalisation 3.0 helped India and China instead. What will Globalisation 4.0 do? *VOXEU.* 21 January.

Baldwin, R. et al. (2023a). Hidden exposure: Measuring US supply chain reliance. Brookings Papers on Economic Activity. Fall: 79-134.

Baldwin, R. et al. (2023b). Hidden exposure: Measuring US supply chain reliance. Brookings. 27 September.

Bartosek, A. and Marek, O. (2013), Quay cranes in container terminals. *Transaction on Transport Sciences.* 6: 9-18.

BCG and SIA (2021). *Strengthening the global semiconductor supply chain in an uncertain era.*

BCG and SIA (2024). *Emerging resilience in the semiconductor supply chain.*

Becker et al. (2018). *Exploring ASEM sustainable connectivity: What brings Asia and Europe together?*. EU.

Bell, W. (1973), Department of the Army: Historical Summary, Fiscal Year 1970, Center of Military History United State Army.

Benson, E. (2023). Updated October 7 Semiconductor Export Controls. CSIS.

Bermel, L. et al.(2024). Clean Investment Monitor: Tallying the Two-Year Impact of the Inflation Reduction Act. Rhodium Group. MIT CEEPR.

Bernhofen, D. et al.(2016), Estimating the effect of the container revolution on world trade. *Journal of International Economics*. 98: 36-50.

BIS(2022). Commerce implements new export controls on advanced computing and semiconductor manufacturing items to the People's Republic of China(PRC).

Blanchette, J. and Polk, A.(2020). Dual circulation and China's new hedged integration strategy, Center for Strategic & International Studies. 24. August.

Bonacich, E. and Wilson, J.(2008), *Getting the Goods: Port, Labor and the Logistics Revolution.* Ithaca: Cornell University Press.

Bossche, P. et al.(2020). Trade war spurs sharp reversal in 2019 reshoring index, foreshadowing COVID-19 test of supply resilience, KEARNEY.

Bossche, P. et al.(2024). Made in America: Here to stay? Kearney.

Bown, C. P.(2020). How the United State marched the semiconductor industry into its trade war with China. *East Asian Economic Review*. 24(4): 349-388

Branigan, T.(2013). China's Wen Jiabao Signs Off with Growth Warning. *Guardian*. 5 March.

Braw, E.(2020). Blindsided on the supply side. *Foreign Policy*. 04 March.

Brennan, E. (2021), Mapping logistical capitalism. *Theory, Culture & Society.* 38(4): 1-12.

Brennan, L. and Rakhmatullin, R.(2015). Global Value Chain and smart specialisation strategy, JRC Science for Policy Report, European Commission.

BRICs(2009). Joint Statement of the BRIC Countries' Leaders. Yekaterinburg, Russia. 16 June.

BRICS(2020). Strategy for BRICS Economic Partnership 2025.

BRICS(2022). BRICS Initiative on Enhancing Cooperation on Supply Chains

Broeze, F.(2002), *The Globalisation of the Oceans: Containerisation from the 1950s to the Present*. Research in Maritime History. No. 23, Liverpool University Press.

Brown, C. and Linden, G.(2005). Offshoring in the semiconductor industry: a historical perspective. 2005 Brookings Trade Forum on Offshoring of White-Collar Work.

Brown, N. and Lim, F.(2020). A new era for supply chain: Why supply chain mesh is the new supply chain and what that means for investors. Viewpoints. Issue 3.2. December. KKR Global Institute.

Brun, M.(2020). Coronavirus and the antifragile supply chain. *Supply Chain*. 14 March.

Butt, A. et al.(2020). Implications of Belt and Road Initiative for supply chain management: A holistic view. *Journal of open innovation: Technology, Market, and Complexity*. 6(4): 1-14.

Buzna, V. et al.(2024). Connectivity: exploring the concepts behind today's geoeconomic buzzword. Hungarian Institute of International Affairs. 22. February.

Campbell, K. and Doshi, R.(2025). Underestimating China : Why America Needs a New Strategy of Allied Scale to Offset Beijing's Enduring Advantages. *Foreign Affairs*. May/June.

Campling, L. and Colas, A.(2021). *Capitalism and the Sea: The Maritime Factor in the Making of the Modern World*. New York: Verso.

Capri, A.(2019). Techno-Nationalism: What Is It And How Will It Change Global Commerce? *Forbes*. 20 December.

Capri, A.(2020). Export controls and the rise of US-China techno-nationalism Challenges and strategies for tech companies. *TechNode*. 24 April.

Cargo-partner. The CONEX box: a direct precursor of the container

Cha, V. D.(2023). Collective resilience: Deterring China's weaponization of economic interdependence. *International Security*. 48(1): 91-124

Chancel, L. et al.(2022). *World inequality report 2022*.

Chang, P. and Neuyen, P.(2022). Global value chain and the CPTTP. *The World Economy*. 45(12): 3780-3822.

Chen, S.(2024). Reflecting on IPEF's impact and charting the future: a perspective of US domestic politics. *China International Strategy Review*. 6: 319-337.

Chen, L. and Lombaerde, P.(2013). China moving up the value chain: What can be learned from the Asian NICs? International Area Studies Review. 16(4): 407-430.

Chilcote, P.W. (1988). The Containerization Story: Meeting the Competition in Trade, in Hershman, M.(ed.). *Urban Ports and Harbor Management: Responding to Chang along U.S. Waterfronts.* New York: Routledge.

Chinese Embassy in Canada(2018). Remarks of the Spokesperson of the Chinese Embassy in Canada on USMCS Section 32. 10.

Chi-pang, L. (2017), Part 1. Chapter 7. 1967-1996 Getting to world class: The container terminals. History of the Port of Hong Kong and Marine Department, Marine Department, The Government of the Hong Kong Special Administrative Region.

Chow, M.(2023). IPEF: A Double-Edged Sword?. Centre on Asia and Globalisation Lee Kuan Yew School of Public Policy.

Chu, M.(2013). *The East Asian computer chip war.* Routledge

Chua, C. et al.(2018), Introduction: Turbulent Circulation: Building a Critical Engagement with Logistics. *Environment and Planning D: Society and Space*. 36(4): 617-629.

Chung, P.(2017), Building Global Capitalism: Militarization, Standardization, and US-South

Korean Relation, 1950-present. Ph.D. Dissertation. Brown University.

Chung, P.(2019), From Korea to Vietnam: Local Labor, Multinational Capital, and the Evolution of US Military Logistics, 1950-97. *Radical History Review.* 113: 31-55.

Cigna, S. & Quaglietti(2020), The great trade collapse of 2020 and the amplification role of global value chains. ECB Economic Bulletin. Issue 5/2020.

Climate Power(2025). The State of Clean Energy Jobs: American manufacturing battered and on brink of disaster from Trump's war on clean energy. Clean Energy Jobs Report.

Clinton, B.(2000). Full Text of Clinton's Speech on China Trade Bill. 9 March.

Clydesdale, G.(2016). *Waves of Prosperity: India, China and The West- How Global Trade Transformed the World.* Glasgow: Robinson.

CNSA(2021). Xi meets Chang'e-5 mission representatives. 22 February. China National Space Administration.

Cohen, P. et al.(2024). How China pulled so far ahead on industrial policy. *The New York Times.* 27. May.

Conybeare, J.(1984). Public Goods, Prisoners' Dilemmas and the International Political Economy. *International Studies Quarterly.* 28(1): 5-22

Cowen, D.(2010), A Geography of Logistics: Market Authority and the Security of Supply Chains. *Annals of the Association of American Geographers.* 100(3): 600-620.

Cowen, D.(2014). *The Deadly Life of Logistics: Mapping Violence in Global Trade. Minneapolis.* University of Minnesota Press.

CPA. Reshoring Index, Annual(https://prosperousamerica.org/reshoring-index/)

Cudahy, B.(2006a). *Box Boats: How Container Ships Changed the World.* New York: Fordham University Press.

Cudahy, B.(2006b), The containership revolution: Malcom McLean's 1956 innovation goes global, TR News 246 Sept.-Oct., 5-9.

Cudahy, B.(2010). Evolution of freight transportation. *Intermodal Transportation: Moving Freight in a Global Economy.* Eno Transportation Foundation. Inc.

Daly, K. and Gedminas, T.(2022). The path to 2075: Slower global growth, but convergence remains intact. Global Economics Paper. Glodman Sache.

Danyluk, M.(2018), Capital's logistical fix: Accumulation, globalization, and the survival of capitalism. *Environment and Planning D: Society and Space.* 36(4): 630 - 647.

Dedrick J. et al.(2018). We estimate China only makes $8.46 from and iPhone- and that's why Trumps's trade war is futile. 07 July. The Conversation(https://theconversation.com/).

Dicken, P. et al.(2001). Chains and network, territories and scales: toward a relational framework for analyzing the global economy. *Global Network.* 1(2): 89-112.

Dicken, P.(2007). *Global shift: Mapping the changing contours of the world economy.* 5th edition. Sage.

DiMoia, J.(2020), Reconfiguring transport infrastructure in post-war Asia: mapping South Korean container port, 1952-1978. *History and Technology* 36. NOS. 3-4: 382-399.

DoA. (1977), *Army transportation container operations. Headquarter.* Department of the Army, Washington, DC. 2 May 1977(FM 55-70).

DoC, U.S.(2017). China's Status as a Non-Market Economy. The Department of Commerce, U.S.

Dong, Z.Y. and Li, C.M.(2020). The new development pattern of domestic and international dual cycle: historical tracing, logical interpretation and policy orientation. *Journal of the Party School of the Central Committee of the C.P.C.(Chinese Academy of Governance).* 24(5): 47 - 55.

Drezner, D.(2021). Introduction: The uses and abuses of weaponized interdependence. Drezner, D. et al.(eds). *The Uses and Abuses of Weaponized Interdependence.* Brookings Institution Press.

Drucker, P.(1962), The economy's dark continent. *Fortune.* April. 103 - 104.

Dun & Bradstreet(2020) Business Impact of the Coronavirus: Business and Supply Chain Analysis Due to the Coronavirus Outbreak.

E2(2024). Clean Economy Works: Inflation Reduction Act Two-Year Analysis.

Earle, P.(2025). BRICS 2025: Expansion, De-Dollarization, and the Shift Toward a Multipolar World. The Daily Economy. 10 March.

Easterling, K.(2014). *Extrastatecraft: The Power of Infrastructure Space.* Verso Books.

EI-Sahli, Z.(2013), Estimating the Effects of Containerisation on World Trade. Ph.D. Dissertation. The University of Nottingham.

EU(2023). *Study on the critical raw materials for the EU 2023.* Final Report. European Commission.

Executive Office of the President(2019). Securing the Information and Communications Technology and Services Supply Chain. Executive Order 13873. 15 May.

Farmer, H.(2019), 45th Anniversary of first scheduled shipping container service HK-USA, Vietnam war connection, The Industrial History of Hong Kong Group. June 22, 2019 https://industrialhistoryhk.org/

Farrell, H. and Newman, A.(2019). Weaponized interdependence: How global economic networks shape state coercion. *International Security.* 44(1): 42-79.

Fenton, C. et al.(2018), Brave new world?: Container transport in 2043, McKinsey & Company.

Ferguson, N. and Schularickz, M.(2007). 'Chimerica' and global asset market boom. *International Finance*. 10(3): 215-239.

Ferguson, N. and Schularickz, M.(2009). The end of Chimerica. Harvard Business School BGIE Unit Working Paper No. 10-037.

Ferragamo, M.(2024). What Is the BRICS Group and Why Is It Expanding?. Council on Foreign Relations.

Fitzgerald, D.(1986), A history of containerization in the California maritime industry: the case of San Francisco, Ph.D. Dissertation. University of California.

Flaaen, A. and Pierce, J.(2024). Disentangling the effect of the 2018-2019 tariffs on a globally connected U.S. manufacturing sector. The Review of Economics and Statistics. FEDS Working paper. No. 2019-86.

Flint, C. and Zhu, C.(2019). The geopolitics of connectivity, cooperation, and hegemonic competition: The Belt and Road Initiative. *Geoforum*. 99: 95-101.

Forrest, J.(2017), Containerizing containment: The Automation and Globalization of the National Security Waterfront, 1945-1997, Ph.D. Dissertation. Mississippi State University.

Foster, P. et al.(2025). EU eyes closer ties to transpacific bloc as Trump jolts trade order. *Financial Review*. 4 May.

Froman, M.(2025). China Has Already Remade the International System : How the World Adopted Beijing's Economic Playbook. *Foreign Affairs*. 25 March.

FRED. Economic Data.(https://fred.stlouisfed.org/)

Free, C. & Hecimovic, A.(2020). Global supply chains after COVID-19: the end of the road for neoliberal globalisation?. *Accounting, Auditing & Accountability Journal*. 34(1): 58-84.

Freund, C. et al.(2023). US-China decoupling: Rhetoric and reality. *Geoeconomic Fragmentation: The Economic Risks from a Fractured World Economy*. CEPR Press.

Fuller, D.B.(2022). Weaponizing Interdependence & Global Value Chains: US Export Controls on Huawei. American Political Science Association Annual Meeting. Montreal. 15 September.

Furguson, N. and Schularkck, M.(2007). 'Chimerica' and the global asset market boom. *International Finance*. 10(3): 215-239.

Furguson, N. and Schularkck, M.(2009). The end of Chimerica. Working Paper 10-037. Harvard Business School.

Fuson, J.(1994). *Transportation and logistics one man's story. Center of Military History.* United States Army.

Gabuev, A. and Stuenkelk, O.(2024). The battle for the BRICS. *Foreign Affairs*. 24 September.

Ganes, B. et al.(2023). Connectivity and Order: an Analytical Framework. *East Asia*. 40: 209-228.

Gereffi G. et. al.(2005). The governance of global value chains. *Review of International Political Economy*. 12(1): 78-104.

Gereffi, G. and Korzeniewicz, M.(1994). *Commodity chains and global capitalism.*. Praeger.

Gereffi, G. et al.(2022). *China's new development strategies: upgrading from above and from below in global value chains*. Palgrave Macmillan.

Gereffi, G.(2005). The global economy: organization, governance and development. *The handbook of economy sociology*. Princeton University Press.

Gereffi, G.(2009). Development Models and Industrial Upgrading in China and Mexico. *European Sociological Review*. 25(1): 37 – 51.

Gereffi, G.(2014). Global value chains in a post-Washington consensus world. *Review of International Political Economy*. 21(1): 9-37.

Gertz, G.(2020). The coronavirus will reveal hidden vulnerabilities in complex global supply chain. Brookings. 3 March. https://www.brookings.edu/

Gillis, C.(2018). Pyron, a transpacific container services pioneer, dies. American Shipper. *Freightwaves*. 16 February.

Global Times(2022). U.S.-led chip alliance runs counter to South Korea's strategic interests. *Global Times*. 17 July.

Global Times(2022). Washington weaponizes IPEF even before it takes shape. 09 September.

Global Times(2023). Hope India not too silly to 'miss opportunities for fear of China': Global Times editorial. 06 July.

Global Times(2024). BRICS vs G7: Contribution to world economic growth(2024-2019). 22 April.

Global Times(2024). US-led IPEF all talk, no real action, doomed to fail. 05 February.

Global Times(2025). Chinese localities roll out 2025 plans, with new quality productive forces in focus to fuel economic growth. 15 January.

Godehardt, N. and Postel-Vinay, K.(2020). Connectivity and geopolitics: Beware the "new wine in old bottles" approach. *SWP Comment*. No. 35 July.

Goldstein, A.(2020). US – China Rivalry in the twenty-frst century: Déjà vu and Cold War II. *China International Strategy Review*. 2: 48 – 62

Gölgeci, I. et. al.(2020). The rising tensions between efficiency and resilience in global value chains in the post-COVID-19 world. *Transnational Corporations*. 27(2): 127-141.

Gough, T.(1987). *U.S. Army mobilization and logistics in the Korean War: A research approach*. Center of Military History United States Army.

Goujon, R. et al.(2024). Thin ice: US pathways to regulating China-sourced legacy chip.

Rhodium Group.

Grell-Brisk, M.(2017). China and global economic stratification in an interdependent world. Palgrave Communications volume 3. 17087.

Gruenwald, H.(2015). Military logistics efforts during the Vietnam war supply chain management on both sides. *Journal of Social and Development Sciences*. 6(2): 57-66.

Guang, P.(2013). The Spirit of the Silk Road : The SCO and China's Relations with Central Asia. *The Shanghai Cooperation Organization and Eurasian Geopolitics : New Directions, Perspectives, and Challenges*. Nias Press.

Ham, H. and Rijsenbrij, J.(2012). *Development of containerization: success through vision, drive and technology*. Amsterdam: IOS Press.

Hamilton, G. and Shin, S.(2016). Change with Continuity: Asian Capitalism in Transition, in Whitley, R. and Zhang, X.(eds.). *Changing Asian Business Systems: Globalization, Socio-Political Change, and Economic Organization*. Oxford University Press.

Hass, R. and Denmark, A.(2020). More Pain than Gain: How the US-China Trade War Hurt America. Brookings Institute. 25 August.

He, T. and Malkin, A.(2022). Biden's uphill battle to restructure the global semiconductor sector. *The Diplotmat*. 01 July.

He, T.(2021). When the chips are down: Biden's semiconductor war. 27 July. Trade Chinese trade U.S. Economy. Lowy Institute.

Headrick, D.(2009). *Technology: A World History*. Oxford University Press.

Heiser, J.(1972). *Vietnam studies: Logistic support.* Department of The Army.

Heiser, J.(1991). *Logistic Support.* U.S. Department of the Army.

Hergüner Bilgen Özeke(2020). A New Global(?) Infrastructure Initiative: The Bule Dot Network. Hergüner Bilgen Özekeer Attorney Partnership. Summer/Fall.

Hufbauer, G. and Jung, E.(2021). Scoring 50 years of U.S. industrial policy. 1970-2020. PIIE

IC Insights(2022). Research Bulletin. 5 April.

ICCT(2025). IRA repeal threatens 130,000 American Jobs by 2030(Press Release). 1 April.

Ilheu, F.(2020). The global value chains and the evolution of Chinese economic model. CEsA Working paper CSG 178/2020.

Irwin, D.(2017). *Clashing over commerce: A history of US trade policy.* The University of Chicago Press.

ISL. RWI/ISL Container Throughput Index. Institute of Shipping Economics and Logistics. https://www.isl.org/en/containerindex.

Jaruzelski, B. et al.(2018). What the top innovators get right. *Tech & Innovation*. Winter Issue 93.

Jianga, H. and Yu, M. (2021). Understanding RCEP and CPTPP: from the perspective China's dual circulation economic strategy. *China Economic Journal*. 14(2): 144‒161.

Jiangyu, W. (2020). RCEP will end US hegemony in west pacific. *Global Times*. 14 November.

Jinping, X. (2023). Seeking Development Through Solidarity and Cooperation and Shouldering Our Responsibility for Peace. Speech at the 15th BRICS Summit.

Jinping, X. (2020). Remarks by H.E. Xi Jinping President of the People's Republic of China At the 27th APEC Economic Leaders' Meeting Beijing, 20 November 2020. The State Council Information Office, PRC.

Johnson, K. (2019). While Trump builds tariff walls, Asia bets on free trade. *Foreign Policy*. 01 November.

Jones, L. et. al. (2019). Global Value Chain Analysis: Concepts and Approaches. *Journal of International Commerce and Economics*. April: 1-29.

Jung, E. (2023). The "Chip 4 Alliance" and Taiwan‒South Korea Relation. Global Taiwan Brief. Vol. 8 Issue 18. Global Taiwan Institute.

Kacperek, M. (2020). (Re)defining connectivity. Opinion. Warsaw Institute Foundation.

Karabell, Z. (2009). *Superfusion : How China and America become one economy and why the world's prosperity depends on it*. Simon & Schuster.

Keaten, J. (2020). US Tariffs on China Are Illegal, Says World Trade Body. Associated Press. 15 September.

Kendall‒Taylor, A. et al. (2022). Competitive connectivity: crafting transatlantic responses to China's Belt and Road Initiative. September. CNAS.

Khalid, I. (2023). Flowed IPEF won't solve global supply chain issues. *Geopolitical Monitor*. 13 July.

Khan, A. (2023). The India‒Middle East‒Europe Economic Corridor(IMEC): Too Little, Too Late?. 12 December. Carnegie.

Khan, S. et al. (2021). The semiconductor supply chain: assessing national competitiveness. CSET Issue Brief. Center for Security and Emerging Technology

Killblane, R. (2020). *Delivering victory: The history of US military transportation*. Bingley: Emerald Publishing Limited.

Kleinert, J. (2003). Growing trade in intermediate goods: outsourcing, global sourcing or increasing importance of MNE networks? *Review of International Economics*. 11(3): 464-482.

Klose, A. (2015), *The container principle: how a box changes the way we think*. Massachusetts: The MIT Press.

Kohlenberg, P. and Godehardt, N. (2018). China's Global Connectivity Politics: On Confidently

Dealing with Chinese Initiatives. SWP Comment. No. 17 April.

Krugman, P.(2009). Reflctions on Globalization: Yesterday and Today. Citigroup foundation special lecture, Festschrift paper in honor of Alan V. Deardorff. University of Michigan IPC Working Paper.

Kuby, M. and Reid, N.(1992), Technological change and the concentration of the U.S. general cargo port system: 1970-88. *Economic Geography*. 68(3): 272-289.

Leonard, M.(2016). *Connectivity Wars: Why Migration, Finance and Trade are the Geo-economic Battlegrounds of the Future*. The European Council on Foreign Relations.

Leonard, M.(2021). *The age of unpeace: How connectivity causes conflict*. Bantam Press.

Levine, J.(2023). The History of the shipping container. *Freightos*. 24 April.

Li, X.(2020). The rise of China and its impact on world economic stratification and re-stratification. *Cambridge Review of International Affairs*. 34(4): 530-550.

Lijian, Z.(2022a). Foreign Ministry Spokesperson Zhao Lijian's Regular Press Conference. 19 July. Ministry of Foreign Affairs, PRC.

Lijian, Z.(2022b). Foreign Ministry Spokesperson Zhao Lijian's Regular Press Conference. 26 July. Ministry of Foreign Affairs, PRC.

Lin, S.(2021). G7 infrastructure plan can hardly rival BRI: 'Build Back Better World' can hardly rival BRI. *Global Times*. 14 June.

Linton, T. and Vakil, B.(2020). Coronavirus is proving we need more resilient supply chains. *Harvard Business Review*. 05 March. https://hbr.org/.

Liu, J. et al.(2022). U.S. Sanctions help China supercharge its chipmaking industry. *Bloomberg News*. 21 June.

Lloyd's List.(2024), *One Hundred Port 2024*.

Lowy Institute. https://www.lowyinstitute.org/the-interpreter/.

Luo, Y.(2022). Illusions of techno-nationalism. *Journal of International Business Studies*. 53: 550-567.

Luce, E.(2023). New Washington Consensus. *Financial Times*. 19 April.

Majkut, J. et al.(2023). Onshoring and Friend-Shoring in U.S. EV Supply Chains: What Are the Boundaries?. CSIS.

Mall, S.(2021a), The importance of logistics in the Korean war. *Frieght Waves*. 25 June.

Mall, S.(2021b), Malcom McLean changed the freight world with intermodal containers. *FreightWave Classics*. 27 May.

Mann, M.(1984), The Autonomous Power of the State: Its Origins, Mechanisms and Results. *European Journal of Sociology*. 25(2): 185-213.

McKinney, J. and Harris, P.(2021). Broken Nest: Deterring China from invading Taiwan.

Parameters. 51(4): 23-36.

McNamara, J.(2018), Maritime history notes: a pioneering containership. *FreightWaves*. Friday. 02 November.

Mercogliano, S.(2017). *Moving cargo onto along the shore. Fourth Arm of Defense: Sealift and Maritime Logistics in the Vietnam War.* Naval History & Heritage Command.

Milanovic, B.(2016). *Global inequality: A new approach for the age of globalization.* Harvard University Press.

Milanovic, B.(2019). *Capitalism, alone: the future of the system that rules the world.* Harvard University Press.

Milanovic, B.(2020). The clash of capitalism: the real fight for the global economy's future. *Foreign Affairs.* 99(1).

Miller, C.(2024). Foundational Chips: China's ambitions and implications for the U.S. manufacturing base. American Enterprise Institute.

Miroudot, S.(2020). Reshaping the policy debate on the implications of COVID-19 for global supply chains. *Journal of International Business Policy*. 3(4): 430-442.

Miyake, K.(2020). Is China a free trader or just a free rider?. *The Japan Times.* 25 November.

MoC, China(2023). *2023 Report on WTO compliance of the United States.* Ministry of Commerce, China.

MoFA, China(2021). Foreign Ministry spokesperson Zhao Lijian's regular press conference. 25 February.

Naik, S.(2025). Chips Act 2.0 : Strengthening the Chip 4 Alliance or Driving it Apart. Indo-Pacific Studies Center.

Nash, B.(2012), The voyage to containerization: how a North Carolina trucker freed world trade. *Region Focus.* Second/Third Quarter.

National Development and Reform Commission(2024). Report on the Implementation of the 2023 Plan for National Economic and Social Development and on the 2024 Draft Plan for National Economic and Social Development. Second Session of the 14th National People's Congress of the People's Republic of China. 5 March.

Nightingale, L.(2022). One hundred ports: The numbers tell the story. Lloyd's List.

Ning, M.(2022). Foreign Ministry spokesperson Mao Ning's regular press conference. 8 October.

Notteboom, T. et al. (2022). *Port Economic, Management and Policy*. New York: Routledge.

NSCAI(2021). *Final Report.* National Security Commission on Artificial Intelligence.

NSTC(2022). National Strategy for Advanced Manufacturing. National Science and Technology Council.

O'Neill, J.(2001). Building building better global economic BRICs. Global Economics Paper. No. 66. Glodman Sachs.

OEDC(2011). 2. The emergence and spread of GVCs. Global Value Chains: Preliminary Evidence and Policy Issues. Directorate for Science, Technology and Industry Committee on Industry, Innovation and Entrepreneurship. DSTI/IND(2011)3

OECD. Gross domestic spending on R&D(http://data.oecd.org).

OPIC(2019). The Launch of Multi-Stakeholder Bule Dot Network, The Overseas Private Investment Cooperation. 04 November. https://www.dfc.gov/media/

Ott, J.(2014), Container Shipping in Seattle: Origins and Early Years, HistoryLink.org 10924.

Pamuk H. and Shalal, A.(2020). Trump administration pushing to rip global supply chains from China. *Reuters*. 04 May.

PCAST(2011). Report to the President on ensuring American leadership in advanced manufacturing. The President's Council of Advisors on Science and Technology.

PCAST(2017). Ensuring long-term U.S. leadership in semiconductors. The President's Council of Advisors on Science and Technology.

Pedersen, T. and Sornn-Griese, H.(2015). A Business Model Innovation by an Incumbent Late Mover: Containerization in Maersk Line. in Foss, Nicolai J. and Saebi, T.(eds.) *Business Model Innovation: The Organizational Dimension*. Oxford University Press.

Peisong, S.(2024). BRICS membership pursuit reflects Asia's disappointment with US order. *Global Times*. 16 October.

Perlez, J.(2018). Pence's China speech seen as portent of 'New Cold War'. *The New York Times*. 5 October.

Petri, A. and Plummer, M.(2019). China should join the new Trans-pacific partnership. PIIE.

Porter, M.(1985). *Competitive advantage: creating and sustaining superior performance*. Nova Science Publishers.

Qiang, L.(2024). Premier of the State Council. REPORT ON THE WORK OF THE GOVERNMENT. Delivered at the Second Session of the 14th National People's Congress of the People's Republic of China on March 5. 2024.

Reinsch, W. et al.(2022). Securing semiconductor supply chains: An affirmative agenda for international cooperation. August. Center for Strategic and International Studies.

Reshoring Initiative(2024). Reshoring Initiatvie 2023 Annual Report : Reshoring and FDI job announcements reach 287K- Second highest year on record.

Reynolds, M.(2023). Micron aggression: The right response to Beijing's ban on the U.S. chipmaker. Center for Strategic and International Studies.

Richter, F.(2023). The rise of the BRICS: BRICS vs G7. August 22. statista.

Ries, T.(2019). Security aspects of connectivity. *Security Policy Brief.* No. 115.

Rodrigue, et. al.(2020). Transportation and Pandemics(https://transportgeography.org/)

Rodrigue, J.(2020). *The Geography of Transport Systems*. Routledge.

Rodrigue, J.(2024). *The Geography of Transport Systems*.(Sixth Edition) Routledge.

Rosenstein, M.(2000). The Rise of Maritime Containerization in the Port of Oakland 1950 to 1970. M.A. Dissertation. New York University

Ruta, M.(2018). Three opportunities and three risks of the Belt and Road Initiative. *VOXEU.* 18 June.

Savoy, C. and McKeown, S.(2022). Opportunities for increased multilateral engagement with B3W. CSIS Briefs. May.

Schindler, S. et al.(2023). The Second Cold War: US-China Competition for Centrality in Infrastructure, Digital, Production, and Finance Networks. *Geopolitics*. 07 September.

Schmidt, E. and Bajraktari, Y.(2020). America could lose the tech contest with China: How Washington can craft a new strategy. *Foreign Affairs*. 8 September.

Schott, J.(2024). Which countries are in the CPTPP and RCEP trade agreements and which want in? PIIE.

Schott, J.(2025). The CPTTP : Past, Present & Future CPTTP. *Japan SPOTLIGHT*. January/February: 37-40.

Schuman, M.(2020), Superpower interrupted: The Chinese history of the world. Public Affairs.

SCIO(2023). The belt and road initiative: A key pillar of the global community of shared future. October. The State Council Information Office of the PRC.

SCIO(2023b). China moves to align with CPTPP rules through FTZ reforms. The State Council Information Office of the PRC.

SCO(2022). Statement of the SCO Heads of State Council on Ensuring Reliable, Sustainable and Diversified Supply Chains. Shanghai Cooperation Organization.

SCO(2023). New Delhi Declaration of the Council of Heads of State of Shanghai Cooperation Organization.

Seric, A. et al.(2020). Risk, resilience and recalibration in global value chain. *VOXEU*. 07 January.

Shih, W.(2023). The Inflation Reduction Act Will Bring Some Manufacturing Back To The U.S.. *Fobes*. 22 February.

SIA(2021). *Strengthening the global semiconductor supply chain in an uncertain era*. Semiconductor Industry Association.

SIA(2022). China's share of global chip sales now surpasses Taiwan's, closing in on Europe's and Japan's. Semiconductor Industry Association.

SIA(2024). State of the U.S. semiconductor industry 2024.

Simonov, M.(2025). The Belt and Road Initiative and Partnership for Global Infrastructure and Investment: Comparison and current status. *Asia and the Global Economy*. 5(1): 1-8.

Singh, L.(2019), The metal box that transformed global trade: the innovative vision of Malcom McLean behind the container revolution. *Legacy*. 19(1): 31-45.

Slack, B.(1999), Across the pond: container shipping on the North Atlantic in the era of globalisation. *GeoJournal*. 48: 9-14.

Solingen, E.(2025). Global value chains in a brave new world of geopolitics. Journal of Political Power. 18(1): 112-124

Solingen, E., and Inomata, S.(2021). GVC Interdependence and Geopolitics: What is At Risk? Background Paper for the 2021 GVC Development Report. Submitted to Workshop on GVC Development Report 2021.

Southerland, M. et al.(2020). The Shanghai Cooperation Organization: A Testbed for Chinese Power Projection. Issue Brief. November 12. 2020. U.S.-China Economic and Security Review Commission.

Stopford, M.(2009). *Maritime Economics(Third edition)*. London: Routledge.

Sturgeon, T. and Memedovic, O.(2011). Mapping Global Value Chains: Intermediate Goods Trade and Structural Change in the World Economy. UNIDO. Development Policy and Strategic Research Branch Working Paper 05/2010.

Sunburn(2024). The Chinese Communist Party's extended dominance of the solar supply chain through beachheads in the United States.

Sullivan, J.(2023). Remarks by National Security Advisor Jake Sullivan on Renewing American Economic Leadership at the Brookings Institution. 27 April. The White House

Tan, X. and Song, Y.(2022). China's 'Whole Nation' Effort to Advance the Tech Industry. *The Diplomat*. 21 April.

Tasi, S.(2009). Maritime Taiwan: Historical encounters with the East and the West. An East Book.

Thadani, A. and Allen, G.(2023). Mapping the Semiconductor Supply Chain: The Critical Role of the Indo-Pacific Region. CSIS Briefs. May.

The White House(2015). Statement by the President on the Trans-Pacific Partnership. Office of the Press Secretary. 05 October.

The White House(2020). United State Strategic Approach to The People's Republic of China.

The White House(2021a). Executive order on America's supply chains. 24 February.

The White House(2021b). Fact Sheet: President Biden and G7 leaders launch Build Back Better World(B3W) Partnership.

The White House(2021c). Interim National Security Strategic Guidance.

The White House(2022a). Indo-Pacific Strategy of the United States.

The White House(2022b). National Security Strategy.

The White House(2023a). Partnership for Global Infrastructure and Investment at the G7 Summit. 20 May.

The White House(2023b). Memorandum of Understanding on the Principles of an India-Middle East-Europe Economic Corridor. September 09. Statements and Releases.

The White House(2023c). Press Gaggle by National Security Advisor Jake Sullivan. 22 August.

The World Bank. Data(http://data.worldbank.org)

Thorbecke, W.(2021a). Strengthening semiconductor manufacturing: Lessons from East Asia. *VoxEu*. 12 October 12.

Thorbecke, W.(2021b). The semiconductor industry in the age of trade wars, Covid-19, and strategic rivalries. Research Institute of Economy. Trade and Industry Discussion Paper No. 21-E-064. Tokyo.

Tone, Z. and Peng, D.(2024). Made in China 2025: China meets most targets in manufacturing plan, proving US tariffs and sanctions ineffective. *South China Morning Post*. 30 April.

Tran, H.(2021). Decoupling/Reshoring versus Dual Circulation: Competing Strategies for Security and Influence. Issue Brief. Atlantic Council Geoeconomics Center.

Tufekci, O. and Aksu, Z.(2024). Energy Regionalism in Theory and Practice: The Shanghai Cooperation Organization. Khazar *Journal of Humanities and Social Sciences*. 27(3): 29-57.

DoC, U.S.(2023). Assessment of the status of the microelectronics industrial base in the United State. Department of Commerce.

U.S. Government Publishing Office(2010). United State Code, 2010 edition, Title 46 Shipping, Subtitle V-Merchant Marine.

UNCTAD(1971). *Review of Maritime Transport, 1971.*

UNCTAD(2013). *World investment report 2013: Global value chain. investment and trade for development.*

UNCTAD(2016). Exploring new trade frontiers: The political economy of the Trans-Pacific Partnership. UNCTAD/WEB/DITC/2026/3.

UNCTAD(2023). *Review of Maritime Transport 2023.*

UNIDO(2024). The future of industrialization: Building future-ready industries to turn challenges into sustainable solutions. MIPF 2024 conference paper.

UNIDO IAP, UNIDO Industrial Analytics Platform(iap.unido.org).

US Govt. (1970). Logistic support in the Vietnam era: monograph 7 containerization. The joint logistics review board.

USTR (2018). Section 301 Product List Fact Sheet, Office of the U.S. Trade Representative.

USTR (2024). USTR Initiates Section 301 Investigation on China's Acts, Policies, and Practices Related to Targeting of the Semiconductor Industry for Dominance.

Varas, A. et al. (2021). *Strengthening the global semiconductor supply chain in an uncertain era.* BCG (Boston Consulting Group) & SIA (Semiconductor Industry Association).

Wang, D. (2021). China's Sputnik Moment? How Washington Boosted Beijing's Quest for Tech Dominance. *Foreign Affairs.* 29 July.

Wang, D. (2023). China's hidden tech revolution: How Bejing threatens U.S. dominance. *Foreign Affairs.* March/April.

Ward, R. (2020). RCEP trade deal: a geopolitical win for Chain. International Institute for Strategic Studies. 25. November.

Ward, R. (2022). The political significance of the new Indo-Pacific Economic Framework for Prosperity. 31 May. IISS.

World Bank Group (2020). *Trading for development in the age of global value chain.*

Wearden, G. (2024). Trump threat of 100% tariffs against Brics nations raises trade war fears. *Guardian* 1 December.

WEF (2012). The shifting geography of global value chains: implications for developing countries and trade policy, World Economic Forum.

White, N.J. (2019), Thinking outside 'The Box': Decolonization and containerization, in Petersson, N. et al. (eds.). *Shipping and globalization in the post-war era: contexts, companies, connections.* Palgrave Macmillan.

Whiteside, C. (2022). Aid Needed in the Indo-Pacific Economic Framework for Prosperity. *The Geopolitics.* 4 July.

Williams, A. and Khan, H. (2021). A Brief history of semiconductors: how the U.S. cut costs and lost the leading edge. *Employ America.* 21 March.

Williamson, J. (1989). What Washington Means by Policy Reform. in Williamson, J. (ed.). *Latin American Readjustment: How Much has Happened. Washington.* Institute for International Economics.

Williamson, J. (2004). The strange history of the Washington consensus. Journal of Post Keynesian Economics. 27 (2): 195-206.

Williamson, P. (2021). De-Globalisation and De-coupling: Post-COVID-19 Myths versus Realitie. *Management and Organization Review.* 17 (1): 29-34.

WIPO(2024). *Global innovation index 2024: Unlocking the promise of social entrepreneurship.* World Intellectual Property Organization.

Wong, K. and Li, A.(2025). Is Trump's 'Liberation Day' opening the door to China to join the CPTPP? *SCMP.* 8. April.

World Development Indicators, The World Bank, IBRD-IDA. https://databank.worldbank.org/

WTO et. al.(2019). *Technological Innovation, Supply Chain Trade, and Workers in a Globalized World, Global Value Chain Development Report 2019.*

WTO STATS. https://stats.wto.org/

Wu, Z. and Olcott, E.(2025). Huawei improves AI chip production in boost for China's tech goals. *Financial Times.* 25 February.

Xiaohong, W.(2020). The signing of RCEP requires further opening-up. 20 November. CCIEE.

Xing, L. and Bernal-Meza, R.(2021). China-US rivalry: A new cold war or capitalism's intra-core competition?. *Revista Brasileira de Política Internacional.* 64(1): 1-20.

Xing, Y. and Detert, N.(2011). How the iPhone widens the US trade deficit with the PRC?. GRIPS Discussion Paper 10-21.

Xing, Y. and Huang, S.(2021). Value captured by China in the smartphone GVC – A tale of three smartphone handsets. Structural Change and Economic Dynamics. 58: 256-266.

Xinhua(2022). Xi Jinping stresses mobilizing national resources for core technology breakthroughs in key fields. *Xinhua.* 22 September.

Yeung, H. et al.(2023). From Fabless to Fabs Everywhere? Semiconductor Global Value Chains in Transition. *Resilient and Sustainable GVCs in Trubulent Times.* WTO.

Yifu, L. and Wang, X.(2022). Dual Circulation: a New structural economics view of development. *Journal of Chinese Economic and Business Studies.* 20(4): 303-322.

Yue, J.(2024). Does China still need the CPTPP? *ThinkChina.* 18 January.

Zakaria, F.(2011). *The Post-American World and the Rise of the Rest.* Penguin Books.

Zhang, L. and Lan, T.(2022). The new whole state system: Reinventing the Chinese state to promote innovation. *Environment and Planning A: Economy and Space.* 55(1): 1-21.

Zhao, J.(2021). The political economy of the U.S.-China technology war. *Monthly Review.* 73(3).

中华人民共和国商务部(2023). 海关总署公告2023年第23号 关于对镓、锗相关物项实施出口管制的公告.

曹辛(2020). 中国认为只有全球化才能削弱美国领导的对华遏制. FT 中文网. 11. 23.

제2장은 "냉전의 태평양과 물류혁명: 컨테이너화의 진화를 중심으로". 『아시아연구』. 28(1): 213-233 게재된 내용을 수정·보완한 것이다. 제3장~6장은 "환태평양 가치사슬의 구조변동과 전망: 미국과 중국의 전략적 선택을 중심으로". 『사회과학연구』. 29(1): 44-88 게재된 내용을 전면 재구성하고 일부 장은 새롭게 추가했다. 제7장은 Chip war between U.S. and China: Restructuring the Trans-Pacific semiconductor value chain. *Journal of Global and Area Studies*. 6(3): 25-54 게재된 내용을 수정·보완한 것이다.

저자 소개

백두주

저자 백두주는 부산대학교 사회학과에서 박사학위를 받은 후 BK21 사업단 교수를 역임했고, 라오스 국립 Souphanouvong University 국제개발협력 담당교수로 재직했다. 현재 국립부경대학교 글로벌지역학연구소, 국제지역학부에서 연구와 강의를 하고 있으며, 적정기술학회 지역개발부문 회장, 부산광역시 시사편찬위원회 위원 및 기관지 『항도부산』 편집위원을 맡고 있다. 주요 관심분야는 국제관계, 국제개발협력, 항만물류 도시연구, 물류산업 및 노동정책 등이다. 최근 교육부와 한국연구재단의 장기지원 (학술연구교수지원사업)으로 「한국 컨테이너 물류의 기원과 진화: 초국적 연결성의 역사적 궤적」 연구를 수행하고 있다.

최근 주요 논문은 "환태평양 도시국가의 역사적 진화(1819년-2020년): 싱가포르 항만을 중심으로", "동남아시아 항구도시의 연결성과 진화: 말레이시아 페낭항을 중심으로", "동북아 항만도시의 성장과 재구조화: 부산항을 중심으로", 'Chip War' Between U.S. and China: Restructuring the Trans-Pacific Semiconductor Value Chain, The impact of the Korean safe rates system on work environment and road safety, Nowhere else in the world? The Korean Safe Rates System in global context, East Asian Middle Powers Meeting Regional Dynamics: Comparing Indonesia and South Korea's Strategy in the Indo-Pacific 등이 있다. 공저로는 『환태평양도시연구』, 『동북아해역과 산업화』, 『글로벌지역학연구』, 역서는 『블루 어바니즘』(티모시 비틀리), 『환태평양 지역학 입문』(셰인 버터, 마이클 와이너 편)이 있다.

✉@ baekdj1130@naver.com

환태평양 연결성의 정치:
미중 전략적 경쟁과 글로벌 가치사슬

초판인쇄 2025년 6월 20일
초판발행 2025년 6월 20일

지은이 백두주
펴낸이 채종준
펴낸곳 한국학술정보(주)
주   소 경기도 파주시 회동길 230(문발동)
전   화 031-908-3181(대표)
팩   스 031-908-3189
투고문의 ksibook1@kstudy.com
등   록 제일산-115호(2000. 6. 19)

ISBN   979-11-7457-025-3 93300

이담북스는 한국학술정보(주)의 학술/학습도서 출판 브랜드입니다.
이 시대 꼭 필요한 것만 담아 독자와 함께 공유한다는 의미를 나타냈습니다.
다양한 분야 전문가의 지식과 경험을 고스란히 전해 배움의 즐거움을 선물하는 책을 만들고자 합니다.